河南师范大学社科出版基金资助

CHUJUE
MEIXUE
YANJIU

赵之昂◎著

新华出版社

图书在版编目（CIP）数据

触觉美学研究 / 赵之昂著.
-- 北京：新华出版社，2022.4
ISBN 978-7-5166-6235-9

Ⅰ.①触… Ⅱ.①赵… Ⅲ.①触觉－美学－研究
Ⅳ.①B83

中国版本图书馆CIP数据核字（2022）第052843号

触觉美学研究

作　　者：赵之昂	
责任编辑：李　宇	封面设计：刘宝龙
出版发行：新华出版社	
地　　址：北京石景山区京原路8号	邮　编：100040
网　　址：http://www.xinhuapub.com	
经　　销：新华书店、新华出版社天猫旗舰店、京东旗舰店及各大网店	
购书热线：010-63077122	中国新闻书店购书热线：010-63072012
照　　排：六合方圆	
印　　刷：北京明恒达印务有限公司	
成品尺寸：170mm×240mm　1/16	
印　　张：16	字　数：205千字
版　　次：2023年5月第一版	印　次：2023年5月第一次印刷
书　　号：ISBN 978-7-5166-6235-9	
定　　价：60.00元	

版权专有，侵权必究。如有质量问题，请与出版社联系调换：010-63077124

序

杨守森

　　触觉,是一切生物的基本生命机能,用亚理士多德的话说,"触觉是动物所唯一必备的感觉""没有触觉就不可能有其他感觉"[1]。对于人类而言,触觉当然也是感知世界(包括审美感知)的重要途径。但在以往的美学研究中,人们更多注重的是视、听感官的美感生成,黑格尔就曾认为艺术"只涉及视听两个认识性感觉"[2]。而实际上,触觉、嗅觉、味觉亦均在深刻影响着人类的审美体验与艺术活动。仅以触觉来看,相关的力度感、光滑感、冷暖感、软硬感、轻重感之类,都会介入人类的美感生成。中国当代女作家林白,就曾结合自己的创作经验说过,女性是"通过皮肤接受这个世界"的,自己写出来的东西,"也是我皮肤上的感觉"。[3] 在

---

[1] [古希腊]《亚理士多德全集》(第三卷),苗力田译,中国人民大学出版社1992年版,第92-93页。
[2] [德]黑格尔:《美学》(第一卷),朱光潜译,商务印书馆1979年版,第48页。
[3] 林白、叶立文:《虚构的记忆》,《小说评论》2002年第5期。

具体的文学作品中,亦常见诸如"鱼龙寂寞秋江冷"(杜甫《秋兴八首》四)、"几处早莺争暖树"(白居易《钱塘湖春行》)、"树阴照水爱晴柔"(杨万里《小池》)之类触觉化修辞。这足可证明,触觉与审美及文艺创作之间,是存在重要关联的,有待深入研究。而正是在这方面,赵之昂做出了值得肯定的贡献。

早在 2002 年,赵之昂在山东师范大学攻读博士学位时,就已开始了对于肤觉与审美之间关系的研究,在 2007 年由中国社会科学出版社出版的博士学位论文《肤觉经验与审美意识》中,就翔实论述了"肤觉—躯体经验是审美感知的一个支点"的见解,并具体探讨了"肤觉的视觉化""肤觉比喻""肤觉形式创造"等相关问题。在这部新作《触觉美学研究》中,作者进而从美学思想史、美感生成、艺术活动与审美活动等方面,从整体上对"触觉美学"进行了更为深入的分析与探讨。

作者首先追溯了西方哲学史上关于触觉的已有研究,将其概括为四个不同的研究层次和阶段:一是从亚里士多德到洛克所进行的实在性的自然触觉研究;二是以贝克莱、孔狄亚克为代表的经验性的触觉研究;三是以康德为代表的先验感性的触觉研究;四是以梅洛-庞蒂为代表的现象学的触觉研究。继而对其进行了评析,认为以亚里士多德为代表的自然触觉研究,虽具有切实性与科学性,但存在着梅洛-庞蒂所指出的"外在化",尚未进入真正感觉本身的局限;贝克莱和孔狄亚克等人虽将感觉与知觉、经验、心灵联系在一起,是西方感觉研究史上的革命性进展,但整体上仍未跳出表象的格式与框架,本质上仍属西方传统的实在性的自然体系;康德由先验知觉范畴入手,虽阐明了感觉的来源问题,但因涉及的是纯粹意志层面,未能进一步涉及感觉及世界的层面;相比而言,梅洛-庞蒂借助现象学的方法,将感觉定位在知觉层面,认为"触摸"即乃具有"反省"与结构性意味的意向性身体活动,这类见解,更具理论进步意义,但从根

本上来看,他的"意识状态"的某些方面仍处在西方传统思想的范围内。仅由这些评述可知,作者的触觉美学研究,其来有自,有着扎实的学理背景,是在深入把握已有学术资源基础上展开的。

正是在总结前人已有成果的基础上,作者力避实在性、经验性、理智主义性等研究视角的局限或偏颇,强调其触觉美学研究的基点是吸取了现象学合理成分的"返回性身体的触觉状态"。作者认为,由于人的身体原本就不是纯然的客体存在,其触觉也就决非纯粹的与意识无关的"感觉",而是在一定触觉场域中的意识呈现,是返回了身体的由内向外的一个"知觉"微体系,是与意识活动相关的一个"活生生的纽结"。尤其是在被保存了的状态性的感觉中,隐含着一个复杂的意识系统。这样一种"返回性身体的触觉状态",自然也就成为人类与世界发生关联的一个基点,也是人类当下活动的一个起点,因而不论在发生学意义上,还是在历史发展过程中,都会在深层次上影响人类的审美活动、艺术创造与艺术发展。甚或可以说,蕴含于触觉状态中的某些因素,之于人类的美感生成与艺术活动,具有一定程度的基础性、支配性功能。作者着眼于"返回性",对于人的"身体的触觉状态"特征及其功能的论述,无疑是切合人类的感知实际的,以此为基点,也就保障了触觉美学研究的可行性与合理性。显然,据此而产生的人的"感",也就不可能仅是动物性的"官能之感",亦非表面化、简单化的触觉感知,而是融入了主体内在生命意识及文化意识的审美之感。

通过作者对一些具体审美现象的阐释与辨析,我们可进而感到,他在这部著作中的相关见解与论述,是有说服力的。如他以线条造型为例指出,规则的、匀称的、具有节律性的S形波浪线,之所以成为人们视觉中最美的线条,从根本上来说乃系于触觉。即由于此类线条既有触摸的光滑感,又有适当的起伏变化,这就不仅合于人类身体触觉的内在要求,且"返回"性地合于人的内在生命节律,因而也就成为触觉上最适宜、视觉上最美的线条了。美学中通常所说的优美与崇高美,其生成机理亦在于:优美对象常常体现为视觉体积的小,给人的相应身体触觉体验是力度弱小,轻巧娇柔,而这正是优美之为"优美"的关键条件。相反,给人崇高感的事物,虽首先会因体积的巨大和力量的猛烈形成对人身体的压迫与冲击,但在没有实质危害的情况下,主体会返回自我意识,将身体性反应让位于纯粹的意识构建,从而产生一种与对象抗衡的内在力量,崇高感就是缘此产生的。在作者看来,许多器物的美感,亦与作者通过直接的、或比喻的方式将"返回性触觉状态"外化于具体器物相关。由此角度视之,人类的工具史、工艺史,亦乃这一"返回性触觉状态"留存痕迹的历史。这类留存痕迹,也就是作者所说的隐含着一个意识系统、有着复杂意蕴的"被保存了的状态性的感觉"。作者正是据此触觉美学视野,这样质疑了已得广为认可的李泽厚在《美的历程》中将殷商青铜器的审美特征概括为"狞厉美"的判断:殷商青铜器上突出的直棱纹样,虽难与身体触觉相适应,给人以强烈的阻力感与侵犯感,但谓之可惧的"狞厉"是不妥的。这类直棱纹的造型所构成的触觉张力,应与当时的国家意志及原始宗教的崇敬感有关,折射出的是神圣、辉煌、雄厚、大度的文化内涵和审美意义。作者的这类具体见解,自然也还有待于进一步探讨,但他由"返回性的触觉状态"这一基点提出的见解,是有启发意义的,是值得进一步深思的。

自柏拉图开始,人类数千年来的美学研究业已证明,作为名词性、客观性、认知反映论意义的美的事物是不存在的,"美"的有效意义应是"美感"。因而正如李泽厚曾经强调的,美学研究"要从最抽象的美感开始","美感"是"美学科学"的"中心环节"[1],美感中"孕育着这门科学许

---

[1] 李泽厚:《门外集》,长江文艺出版社 1957 年版第 1、2 页。

多复杂矛盾的基元，蕴藏了这门科学的巨大秘密"[1]。但长期以来，在我们的美学研究中，更多见的是关于"美的本质"之类形而上问题的探讨，对于更为切实的美感生成的奥妙与机理，以及感官与美感生成之间的关系之类问题的研究，不够充分，不够深入。至于专题性的触觉与美感之间关系的研究，则基本上还呈现为缺失状态。赵之昂的这部《触觉美学研究》，虽难说已构成了系统性、整体性的"学"，有的理论概念与见解，也还有待于更为清晰的阐释与论述，但他以"触觉美学"的视野，抓住"触觉"这一具体感官方式，以"返回性身体的触觉状态"作为理论基点，结合审美与艺术活动的具体现象，深入到身体功能及生命意识内部所进行的探讨，是值得关注、值得重视的。其相关论述与见解，不仅拓展了中国当代美学研究的空间，也有助于深化对人类审美机制的认识，以及更具实际意义的美感研究的深入。

2022 年 3 月 15 日

---

[1] 李泽厚：《美学论集》，上海文艺出版社 1980 年版，第 2 页。

目录
CONTENTS

序 / 1

第一章 返回性的触觉 / 001

    第一节 几种触觉观念 / 005

    第二节 返回性 / 038

    第三节 虚假性返回 / 045

    第四节 返回状态与基因 / 052

    第五节 返回身体的触觉状态 / 061

第二章 触觉状态的收纳 / 071

    第一节 收纳的方向性 / 075

    第二节 简化与工具 / 084

    第三节 儿童画 / 095

    第四节 收纳动力 / 108

    第五节 收纳力度 / 113

第三章　触觉状态的构成　/ 119

第一节　触觉状态的两种造型 / 122

第二节　两种纹样风格的交替 / 126

第三节　触觉状态与商周青铜器的主纹样 / 133

第四节　触觉状态与商周青铜器的云雷纹 / 143

第四章　触觉状态的分割　/ 165

第一节　触觉状态的"视觉化" / 166

第二节　人对人的分割 / 169

第三节　器物的造型分割 / 177

第五章　触觉状态的少思无思　/ 225

第一节　展开中的潜在性 / 226

第二节　触及动作及其中的意识 / 231

第三节　触觉微意识的少思无思 / 234

第四节　环节中的无思少思 / 237

后　记 / 245

第一章
返回性的触觉

触觉研究面临的首要任务是须对触觉这一概念进行一定的划界与区分。触觉不是一个不可分割、不加限定的日常生活概念和身体概念，以一种模糊而简单的方式对待触觉，只能导致本已含糊的更加含混。从日常的、生活性的一般印象中跳出来，厘清其分界和内涵，确定其来源和立足点，是推进触觉研究的前提。历史上有关触觉的研究绝非不加区分地笼统地对待，考察触觉的研究历史，尤其是在哲学、思想的发展背景中考察它，我们就会发现触觉观念始终处在一定的思想背景下，即便是人们所称的纯粹自然意味的感官感觉，其背后也有一定的意识的支撑。这一思想支撑基本上是在自然感觉层面、经验层面、先验意识层面和现象学层次上展开的，它随着当时的哲学、美学主潮的起伏而变动，伴随着的研究角度和方式也多姿多样，一成不变的触觉观念在思想史、美学史上几乎不存在。而今的人们，尤其是从事分类艺术的研究者，更需要厘清不同角度、不同层次的触觉观念，以便寻找、发掘新的研究立足点，而不是在一般实在性感觉基础上将诸种态度不加分别地混合。李格尔、罗恩菲尔德等人的触觉与艺术的研究十分瞩目，但他们对触觉概念是，使用上依然采用一般的日常的综合态度，不加限定、不加区分。相当数量的研究者所使用的是以亚里士多德的触觉定义为基调的混合概念，或者说，是凭着自然身体的自然感觉的混合性的想象性的概念，在他们看来，触觉只有一种，即是触觉。这种未加区分便进行研究，所导致的是术语的含糊、所指的混乱、立足点的不定和结论的滞后而矛盾。这一研究局面应该终结，至少在国内的研究中应当终结，因为中国传统上不重视感觉，也不重视对研究对象的分析。终结的方式之一即是从思想的角度进行区分，从而使触觉观念研究、触觉艺术研究不再以一种原始的态度一而再地原地打转。

我们的触觉研究是触觉状态的研究，而且是返回性身体的触觉状态的研究。它不是古代希腊自然哲学基础上的、简单感觉意义上的触觉。古代希腊自然哲学层面的触觉以一种现实态度将之限定为实在的实体的感官感知，自然的感官感知的存在是不可置疑的，但却不是唯一的，无论是在共时的思想层面、是在更为长久的进化的角度，还是在一个具有"看"的意味的主体的角度，触觉都不是自然自在的被动的感知。触觉状态的研究也不是经验性的。经验论者认为人的知识是感觉经验的集合，但是如何联结、联结的线索和根据是什么，经验论者只是以一种天然的、自然的态度来对待。这种依据天性自然而达到的经验集合，缺乏一个更高的整合力量。触觉状态的研究也不是理性派意义上的。感觉不是理性的简单外化，理性重视清晰的规则，以一个简单的概念就可以涵盖、掌控全部，如此的历史的教训太多，人类不能再重复，而且也承受不了重复如此简单而粗暴的东西。感觉固然不能思维——这是对一般的感官感觉而言，但是同时感觉也不是纯粹理智的结果，或者说不是先验感性的简单结果。触觉状态的研究也不完全是现象学意义上的。胡塞尔所追求的清晰，在某种意义上是对感觉的抹杀而不是强化；海德格尔的"敞开域"发展到后来不知其为中间状态还是接近了真理的状态，因而海德格尔同样也是模糊的，甚至是难以言之的；梅洛-庞蒂的知觉研究是现象学意义上的"在……之间"的一种"呈现"，但是这种"在……之间"的呈现是结构性的身体的呈现，身体最终还是要落入一定的图式之中。我们的触觉研究接近海德格尔和梅洛-庞蒂，我们不可能完全抛开这些有意义的启发。我们的触觉研究是触觉状态的研究，是返回了的身体的由内向外的以触觉为主的展现状态，是特定的身体的具体的活动着的或曾经活动的、处在一定情境中的触觉构成单元，新的身体将这一鲜活的生动的意义以触觉为主要构成要素形成一定的触觉显现的状态和单元，这一状态以触觉物的方式固定下来，形成现实的物性的历史痕迹，即现有的或者曾有的工具、器物、艺术品乃至于整个世界，如果联系到触觉的视觉化，则整个世界均可以视为身体的、触觉的物态化和物态的痕迹化。触觉状态是在一定触觉情境中、单元中的意识显现，是一定的活动着的、曾经活动着的意识的触觉凝聚，是具体的显现侧面而非纯粹的与意识无关的"感觉"，"我们的身体是活生生的纽结，而不是一定数量的共变项的规律"[1]，任何一个主动性的触觉，尤其是被保存了的状态性的感觉，背后都有一个庞大的意识系统，这些所谓的感觉，究其实质而言，只是意识系统的外部显现，而且是意识活动的状态性的显现，比如身体碰触的禁忌和规则，因此，触觉状态是一个"活生生的纽结"，是身体主动的、活动着的、展开于触觉物的意识情景和意识单元，"词语'包含'和'在……之间'之所以在我们看来有一种意义，是因为它们从我们的具体化主体的体验中获得了该意义"[2]，这个体验中、显现中的意义或许是我们应该认真而严肃地对待的一个问题。虽然触觉判断需要客体化，但它却不是客观的决定物。场域或者状态是身体意识的具体给出状况，因为身体本身就不再是客体的、客观不变的存在，而就已经是历史意识中返回了的，落入到具体的感觉场域的。触觉状态是历史身体的关系单元的外在显现情境和状态，它是一个"知觉"的微体系，同时也是以触觉为主的，兼有视觉化了的视觉及意识的、社会群体的意义的构成单元。触觉状态是微观的、即时性的，它显现、外化到一定的外在物，尤其是一定的器物上，这一外化活动通过直接的，或者是比喻的附着于具体的器物上，器物就成了触觉状态的痕迹，工具史、工艺史就是这一痕迹的历史。

---

[1] [法]莫里斯·梅洛－庞蒂.《知觉现象学》[M].姜志辉译.北京：商务印书馆，2001年，第200页。

[2] [法]莫里斯·梅洛－庞蒂.《知觉现象学》[M].姜志辉译.北京：商务印书馆，2001年，第262页。

第一节　几种触觉观念

从西方哲学的角度厘清触觉的概念十分必要，西方哲学史、思想史对触觉关注了几千年，不同角度的研究呈现为不同的研究层次和阶段，即亚里士多德为代表的自然感觉上的实在性的触觉、贝克莱为主的经验意义上的触觉经验集合、康德为代表的先验感性的感觉的内在根据、梅洛－庞蒂为代表的现象学意义上的触觉身体图式等。区分这些发展阶段，重要之处在于通过这一发展脉络，明确触觉研究的历史和理论定位，进而便于开拓新的研究领域或者新的研究角度。

一、自然感觉的触觉

我们的触觉研究与古希腊为代表的自然感觉意义上的触觉不同，这一开端性的、纯粹感官感觉意义上的触觉研究以一种朴素的自然主义态度将触觉视为无可置疑的实在，其方式是在主客二分的基础上将对象性的东西作为首要的因素，并以由外及内的方式作用于人，人是对象的感知者，而且是被动的感知者。亚里士多德认为触觉是建立在纯粹自然意义上的，由事物本身的属性而引发人的一种单向的且是严格界限的感受，事物的属性是第一性而且是决定性的，他在《范畴篇》认为感受源于事物本身，并不是由于感官作用而生成的，物体作为感觉的对象先于感觉和感觉者而存在，取消了感觉对象，就取消了感觉，而感觉消失时，物体仍然存在。

我们把从古代希腊至英国经验派的洛克这一漫长的历史时期基本划为古典的自然感觉阶段。自然感觉、触觉观念的确立者是亚里士多德，但在亚里士多德之前柏拉图就已经开始关注它。相比较而言，虽然是亚里士多德界定了触觉的内涵和外延，柏拉图在触觉的探讨既是先声且相对含糊。之所以说柏拉图的触觉探讨是相对含糊的，是因为柏拉图的有关触觉的分

析与身体的关联更为密切,与其说柏拉图是在探讨触觉,不如说他是在探讨躯体以及关联着触觉的躯体的综合感受。柏拉图在《蒂迈欧》中谈及躯体的感觉:"我们用硬这个词指称一切使我们的肉体退让的东西;用软这个词指称一切对我们的肉体退让的东西,事物亦因其相对的硬和软而被称作硬的或软的。"[1]柏拉图所论及的身体的软的硬的感觉是一种自然的哲学观,这一自然的、写实性的观念持续影响西方两千多年。此后的触觉探讨虽然表面形态上各不相同,但是基本框架和基本思路没有超出柏拉图。亚里士多德在柏拉图思想的基础之上,更加细化、分类界定了各种感觉,他把感觉分为五种:视觉、听觉、触觉、味觉和嗅觉。柏拉图的较为含糊的"整个身体的一般感受"诸如冷热、硬软等躯体的各种感觉在亚里士多德那里明确地归为一个感觉概念,即触觉,至此触觉作为一个固定概念,特别是以自然哲学为基础的、一般意义上的、自然感觉的触觉概念延续下来。

亚里士多德提出触觉的概念替代柏拉图的身体一般感觉,是建立在其系统的思想理论上,就是说,概念固然重要,支撑起概念的系统的思想更为重要。亚里士多德是站在古希腊自然哲学的角度,建立了一整套的自然本体论思想,围绕这一思想的是逻辑的分类和分析。这一分类和分析主要是关乎对象而非人自身,或者说,即便有人自身的因素,也是被隐藏在对象背后、包含在逻辑框架之内的,触觉即是如此。亚里士多德提出了触觉的内在性问题,这一问题依然是在自然哲学的逻辑范围内的,是在作为客观的身体的内在性而把握对象的意义上的,而非20世纪之后的主体性的活动性的意义单元的触觉外化。

亚里士多德较为系统地考察了触觉的各个方面:"感知触觉对象的器

---

[1] [古希腊]柏拉图.《柏拉图全集》(第三卷)[M].王晓朝译.北京:人民出版社,2003年,第315页。

官是什么？它是不是肌肉？而对于没有肌肉的动物来说，和肌肉功能相同的东西又是什么呢？抑或肌肉是否仅仅是作为触觉的媒介，而真正的感觉器官乃是某种不同的内在的东西呢？因为所有的感觉似乎都关系到一对相反者，如视觉有白和黑，听觉有高音和低音，味觉有甜和苦，而对于可触觉的事物，似乎存在着多对相反者，如热和冷、干和湿、硬和软，以及其他诸如此类的性质。要部分地解决这个问题可能与这个事实有关：其他的感觉也包含有多种相反者，例如，在声音中不仅有高音和低音，而且还有强音和软音、滑音和涩音以及其他。关于颜色也存在着同样的一些差别。但是，什么是触觉的主体（如声音是听觉的主体）并不清楚。"[1] 这些系统的提问关乎一个更深的思想系统和模式：对象与主体之间的关联。触觉如同其他感觉器官一样，是其关联的通道之一，在这一意义上，感觉器官、触觉才是内在性的，如果不是内在性的，则达不到联结对象与主体的目的，人的大脑中的许多意识现象则无法解释，因此，亚里士多德提出的感觉器官是内在性问题，恰是其思想体系的必然和关键，是以自然对象为前提和基础的整个思想体系的逻辑要求。亚里士多德的结论是："由此可见，感觉可触物的东西是内在的。这对于其他感觉来说也是完全相同的；因为当对象被置于其他感官上时，感觉就无法产生，而当对象被置于肌肉上时，则仍然能产生触觉，所以，肌肉是触觉的媒介。"[2] "当对象被置于肌肉上时，则仍然能产生触觉"就是亚里士多德的基本思路，即先有对象后有感觉、触觉，肌肉是触觉的媒介。这是一个很写实的思路，也是属于日常的、一般生命感觉的思路。其二，基于由外及内的思路，触觉及其他感觉就是

---

[1] 苗力田.《亚里士多德全集》（第三卷）[M].北京：中国人民大学出版社，1992年，第58页。
[2] 苗力田.《亚里士多德全集》（第三卷）[M].北京：中国人民大学出版社，1992年，第60页。

联系内外的媒介和通道，失去这一媒介和通道，内外就不能成为一个整体，世界的整一性既无法解释，又失去了存在的意义，触觉及其他感觉的重要性就在这里。为了强调触觉的这一重要性，亚里士多德将之建立在必需的必要的基础上，即建立在生命存在的无可或缺的角度，以此强调触觉的生命必要性，"很显然，只要丧失了这种感觉，动物必死无疑；因为除了动物外任何别的东西都不可能拥有触觉，动物可以没有其他感觉，但触觉却非有不可。正是由于这个原因，其他感觉对象，如颜色、声音和气味在过度时并不会毁灭动物，而只会对感觉器官产生毁灭性打击；偶尔也有例外，例如，当撞击与声音同时发生时，或者当视觉对象或嗅觉对象致使某些其他事物运动时，就会由于接触而导致毁灭。而且，当滋味同时是可触摸的时候也会由于触摸而导致毁灭。但是，那些可触摸的性质，如热、冷、硬，过度了就会使动物死亡。因为一切感觉对象过度了都会毁坏感觉器官；而可触摸的性质的过度也会毁坏触觉。这是生命的显著特征，因为我们已经证明，没有触觉，动物就无法生存。所以，可触摸性质的过度不仅会毁坏感觉器官，而且也能使动物致死，因为触觉是动物所唯一必备的感觉。"[1]触觉是感觉中最具有生命基础的感觉，它是动物和人"不可或缺的"[2]"拥有触觉的动物同时拥有欲望""任何动物至少拥有一种感觉，即触觉"，作为一个生物体，触觉的作用贯穿了它的基础性阶段，就触觉本身来讲，"如果没有触觉，其他感觉就不可能存在，但是如果没有其他感觉，触觉却仍

---

[1] 苗力田.《亚里士多德全集》（第三卷）[M].北京：中国人民大学出版社，1992年，第92-93页。

[2] 苗力田.《亚里士多德全集》（第三卷）[M].北京：中国人民大学出版社，1992年，第90页。

可以存在"[1]。亚里士多德强调触觉的生命意味，并不像西方现代思想那样得出生命哲学的结论，而是强调触觉的不可或缺，这一生命的必要性就构成了所谓的身体的科学。有了触觉的生命的科学的基点，方有沟通内外的功能的不可置疑性，借助于触觉及其他感觉的媒介作用，亚里士多德的思想才能够得以成为一个内外相连的整体。其三，触觉在亚里士多德思想体系中的重要性在于：触觉是其他一切感觉的基础，亚里士多德是西方思想史上较早把感觉系统分类的，他严格区分了视觉、听觉、触觉、味觉和嗅觉，对各自的功能加以界定，但是亚里士多德对触觉的作用特别重视，"没有触觉就不可能有其他感觉"[2]，他曾经"怀疑触觉是否可能就是诸感觉能力的综合"[3]。因为其他一切感觉离不开触觉，或者是触觉的感官意义上的转化，如，"运动、静止、数目、形态、广延等则为多种感觉所共有。它们全都不是特有的，而是共有的"[4]。"有的运动就既能为触觉又能为视觉所感知。"[5]"没有声音，粗粝的和凝重的喧嚣就无法被区分。粗粝和凝重的意义乃是从触觉衍变出来的。"[6] 亚里士多德认为，在触觉基础上分化出来的其他感觉，均具有触觉的某种特质，其他感觉在触觉的基础上得以分类感知和感受，并进而形成一定的感觉等级，有了触觉才有

---

[1] 苗力田.《亚里士多德全集》（第三卷）[M].北京：中国人民大学出版社，1992年，第37页。

[2] 苗力田.《亚里士多德全集》（第三卷）[M].北京：中国人民大学出版社，1992年，第92页。

[3] [美] 卡罗琳·考斯梅尔.《味觉》[M].北京：中国友谊出版公司，2001年，第15页。

[4] 苗力田.《亚里士多德全集》（第三卷）[M].北京：中国人民大学出版社，1992年，第45页。

[5] 苗力田.《亚里士多德全集》（第三卷）[M].北京：中国人民大学出版社，1992年，第45页。

[6] 苗力田.《亚里士多德全集》（第三卷）[M].北京：中国人民大学出版社，1992年，第51页。

其他感觉,才能感知外界。亚里士多德的触觉观点中,清晰的分界、客体作用于感官的被动以及远离思想意识是核心,这一系统的整体特性即是其冠以的科学性,由此而成为颠扑不破的、不可置疑的。其四,亚里士多德认为感觉是关于对象的感觉,同时,感觉也是感觉者的感觉,感觉依赖感觉者而存在,感觉同时也是一种介质,亚里士多德认为:"所有其他诸感觉,于获致'优良的生活',都是必备的,为此之故,它们就不是任何一个级类的动物所通有,只有某个级类动物们才具备视、听、嗅觉,这个级类专指那些能移动(行进)的动物;这种动物,它们若要生存,这就不得等到有所接触,才有所感应,它们必须在一个距离之外就有所感应。远处感应,唯有通过一个介质间体,才得抵达,可感觉事物在这介质之中,施其效应,而这一动物,则在这介质之中,有所感应于其作用而为行动。"[1]亚里士多德的"介质间体"有物质的因素,也有主体性的感觉因素,尤其有器官的因素。亚里士多德在《范畴篇》中区分了人和事物的四类性质,在感受方面区分了感受的性质和承受,亚里士多德认为酸、甜、苦、白、黑等是人的感官感受到的有关对象的性质,就是说这些是事物本身具有的性质,并不是由于人的感官作用而生成,由于这样的事物的性质而对感官引起相应的视觉、味觉、触觉等。在亚里士多德的观点中,实体及外物是第一位的,外物决定人或动物的感官,才会有所感觉,感觉的前提是有所感应,因此从事物到我们得到某种感觉,应该具有以下几个环节:第一事物的属性,第二媒介,第三感官,第四感应,第五感觉。如果没有这一媒介,则无感觉,无感应,也就没感觉。有媒介有触及有感应就有感觉,那么反过来,如果没有触及就没有感觉,在不触及没有感觉的前提下思维得以进行呢?由此而导致的结果就是,只要不触及,那么我们就无法思维,或者

---

[1] [古希腊] 亚里士多德.《灵魂论及其他》[M].北京:商务印书馆,2011年,第177页。

无法用它来思维。既然我们无法思维，或者无法用它来思维，我们如何能够来谈论它、思维它？这其中应是一种矛盾。第二个方面，亚里士多德提出了"介质间体"的问题，"介质间体"有气、水等因素，也有人自身的感官感觉因素，那么人自身的感官感觉因素来源于何处？它本身存在于何处？在什么意义上起到什么作用？如此一来，亚里士多德就面临着来自感觉者的种种难以解说的矛盾。亚里士多德的这些矛盾所折射的是西方哲学文化的根本性矛盾问题，面对一个问题，是侧重于对象还是侧重于主体还是两者兼具，却是重于分析态度的最难以回答的问题。亚里士多德的感觉具有更多的对象的、所谓的科学的因素，但感觉毕竟是主体的属性，其中不可避免地隐约地包含着主体的因素，这些矛盾始终存在于亚里士多德的思想体系中，影响到中世纪神学的感觉观，而如何处理两者的关系问题一直持续到英国经验派才有所改变。

  亚里士多德的现实实在精神使其触觉研究具有明显的"科学"化色彩，这在非灵性的重现实的西方思想框架内，"科学"化了的触觉研究也就显得极为可靠、可信而神圣，以至于亚里士多德之后很长的时期内，他的触觉以及其他思想被奉为经典而神圣不可置疑，虽然后人各自的立足点和用意各不相同。托马斯·阿奎那大量地引用亚里士多德的话，看起来是对亚里士多德的无限的肯定和追崇，但是深入的分析显示托马斯·阿奎那只是表面上的、思想系统上的需要而作为一个环节的必须引用，而非最高思想的认可。托马斯·阿奎那也认为"触觉是所有感觉的基础……触觉器官的温度越平和，触觉也越敏锐"[1]。但更多的如他注明的是对亚里士多德的观点的重复。托马斯·阿奎那的思想是重灵魂的体系，他重视的是对上帝

---

[1] [美]莫特玛·阿德勒.《西方思想宝库》[M].北京：中国广播电视出版社，1991年，第324页。

的追随以及对上帝之光的仰慕，视觉更能够满足这一仰慕的需求，以及以视觉为手段接近上帝，进而达到对天国、灵魂的直接观照。感觉的研究是服从思想的需要，尤其是服从思想系统的需要的。触觉由于距离躯体很近而具有较强的身体、肉体的色彩而遭到基督教文化的贬斥，托马斯·阿奎那表面上继承亚里士多德，思想上最为贴近的却是柏拉图，他力图建构的是基督教文化意义上的主观精神系统，这一精神体系复杂而精致，在偏向精神世界的建构中不可避免地贬低身体、肉体，触觉因为与肉体的直接关系，在基督教文化精神体系中必然受到贬斥。托马斯·阿奎那的这一贬斥一方面是基督教的文化态度，同时这一贬斥也体现出托马斯·阿奎那可能没能说得出来，没有表达得出来的态度，即是，触觉或许不是纯然的外在的、"科学"的触觉。

托马斯·阿奎那对感觉、触觉的态度对后来的影响是巨大的，在基督教文化背景下的大陆理性派基于理性主义基本上否定感觉的地位。英国经验派在一定程度上认可了感觉，但是他们对感觉的根本态度却是矛盾且尴尬的。一方面他们把感觉作为自己思想的立足点和出发点，以此来对抗基督教神学；另一方面他们又要解决与基督教在同一思想层面上的知识的真理性问题，他们的出发点与基督教神学理性文化截然不同，因而带有显著的反叛特征，但英国经验派的最终指向却与基督教文化趋同。英国经验派把感觉经验当作认识的基础和来源，通过对主体感觉经验的归纳而上升到真理性的知识。这样的终极指向使得英国经验派对感觉的态度十分奇特而怪异，英国经验派认可感觉经验的基础性作用，同时又要抛弃感觉经验这一思想基础点，摈弃它的意义和内涵，既认可感觉，又否定感觉。英国经验派认为一切知识都来源于感觉经验，感觉是哲学构成的基础，霍布斯认为"知识的开端乃是感觉和想象中的影像",[1]洛克认为"在理性和知识方面,所有的一切材料都是从哪里来的呢?我可以一句话答复说他们都是从经验来的,我们的一切知识都是建立在经验上的,而且最后是导源于经验的",[2]洛克认为我们关于颜色、冷热、软硬、苦甜之类的观念都源于我们的感觉,我们的知识和我们的观念基本上都来源于此。基于知识来源于感觉,洛克的感觉分析方面就立足于纯粹的感觉而非经验意义上的感觉。虽然洛克把这些均归为知识的"简单观念",但"简单观念"与"复杂观念"即我们的心灵还有相当一部分距离,在感觉分析方面基本上是限定在"简单观念"层次上的,这也就使得感觉(包括触觉)研究在一个较为尴尬的境地。洛克在《人类理解论》认为:

  感觉观念常为判断所改变——在知觉方面,我们还可以进一步说,我们由感官所得的各种观念在成年人方面常常不知不觉地被判断所变化了。就如我眼前有一个原本一色的圆球(或金的,或石膏的,或玉石的),则我们心中由此所印的观念本来是一个平面的圆形,而且其颜色亦是参差的,其射入眼中的明暗度数亦有几等。不过我们既然习知凸形物体在我们心中所造成的现象,而且习知物体的各种可感形相,在被光反射时会有什么变化,因此,我们的判断就会借着日常的习惯,立刻把所见的现象变回它们的原因。这样,判断就会把原由种种明暗集合成的一个形图(或影子)认为是一个形象的标记,而且自己构成一个"一色"的"凸形"知觉;实则我们由此所得的观念,只是各种颜色错杂的一个平面,就如在画中所见的那样。为证实这一层起见,我们可插入莫邻诺(Malineux)先生数月前给

---

[1] 北京大学哲学系外国哲学史教研室.《16-18世纪西欧各国哲学》[M].北京:商务印书馆,1975年,第66页。
[2] [英]洛克.《人类理解论》[M].北京:商务印书馆,1959年,第68页。

我的信中叙述的一个问题。莫氏先生是富有学问和令德的一个学者，并且是一个精勤敏慧的真理探求者，他说："假如一个成年的生盲，一向可依其触觉，来分辨同金属，同体积（差不多）的一个立方形和球形，并且在触摸到它们时，能说出哪一个是立方形，哪一个是球形。再假定我们以一个立方形同一个球形置在桌上，并且能使那个盲人得到视觉。我们就问，他在以手摸它们以前，是不是可以凭着视觉分辨出、指示出哪一个是圆球，哪一个是立方体？"那位聪明伶俐的发问人就回答说："不会的。因为他虽然可以凭经验知道一个立方体怎样刺激其触觉，一个圆球又怎样刺激其触觉，可是他还不曾经验到在触觉方面是怎样的，在视觉方面一定是怎样的，他还不曾经验到一个突起的角子（可以在他的手中引起不平衡之感来），在他的眼官前所现的现象亦如在立方体中（在触觉方面——译者）一样。"这个深思的人（我可以自豪地称他为我的朋友）对这个问题所给的答案，可以说是先得我心的。而且我相信，那个盲人虽然可以借其触觉所感的差异形相无误地指示出、分辨出哪一个是立方形，哪一个是圆球形，可是他在初视之下，一定不能确乎断言，他所见的哪一个是圆球形，哪一个是立方形。我之所以要引证这一段文字，乃是要使读者借此机会想一想，自己虽然常以为自己无须经验、进步和后得的意念，实则他是处处离不了经验的。而我之所以要引证，尤其是因为，这个善于观察的人，在谈到我这部书时，曾向许多聪明人提出这个问题来，而他所得到的答案，几乎都是不能满他的意的；一直等他把自己的理由提出来，他们才相信了这一点。[1]

洛克虽然认为感觉得来的观念往往受到判断的影响和改变，但是洛克不把这一影响和改变视为意识的因素，而依然用他的经验——经验派自信的纯粹的经验解答这一问题，并把它归结为视觉因素："不过判断改正感

---

[1] [英]洛克.《人类理解论》[M].北京：商务印书馆，1959年，第119-120页。

觉的这种例子，并不常出现于任何观念方面，只是能出现于视觉方面。因为我们的视觉在一切感觉中是范围最广的，它不但能把自己所特有的光色观念传于心中，而且能把极相差异的空间、形相和运动的观念传于心中；后边这些性质的各种变化，既然可以改变了它的特有对象——光和色——的现象，因此，我们便常以此一种来判断彼一种。在许多情形下，我们可以依照确立的习惯对我们所经验到的事物进行这种改变，而且在进行时，毫不间断，非常迅速，因此，我们就认为我们判断所形成的观念是感觉所引起的一种知觉。因此，在这里，感觉所传来的知觉只足以刺激判断所造成的知觉，而且它们往往注意不到它。就如一个人在用心听时或读时，就不注意那些声音和文字，只注意它们所生起的那些观念。"[1] 洛克在分别的、分析的前提下能够将感觉的不同方面和侧面展示出来，这些观点无疑是深刻的，但是从另外一个方面看来却是可笑而错误的，因为从来就没有纯粹的感觉及感觉现象出现。洛克的这一观点具有极强的假设性，这种假设使得自然的感觉分析成为事实上的不可能。西方的思想是片面的深刻，但是同时由于其片面、其深刻，某些方面也深刻得毫无意义。洛克的这种绝对感觉的绝对分析也自然感觉走向了死胡同，在立起了纯粹的视觉和纯粹的触觉之后也使之失去了意义，即洛克将纯粹的感觉研究推到了极致，同时也推向了无意义。

与洛克的实在感觉观点接近，霍布斯的感觉论也具有简单自然主义、简单现实论的倾向，霍布斯认为外物是感觉的第一要素，这是经验论者的共同特征，同时也是他们的主要问题之所在："感觉的原因就是对每一专司感觉的器官施加压力的外界物体或对象。其方式有些是直接的，比如在味觉和触觉等方面便是这样；要不然便是间接的，比如在视觉、听觉和嗅

---

[1] [英]洛克.《人类理解论》[M].北京：商务印书馆，1959年，第120-121页。

觉等方面便是这样。这种压力通过人身的神经以及其他经络和薄膜的中介作用，继续内传而抵于大脑和心脏，并在这里引起抗力、反压力或心脏自我表达的倾向，这种倾向由于是外向的，所以看来便好像是外在之物。这一假象或幻象就是人们所谓的感觉。对眼睛说来这就是光或成为形状的颜色，对耳朵说来这就是声音，对鼻子说来这就是气味，对舌和腭说来这就是滋味。对于身体的其他部分说来就是冷、热、软、硬和其他各种通过知觉来辨别的性质。一切所谓可感知的性质都存在于造成它们的对象之中，它们不过是对象借以对我们的感官施加不同压力的许多种各自不同的物质运动。在被施加压力的人体中，它们也不是别的，而只是各种不同的运动（因为运动只能产生运动）；但在我们看来，它们的表象却都是幻象，无论在醒的时候和在梦中都是一样。正好像压、揉或打击眼睛时就会使我们幻觉看到一种亮光、压耳部就会产生鸣声一样，我们所看到或听到的物体通过它们那种虽不可见却很强大的作用，也会产生同样的结果。因为这些颜色和声音如果存在于造成它们的物体或对象之中，它们就不可能像我们通过镜子或者在回声中通过反射那样和原物分离。在这种情形下我们知道自己所见到的东西是在一个地方，其表象却在另一个地方。真正的对象本身虽然在一定的距离之外，但它们似乎具有在我们身上所产生的幻象，不过无论如何，对象始终是一个东西，而映象或幻象则是另一个东西。因此，在一切情形下，感觉都只是原始的幻象；正如我在前面所说的，它们是由压力造成的，也就是由外界物体对我们的眼、耳以及其他专属于这方面的器官发生的运动所造成的。"[1]霍布斯认为在感觉中外在事物是第一属性，这些属于第一属性的事物的压力运动驱动着人们的感官而形成，相比起物的实在性来讲，感觉只是一种幻象。

---

[1] [英]霍布斯.《利维坦论感觉》[M].北京：商务印书馆，2009年，第4-5页。

英国经验派的立足点和最终结论之间存在着相当大的距离，甚至某些方面是否定性的关系，他们要求通过经验归纳而上升到必然的真理性的知识，但是它的思想基点的矛盾和它脱不开的传统的思维惯性、思维结果的距离，使得这一努力事实上成为一种不可能。同时也是由于其思想结构的内在的矛盾使得英国经验派陷入怀疑主义和不可知论。英国经验派的感觉研究只是一种前提，或者说仅仅是一种前提而没有真正涉及感觉本身。

自从亚里士多德到洛克所奉行的实在性的自然感觉思想，就其内在性上就存在着他们自己也解释不清的矛盾之中，因此梅洛-庞蒂就认为"应当放弃用纯粹的印象来定义感觉"，因为"纯粹的印象不仅是找不到的，而且也是感觉不到的，因而不能被设想为是知觉的因素"，"纯粹的感觉应该是一种未分化的，转瞬即逝的点状'冲击'感受"[1]。在梅洛-庞蒂看来，亚里士多德以及之后一个时期的关于触及的实在性即触及则有感觉，否则则无的观念只是一种设想式的、外在化了的东西，这一外在的假想使得感觉研究难以进入真正的感觉本身，在某些方面甚至与感觉无关。

二、经验的触觉

经验论者认为人的知识是感觉经验的集合，但是如何集合的，经验论者以一种天然的、应该具有的态度对待它，这种依据天性自然而达到的经验集合，缺乏一个集合的力量，如康德所言："如果一个事件被知觉，它在任何时候都与某种先行的、它按照一个普遍的规则继之而起的东西相关，没有这一规律，一个知觉判断就永远不能视为经验；还是说：一切东西，

---

[1] [法] 莫里斯·梅洛-庞蒂.《知觉现象学》[M].姜志辉译.北京：商务印书馆，2001年，第24页。

凡是经验说明它是发生的,就都必须有一个原因;这两种说法是一回事。"[1]我们所说的经验与通常的英国经验派的经验有一定的区别:我们是根据感觉研究的思想层次来划分的,将与心灵距离的远近作为我们的划线,于是就有了实在意义的触觉经验和心灵意义的触觉经验之分。把英国经验派一斩两段,或许有违哲学美学史的常识,但是我们这里是据于研究的需要,或者说是根据心灵意识的目标的需要。

  从哲学思潮和派别上来看,贝克莱与霍布斯、洛克同属英国经验派,但是他们对待感觉的态度却是差别很大,在某些方面还是根本性的。这一区别在于,洛克的感觉分析是自然感觉层面上的,而贝克莱的则是在心灵的经验层面上的。贝克莱的思想可以作为洛克的经验化和心理方面的发展,这一发展看似平常,却是感觉研究的重要标志,或许我们很多人误解了贝克莱,之所以误解,就是我们站在了贝克莱之前的亚里士多德式的自然感觉的角度看待他。在感觉研究史上,贝克莱的观点并不为后人所重视,如果我们从对感觉种类的界定和分析方面将贝克莱和亚里士多德相比较,贝克莱的地位不亚于亚里士多德。贝克莱的关于感觉分析的观点和角度在西方感觉研究史上是革命性的,这一革命性表现在他跳出了自然感觉的研究,而将感觉与知觉、经验、心灵联系在一起,形成一个大的灵魂系统,从而在一个更为广大的、更为广阔的也更为"虚"的空间里来探讨感觉,并借助于反思反观感觉本身。如果贝克莱的思想得以成立,那么亚里士多德对感觉的分析和界定能否立得住就成为一个问题,而我们现在很多的感觉研究并未注意到这些不同,依然沿着亚里士多德的这一未确定的甚至于虚妄性的感觉之路上进行的。

---

[1] [德]康德.《未来形而上学导论》[M].李秋零译.北京:中国人民大学出版社,2013年,第39页。

贝克莱区别了不同的视觉形态，他把视觉分为直接的对象、间接的对象以及想象的对象："眼所摄取的对象可以分为两类：一是原始的，直接的；二是次等的，借助于前者的媒介的。第一种物象事实上既不是，外表上亦不是，在心外的，它们并不在远处。它们诚然可以变得较大、较小、较纷乱、较明白、较模糊，不过它们并不，而且亦就不能，走向我们或远离我们。任何时候，我们可以说，一个物象是在远处，我们可以说它走近或走远，我们一定是后一种对象而言。这种对象本是属于触觉的，它们并不真正为眼所知觉，只是为眼所暗示的，就如耳之能暗示思想于心中似的。"[1] 原始直接对象为直接的视觉感知物，次要的间接对象和想象对象则联系着心灵和观念，同时也联系着触觉，这一联系不是纯粹视觉层次上的，而是在意识层次上的。这里所暗含的意思就是，贝克莱也区分了不同的触觉，即一般触觉和心灵层次上的触觉，一般触觉是纯粹的、单纯的，而心灵层次上的触觉则是和视觉、记忆、意识相联。由此我们得知，贝克莱区别了感官的感应和经验感应，感官的感应应是在单纯的纯粹感官层面，而经验感应则是意识的、心灵层面，"远距离多半为经验所知觉的，而不是为感官所知觉的"[2]，贝克莱的这一区分是难能可贵的，至少跳出了亚里士多德的自然感觉、纯粹感官的触觉框架。贝克莱就在感官和经验两个层面上展开他的视觉研究，同时也展开了相关的相应的触觉研究。贝克莱认为视觉不能知晓距离，距离的估量方式必然借助于其他的感觉，而且在经验层次上方能完成，"人心在知觉一个观念时，如果不能直接知觉其自身，则它一定得借助于别的观念"[3]，一般的、自然的视觉论者认为视觉全部由

---

[1] [爱尔兰] 贝克莱.《视觉新论》[M].北京：商务印书馆，2017年，第22页。
[2] [爱尔兰] 贝克莱.《视觉新论》[M].北京：商务印书馆，2017年，第1页。
[3] [爱尔兰] 贝克莱.《视觉新论》[M].北京：商务印书馆，2017年，第3页。

眼睛所获得，而贝克莱则认为人们得到的感觉以及距离的或大或小，与眼睛的感觉、眼睛的运动没有必然的联系，所谓的距离是"人心借助于恒常经验发现出眼的各种排列所引起的各种感觉，常和物象的不同的距离相伴而至；因此，在那两种观念之间，便升起一种习惯的联系来"[1]。在这一区别的意义上，视觉触觉才有了同与不同的分别，自然感觉意义上的视觉与自然感觉意义上的触觉并没有任何联系，贝克莱认为我们所见的所触的并不是同一的同一个事物："我们如果精密地一观察各种事物，则我们便不得不承认，我们所见所触的并非同一的事物。所见的东西是一回事儿，所触的东西又是一回事。所见的形相和广袤如果同所触的形相和广袤不是同一的，则我们便不当推论说，同一的事物有不同的几种广袤。正确的结论只是说，视觉的对象和触觉的对象，是划然个别的两种事物。[2]"如果说视觉和触觉有所联系，则是在心灵经验观念的层次上，一旦到了这一层次，视觉和触觉都失去了它们各自的纯粹感官的意义，而进入了另外一个意义层次甚至是意识层次，因而贝克莱最后得出结论说"我们对体积所构成的判断完全是依赖于经验的"，一旦进入心灵的经验层次，自然感觉的意味就变了，就必然地依靠或者走向观念，英国经验派的关于感觉方面的自我区分、感觉超越的立场，所出现的必然结果即是，从经验出发而否定经验，最终导致的是经验派向大陆理性派思想的接近。

在一般人看来，贝克莱重视视觉而轻视触觉，表明这些论者并未真正理解贝克莱。贝克莱否定的是纯粹的视觉，自然也否定纯粹的触觉，从表面上看贝克莱不重视触觉的地位，其实在经验层面上贝克莱已经认可了感觉共同性，只是在表面上给人留下重视视觉而轻视触觉的印象，这就为后

---

[1] [爱尔兰] 贝克莱.《视觉新论》[M]. 北京：商务印书馆，2017年，第5页。
[2] [爱尔兰] 贝克莱.《视觉新论》[M]. 北京：商务印书馆，2017年，第21-22页。

来的触觉研究者如孔狄亚克等提供了一定的研究空间。

法国哲学家孔狄亚克一改西方视觉中心主义，更多地强调触觉的作用并且试图建立触觉中心主义的认识论机制。在视觉上孔狄亚克主张视觉是复合而成的，但是视觉首先是源于触觉的感受，进而才能在空间中展开，孔狄亚克认为，"由于继续不断地受到训练，视觉便感到自己有一股已经变得很自然的力量，它逐渐地把自己投射到更远的距离；它把弄着、拥抱着一些为触觉所不能达到的对象，它以一种惊人的速度扫过整个空间"[1]。孔狄亚克认为，如果要获得一个事物的关于空间的意识，只有首先通过触觉，然后才有气味、声音、味道、颜色等诸多因素的共同作用，才能形成关于物的空间意识，这种意识将空间看成是身体的、触觉的外在扩展，即通过触觉，将身体感受与其身体之外的感受联成一个连续的统一体，获得空间认识，并同时获得对这一空间里所有的其他事物的意识，即自我触摸和对他物的触摸之间，首先是自己触摸自己而得到的经验，待到触觉他物时，就会在被触摸的他物之上到一种感觉应答，进而将两种感觉经验联结起来，获得自身之外的固体的经验。触觉从内容方面引导着、联结着其他感官和感觉，尤其是视觉。

教导这些官能的是触觉。对象好不容易才在手的抚摸之下，取得了嗅觉、听觉、视觉、味觉当作自己的感觉放在自己身上的那些形象、那些大小，于是灵魂的变更就变成了存在于灵魂以外的一切事物的性质。

这些习惯既然已经养成，人们就很难把属于每一种官能的东西分清。然而各种官能的领域是分得一清二楚的，唯有触觉是传达形状、大小等观念的，视觉没有触觉的帮助，就只能把一些称为颜色的单纯变更传递给灵魂，正如嗅觉只能把一些称为气味的单纯变更传递给它一样。

---

[1] 北京大学哲学系.《十八世纪法国哲学》[M].北京：商务印书馆，1963年，第138-140页。

我们很容易理解，为什么唯独眼睛享有一种胜过其他官能的方便，可以向触觉学习把广袤给予自己的感觉。[1]

孔狄亚克认为听觉、味觉、视觉和嗅觉等均是现实的感觉，触觉则是非现实的实在性的感觉，听觉、味觉、视觉和嗅觉等感觉应当受到触觉的指导，没有受到触觉的指导的其他感觉只是一些现实的简单知觉，而受到触觉的指导的是因为灵魂把它看成它自己借助于触觉而对其他感觉进行的一些变更，"这种感觉立刻迫使我们判定灵魂通过触觉而得到的一切变更都是在我们以外的，就是因为这个缘故，触觉的每一个感觉都是手所摸到的对象的代表"[2]。触觉是灵魂意义上的，具有灵魂内容和灵魂的功能，这一触觉意味的提升使得孔狄亚克具有一定的反叛意识，同时也是18世纪对身体重视的一个先声，理解了爱尔维修的肉体的关注，同时也就能够理解孔狄亚克为什么重视触觉，并作为触觉中心主义代替视觉中心主义，这一替代否定了西方基督教文化中传统的视觉权威的观点，将人们的立足点从可以接近上帝的高贵之处拉下至肉体，即从高贵的宗教性的殿堂拉向世俗人间，"我们得抛弃关于天赋观念的假说，并且假定，上帝所赋予我们的仅仅是光亮和颜色之类的知觉"[3]。同时孔狄亚克的触觉的观点所针对的是笛卡儿为代表的理性主义思想，是对理性主义的偏颇的纠正，孔狄亚克认为："笛卡儿学派和马勒伯朗学派却如此大叫大嚷地反对感官，他们如此喋喋不休地说，感觉无非都是些错误和幻觉，说我们应当把它们视为获得知识的一种障碍；并且说，出于对真理的热忱，如果可能的话，我们宁愿摆

---

[1] 北京大学哲学系.《十八世纪法国哲学》[M]. 北京：商务印书馆，1963年，第138-140页。

[2] 北京大学哲学系外国哲学史教研室.《西方哲学原著选读》(下卷)[M]. 北京：商务印书馆，1982年，第96页。

[3] [法] 孔狄亚克.《人类知识起源论》[M]. 北京：商务印书馆，1989年，第15页。

脱感官。"[1] 他认为："因此如果有人问什么是一个形体，就应当回答他说：这就是对象出现时你所摸到、看到……的那些性质的集合；当对象不出现时，这就是你摸到过、看到过……的那些性质的回忆。"[2] 回忆、反省、想象等是孔狄亚克所重视的，这是孔狄亚克立足点的革新和新颖之处。在这一前提下，才有了感觉即视觉和触觉："为了更好地分析回忆起见，必须给它两个名称：一个名称是就其使我们认出我们自身的存在而言的；另一个名称是就其使我们认出在我们身上反复出现的那些知觉而言的；因为这是两个截然不同的观念。"[3] "以上我对于心灵活动的进展所做的分析和对其派衍的解释是显而易见的。首先，在心灵中只有一个简单的知觉，这个知觉只不过是在客体出现时心灵所接受的印象。从这里就依次产生了其他三种活动。这种印象，如果把它看作是以其出现来报知心灵的，就是我叫作意识的那种活动。如果我们对它的认识是这样的，即它好像是我们所意识到的唯一的知觉，这就是注意。最后，当它被人认为是已经触动过心灵的，这就是回忆。意识好像是在对心灵说：这就是一个知觉；注意说：这就是你所具有的唯一的一个知觉；回忆说：这就是你已经有了的一个知觉。"[4]

　　整体而言，孔狄亚克的触觉研究高于贝克莱的视觉之处并不在于视觉重要还是触觉重要的问题，而是由此而连带的其他重要的问题。贝克莱强调视觉，通过经验淹没了触觉，是因为视觉和基督教文化的关系密切，出于宗教的态度贝克莱认可"光"——视觉的上帝的意味。孔狄亚克的回忆、反省、想象则是对人自身的重视和建构，回忆、反省、想象是非传统大陆理性派的建构意味，近似于维柯的新科学的新思维的含义。贝克莱和孔狄

---

[1] [法] 孔狄亚克.《人类知识起源论》[M]. 北京：商务印书馆，1989年，第15页。
[2] 北京大学哲学系.《十八世纪法国哲学》[M]. 北京：商务印书馆，1963年，第142页。
[3] [法] 孔狄亚克.《人类知识起源论》[M]. 北京：商务印书馆，1989年，第15页。
[4] [法] 孔狄亚克.《人类知识起源论》[M]. 北京：商务印书馆，1989年，第23页。

亚克不再把感觉视为现实感应，而将它们与灵魂连接在一起，是心灵的功能和内涵的一种表现，这本是一种研究的进步，基于当今的观点，我们有理由肯定这一推进，虽然依然基于当今的观点，他们的看法有些不可避免的粗糙。就整体而言，经验论者的感觉观点在框架上还属于西方传统的实在性的自然体系，他们没有从根本上解决感觉问题，表象的描述虽然被取代，但表象的格式和框架依然存在。至于表象背后的内涵和力量是什么，经验论者既不可能回答也没有力量回答，尤其是经验的最终整合力量的本源的含糊，这就构成经验论者，明确地说，贝克莱和孔狄亚克，他们的思想的缺陷不足，这一缺陷诚如康德所说："关于事物的一种经验知识唯有在主观的规律之下才是可能的，而主观的规律对于这些作为可能经验之对象的事物（当然不是对于作为物自身的事物，但在这里也不考虑这样的事物）也是有效的。"[1] 梅洛－庞蒂关于经验主义说得更为直接："经验主义用来定义感觉的已确定性质是意识的一个对象，而不是意识的一个成分，性质是科学意识的后来的对象。在这两种情况下，与其说性质揭示了主体性，还不如说遮盖了主体性。"[2] 就是说在经验论者那里，对象的环节的因素还是大于主体本身的因素，或者说，经验论者对主体本身的东西在其实质上是否定的，甚至是远达不到的。

三、先验感性的触觉

我们的触觉研究不是纯粹自然的实在性的，不是经验性的，也不是纯粹的理智主义性的。在一些人的观念里，感觉固然不能思维，这是一般的

---

[1] [德]康德.《未来形而上学导论》[M].李秋零译.北京：中国人民大学出版社，2013年，第39页。
[2] [法]莫里斯·梅洛－庞蒂.《知觉现象学》[M].姜志辉译.北京：商务印书馆，2001年，第27页。

自然感觉不能思维，但是同时感觉也不是理智的一般外化，理性主义的理智对感觉的绝对性压制在相当的程度上取消了感觉本身的活力，以至于感觉就成为一个干瘪的概念。

用正面的立论性的方式分析、对待一种感觉形态，如触觉，则其理论和角度可变之处就较多，观点的表现也就很复杂，但是如果从否定的角度对待触觉，问题则就变得简单了许多。理性主义对待感觉，尤其是对待视觉之外的触觉、听觉、嗅觉等即是如此，在给一个看似合理的地位安置了这些感觉之后，它们就和理性主义在观念上毫无关系了，看似理论系统的需要，实则是全无关系，笛卡儿、黑格尔等皆是如此。黑格尔继承了柏拉图的"视觉中心主义"，把感觉分为视觉性、听觉性的"认识性感觉"和触觉、味觉性的"非认识性感觉"，并主张以视觉、听觉性的"认识性感觉"排斥、否定触觉、味觉性的"非认识性感觉"。黑格尔认为艺术只与视觉和听觉发生联系，而与嗅觉、味觉、触觉无任何关系，"艺术的感性事物只涉及视、听两个认识性感觉，至于嗅觉、味觉和触觉则完全与艺术欣赏无关。"[1]因为愈是接近躯体的感觉，与心灵、理性的距离就愈远，其艺术的、审美的意味就愈少。黑格尔从他的绝对理念系统对艺术作品进行分类，触觉等感觉距离绝对理念距离最远，不具备"认识性感觉"的性质和特点："因为通过触觉，一个人作为一个感性的个体只是触及另一个感性的个体以及它的重量、硬度、软度和物质的抵抗力；而一件艺术作品却不只是一种感性的东西，而是精神在感性事物里的显现。"[2]感觉在黑格尔那里虽然被提升了、综合了，但是感觉本身的特点，无论是什么样的感觉特征，黑格

---

[1] [德]黑格尔.《美学》(第一卷)[M].朱光潜译.北京：商务印书馆，1997年，序论第48页.
[2] [德]黑格尔.《美学》(第三卷上册)[M].朱光潜译.北京：商务印书馆，1997年，序论第13页.

尔既没有兴趣，也就没有深入的分析和探讨，这一点上甚至不如英国经验派和大陆理性派。

　　"哥白尼式革命"是康德在其思想发展乃至于西方哲学发展史上模式性、观念性的根本的转变，康德认为，在我们进行认识的过程中，我们的认识并不是对象作用于我们自身的简单结果，就像洛克所认为的那样，因而我们的判断也不能依靠是否与对象相符合来进行判定。实际上人们的认识的过程是与自然主义截然相反的一个活动，是一个对象被人的先天形式整合的一个过程，知识是人的先天的形式赋予了对象的结果。康德破除了传统的自然观，他所说的自然是在"普遍法则所规定的东西"的意义上来说的，而不是所谓的自然本身，自然本身是不可知的，我们既不能先天认识它，也不能后天认识它。之所以不能先天认识它是因为我们不能用分解我们的概念的办法（分析命题）而能做到的，人的概念无法认识、解释自然本身，是因为概念是属于逻辑的，而逻辑是属于人的而非自然本身的属性。我们现在知道的概念不是事物的概念里所包含的东西，而是我关于这个事物的概念，是属于我的；事物的概念不是事物本身的概念，是实在性的物从属于这一概念，是我的概念，或者说是属于人的先天的逻辑上的，物本身在我的概念的规定性上才得以存在。康德否定了自然的可认识，即是斩断了传统思想的发展，进而为新的思想的建立清理了道路。康德认为自然科学与自然本身不同，自然科学是人总结出来的普遍法则，而且是人的普遍法则，这些普遍法则完全是人的先天形式。有的人把自然本身与自然科学混淆在一起，误以为自然科学就是自然本身，进而狡辩，这是概念的混淆与态度的暧昧。自然科学是人总结出来的普遍法则，康德认为所谓的自然在实质上就是经验的一切对象的必然的合乎法则性，人的意义上的自然既是经验的又符合法则的必然性的产物，这样就把经验与法则、先天概念联系到了一起。关于物的经验知识，只有依据主观法则才有可能，经验的连接必须借助于人的先天法则。

在这一基础上康德把直观分为两种：一种是一般直观，或者是经验的直观；另一种是纯直观，或者说是先验直观，两者之间存在着质的不同。康德认为："如果我们的直观具有这样的性质，即它表象事物，如其就自身而言所是，那么，就根本不会发生先天的直观，而直观就会永远是经验性的。因为唯有当对象自身对我在场并且被给予我的时候，我才能知道它里面所包含的东西。当然，即便在这种情况下，也还是不能理解，对一个在场的事物的直观，应当如何把该事物如其就自身而言所是的那样给予我来认识，因为它的属性是不能移到我的表象能力中的。"[1] 康德认为外在对象本身是不为我们所知的，那么仅仅剩下事物的表象，即便这一个表象不能按照事物本身那样将其属性移到我们认识中来，这就封闭了外物决定主体的这一自然主义的路径，而开启的是对象符合观念的主体世界的大门。在主体精神世界中直观是先天的，也就是纯直观的。康德认为对对象的直观先行于对象本身，这一先行往往立足于一定的概念和先验构成，因而任何感觉、感受和直观，都是具有一定的前提条件的，是在一定的前提之下才构成意识性的、概念性的感觉感受，"一切数学知识都具有这种独特之处，即它必须事先在直观中，而且是在先天直观中，从而是在一种并非经验性的，而是纯粹的直观中展示它的概念，没有这样的手段，它就一步也不能前进""它必须以某种纯直观为基础，在这种纯直观中，它才能具体地、尽管如此却是先天地展示它的所有概念，或者如人们所说，构想它的所有概念"。[2] 康德虽然论及的对象是数学，但是所做的结论却是人类的认识

---

[1] [德] 康德.《未来形而上学导论》[M]. 李秋零译. 北京：中国人民大学出版社，2013 年，第 25 页。

[2] [德] 康德.《未来形而上学导论》[M]. 李秋零译. 北京：中国人民大学出版社，2013 年，第 24 页。

以及认识能力,即先天综合判断如何可能的问题,感觉问题是从属于这一问题的,在先天综合判断中,感觉、经验是作为被给予的材料的方式出现的,"唯有在纯直观中先天综合判断的材料才能被给予"[1],纯直观即是空间和时间,任何感性材料都经过纯直观而得到整合,这即是康德的先天直观和先验感性,"凡是能够被给予我们的感官(在空间中被给予我们的外感官,在时间中被给予我们的内感官)的东西,都只是如其向我们显现的那样被直观(即给予我们的感官的是事物所显现出的表象),而不是如其就自身而言所是的那样被直观(事物具有其本然的属性的那样,在现象界是不可能的,我们的观念无法符合对象也不能符合对象)"[2] "纯粹数学,尤其是纯粹几何学,唯有在它仅仅关涉感官的对象的条件下,才能够有客观的实在性。就感官的对象而言,如下原理是肯定的:我们的感性表象绝不是物自身的表象,而只是物向我们显现的方式的表象。由此得出,几何学的命题不是对我们从事虚构的想象力的一种纯然造物的规定,因而不能可靠地与现实的对象相关,而是必然地对空间有效,因而也对能够在空间中发现的一切有效,因为空间无非就是一切外部显像的形式,唯有在这形式之下,感官的对象才能被给予我们"[3]。就法则之上建立的判断而言,康德认为应该区别经验判断和经验性的判断。"尽管一切经验判断都是经验性的,也就是说,它们都在感官的直接知觉中有其根据,但是不能反过来说,一切经验性的判断都因此而是经验判断,而是在经验性的东西之上,

---

[1] [德]康德.《未来形而上学导论》[M].李秋零译.北京:中国人民大学出版社,2013年,第26页。
[2] [德]康德.《未来形而上学导论》[M].李秋零译.北京:中国人民大学出版社,2013年,第28页。
[3] [德]康德.《未来形而上学导论》[M].李秋零译.北京:中国人民大学出版社,2013年,第30页。

而且一般而言在被给予感性直观的东西之上,还必须加上一些特殊的概念,这些概念完全是先天地来源于纯粹知性,任何知觉都首先被归摄在这些概念之下,然后才能借助这些概念而变为经验。经验性的判断,如果具有客观有效性,就都是经验判断。但是,仅仅在主观上有效的经验性判断,我称之为纯然的知觉判断。后者不需要纯粹的知性概念,而是只需要在一个能思维的主体里面对知觉的逻辑联结。但前者却在任何时候都在感性直观的表象之外,还要求有特殊的、原初在知性中产生的概念,才使得经验判断是客观有效的。"[1] 一切经验判断都是经验性的判断,但是一切经验性的判断却不都是经验判断。它们之间的共性都是以感官的直接知觉为根据的,它们的区别主要在层次上,一个是一般经验层次,另一个是先天的概念层次;一个是实在性的感官知觉,另一个是在经验的东西之外,还必须加上一些特殊的概念,这些概念完全是先天的,来源于纯粹知性。而每个具体的经验和知觉都必须首先被包摄在这些概念之下,然后才借助于这些概念而变为经验。知觉判断仅仅对我们——也就是对我们的主体——有效,之后人才给它们一个新的关系,即对一个对象的关系,并且愿意它们在任何时候对我们都有效,同样对任何人都有效;因为当一个判断符合一个对象时,关于这同一对象的一切判断也一定彼此互相符合,这样意味着经验判断的必然的普遍有效性。反过来,如果我们找出理由把一个判断当作必然的、普遍有效的(这决不取决于知觉,而取决于包摄知觉的纯粹知性概念),即是别人的判断同我的判断所涉及的对象是同一的,在纯粹概念的前提下它们彼此符合一致。判断随之而来的问题是判断是偶然的、一时的还是普遍的、客观有效的。康德认为,客观有效性和对任何人的必然的普

---

[1] [德]康德.《未来形而上学导论》[M].李秋零译.北京:中国人民大学出版社,2013年,第40页。

遍有效性两个概念是可以互换用的，这个客观有效性不是自在的客体，即不是自然本身，我们之所以自认为知晓了把握了自然本身，就是依据着普遍有效性，而普遍有效性是源于人的先天概念，这样所谓的客观有效性的问题就可以和人的先天概念等同起来，这样感觉的来源问题也就解决了。

如此康德将表象—经验—纯粹知性概念—客观普遍的有效性连接起来，这样，经验的判断得到普遍有效性，先验综合判断也就得以成立，属于人的理念以及新的属于人的灵魂、世界、上帝即纯粹理性系统得以建立，启蒙由此能够得以完成。康德的思想的核心是纯粹知性的范畴和形式，整个认识活动以先天概念贯穿，甚至先天形式是所有经验、感知的出发点，这样所带来的问题基本上有两个：一个是先天概念的形成问题，当然这是来自唯物主义的诘难，适当与否另当别论，但就哲学思辨而言本也正当地属于一个问题，另一个即是返回的问题。康德的先验感性无疑是结合性的，虽然和他的二元论不无关系，但这也正是康德的问题之所在。由感官提供杂多表象，知性进行先天综合看起来是解决了质料和心灵两者的关系尤其是对立关系的问题，但问题是感官得到的东西是事物本身的还是人对人自身的感受，由于拘于时代的因素，康德并没有回答，或者没有能力回答，因而在某些方面给自然实在论留下一定的地盘，这也是当时以牛顿自然力学为代表的自然科学的影响。再者，就返回而言康德的感觉论是不彻底的，虽然有《实践理性批判》这样的典范式的返回思想，虽然比起柏拉图、托马斯·阿奎那等而言更为深刻，但是康德主要的返回是涉及纯粹意志的层面却没有进一步向前涉及感觉乃至于世界的层面。康德的返回思想基本上在《道德形而上学奠基》和《实践理性批判》中，《道德形而上学奠基》是典型的西方超越的途径，《实践理性批判》则从定理和动机入手，在他人看来颠倒了的思路，恰是返回的方向。如果沿着这一方向进一步发展，康德就是现代的无可超越者。可惜康德到此止步了，可能是当时的自然科学限制了康德，康德没有做到的，以胡塞尔为代表的现象学做到了。

四、现象学的触觉

先验感性只是康德纯粹理性研究的一个前提之一，康德的目的在于理性的批判与理念的返回，因而先天概念对感觉的分离和不充分就成为不可避免的，梅洛－庞蒂评论道："不过经验用法和先验用法的区分，与其说解决了困难，还不如说掩盖了困难。批判主义哲学把一种先验活动与思维的经验活动合在一起。人们用先验活动实现经验思维使之兑现的所有综合。但是，当我在目前思考某东西时，无时间性的综合的保证对形成我的思想来说既不是充分的，也不是必要的。应该在目前，在活生生的现在进行综合，否则，思维就会与其先验的前提分离。因此，当我在思维的时候，人们不能说我重新回到我一直是的一个永恒主题中，因为思维的真正主体是进行谈话和目前继续进行谈话的主体，是这个主体将其生命传给无时间性的幽灵。所以，我们应当了解有时间性的思维如何为维系于本身和实现与它本身的综合。正常被试之所以能一下子理解眼睛和视觉的关系与耳朵和听觉的关系是同类的关系，是因为眼睛和耳朵是作为进入同一个世界的手段一下子呈现给他的，是因为他有一个唯一世界的前断言明证，因此，'感觉器官'的等同及其类比是在物体中显露出来的。并且在被构想出来之前首先被体验到。康德的主体设定了一个世界，但这是为了能肯定一个真理，实际的主体应该首先有一个世界，或在世界上存在，也就是在自己的周围应该有一个意义系统，其对应、关系和分享不需要被阐明就能被使用。当我在寓所里走动时，我不需要推理一下子就能知道走向洗澡间意味着经过房间，注视窗户意味着壁炉在我的左边，在这个小世界里，每一个动作、每一个知觉都直接处在与无数可能坐标对应的位置上。当我与我十分了解的一位朋友交谈时，他的每一句话和我的每一句话，除了他对整个世界所表达的意思，还包含与他的个性和我的个性的主要方面有关的许多东西，我不需要回想我们以前的交谈。把第二意义给予我的体验的这些已获得的世界，本身清楚地显现在作为其第一意义基础的一个最初世界中。"[1]理性意义上的感觉不可避免地丧失了其感觉的活力，这一活力在某些方面恰是感觉重要的东西。梅洛-庞蒂认为理性主义的长处在于它们是一种纯粹自我的内在性的觉悟，能较为简便地阐明知觉和思维之间的内在联系和意义，尤其是这一联系不是通过知觉偶然性连接在一起的，"即使理智主义能轻而易举地战胜经验主义，它也不能接受我们的各种体验，不能接受我们的体验中作为无意义的东西，不能解释内容的偶然性"[2]。梅洛-庞蒂否定了之前所有的感觉理论，认为以前的感觉知觉理论没有触及感觉知觉的真正意义和内涵，他借助于现象学的方法将感觉定位在知觉层面，将诸种因素以图式的方式显现在一个"世界"之中，即"在……之中"，这一"在……之中"则显现为"场"。梅洛-庞蒂的"场"主要来源于胡塞尔的"意识场"，将胡塞尔的"意识场"具体化为"知觉场"："有时，新的意义纽结形成了：我们以前的运动融合进一种新的运动实体，最初的视觉材料融合进一种新的感觉实体，我们的天生能力突然与一种更丰富的意义联系在一起，这种意义到那时为止仅出现在我们的知觉场或实验场中，只是由于某种缺乏，才出现在我们的体验中，它的出现突然重建我们的平衡和满足我们的盲目期待。"[3]"知觉场"进而分为"视觉场"和"触觉场"等，

---

[1] [法]莫里斯·梅洛-庞蒂.《知觉现象学》[M].姜志辉译.北京：商务印书馆，2005年，第172-173页。
[2] [法]莫里斯·梅洛-庞蒂.《知觉现象学》[M].姜志辉译.北京：商务印书馆，2005年，第194页。
[3] [法]莫里斯·梅洛-庞蒂.《知觉现象学》[M].姜志辉译.北京：商务印书馆，2005年，第202-203页。

"视觉场"则"是矛盾概念交织在一起的这种特殊环境,因为物体——缪勒‐莱尔的两条直线——不是呈现在能进行一种比较的存在领域中,每一条线都有各自的背景,好像它们不属于同一个世界"[1]。"触觉场"则是"我们的身体是活生生的纽结,而不是一定数量的共变项的规律"[2],"触觉场"存在于具体的生活、身体的具体景象中,所有的意味和性质"就显现在这个环境里"[3]。梅洛‐庞蒂认为,这一活生生的环境不是理性的抽象规则的直接显现而与康德、黑格尔的理性主义感觉论区别开来,梅洛‐庞蒂的"触觉场"是一种纽结、场域、关系和景象,这些纽结、场域、关系和景象并非是纯粹的自然主义的个别性的特殊场景,其中具有如此的因素,更主要的还是意义的给出和显现。一个概念就是一种活的体验,这个活的体验的展开即为一种景象,在一种外在性的、世界性的景象的展开中,唯有如此纯粹的意义才能够展现。梅洛‐庞蒂认为,这一情景的展开所形成的是一种"关系","关系"类似于海德格尔的"敞开域",是两种乃至多种因素集合的结果。在梅洛‐庞蒂的思想中"关系"处在十分重要的地位,意识整体只有在"关系"中才能得以彰显,各种的"关系"交织而成一个一个的"关系结",人和意识就处在这种关系的结中,因此通过对这一关系结的分析才可以达到对人和意识的整体的把握。这一"关系结"也可以理解为景象:"问题在于理解在景象和各个部分之间,或在景象和作为具体化主体的我之间形成的特殊关系,被感知物体就是通过这些关系把整个

---

[1] [法]莫里斯·梅洛‐庞蒂.《知觉现象学》[M].姜志辉译.北京:商务印书馆,2005年,第26页。
[2] [法]莫里斯·梅洛‐庞蒂.《知觉现象学》[M].姜志辉译.北京:商务印书馆,2005年,第200页。
[3] [法]莫里斯·梅洛‐庞蒂.《知觉现象学》[M].姜志辉译.北京:商务印书馆,2005年,第27页。

景象集中于自身，或成为一部分生活的表象（image）。感知就是与世界的这种生命联系，而世界则把感知当作我们生活的熟悉场所呈现给我们。被感知的物体和有感觉能力的主体把它们的深度归功于这种联系。感知是认识的努力试图分解的意向结构。"[1]因此，感知以及触觉无论我们怎么样对待它，都已经是意识化了的，是意识的显现，也是意识的一种运用手段。一旦涉及显现的、运用的，它均是一种返回，是在一定的情境中的具体的状态和活动。

在梅洛－庞蒂的"触觉场"中，构成状态的触觉为"触摸"。梅洛－庞蒂认为，身体具有"双重感觉"即"触摸"和"被触摸"，身体就作为两者"功能之间转换的一种模棱两可的结构"。[2]"被触摸的身体"是接触到外在物时，身体遇到外在物的"反抗"即某种程度的不适时才被身体"意识"到，它首先有被动触及而后对触及有所"反省"。相比之下，梅洛－庞蒂更重视更强调主动的"触摸"的身体。"触摸"是更多地具有"反省"的、结构性意味的意向性身体活动，这一意向性的"反省"以"身体图式"作为感觉经验的基础，以"触觉意向性"向外扩展，进而通过身体的感觉给予，构成一个延长了的"触觉"世界，而世界则为触觉意向性的"相关项"而非事实世界本身。"身体图式"以触觉体验的方式"向我们提供进入世界和进入物体的方式"。[3]"任何触觉向一种'客观'属性敞开的同时，也包含一种身体成分，例如，对一个物体的触觉定位是参照身体图式的基

---

[1] [法]莫里斯·梅洛－庞蒂.《知觉现象学》[M].姜志辉译.北京：商务印书馆，2005年，第82页。
[2] [法]莫里斯·梅洛－庞蒂.《知觉现象学》[M].姜志辉译.北京：商务印书馆，2005年，第129页。
[3] [法]莫里斯·梅洛－庞蒂.《知觉现象学》[M].姜志辉译.北京：商务印书馆，2005年，第186页。

本点完成的。"[1]"身体图式"以结构的形式在身体运动以及身体运动的时间性中敞开，触觉现象向外显现构成触觉意义上的世界，同时这一触觉世界自我向自我显现，这一世界中，无有外物，无有心灵，没有主客之分，没有心物之分，世界是身体和"触觉"通过知觉的投射而形成的纯粹的"无机"的世界。这个"无机"的世界在某种意义上也是"思想的世界"，梅洛－庞蒂认为，"思想的世界""即我们的心理活动的一种沉淀，它能使我们信任我们已经获得的概念和判断，就像信任存在着的和整个地呈现出来的物体，如果我们不必每时每刻重新对它们进行综合。因此，对我们来说，可能有一种带有其突出区域和模糊区域的心理全景，有一种作为研究、发现、确定性的智力问题和情境的外观"[2]。"思想的世界"是一个有其突出区域和模糊区域的心理全景的情景的外观，这一情景的外观是意识的展现，"意识的本质在于向自己呈现一个或多个世界，也就是在于使自己的思想作为物体出现在自己面前"[3]。意识是自己向自己的呈现，又是通过物体和感觉向自己的呈现，这样就构成一个以自我、自我意识为中心的具体的身体关系和场景。

梅洛－庞蒂的场域思想所体现的即是返回性，虽然梅洛－庞蒂自认为是存在主义和现象学，事实上他更多类似于海德格尔而与胡塞尔的现象学则有一定的距离。梅洛－庞蒂将触觉分为"触摸"和"被触摸"，其中的"被触摸"则是为自然主义意义上的感知留下了一定的空间。我们将在后

---

[1] [法] 莫里斯·梅洛－庞蒂.《知觉现象学》[M]. 姜志辉译. 北京：商务印书馆，2005年，第399页。
[2] [法] 莫里斯·梅洛－庞蒂.《知觉现象学》[M]. 姜志辉译. 北京：商务印书馆，2005年，第173页。
[3] [法] 莫里斯·梅洛－庞蒂.《知觉现象学》[M]. 姜志辉译. 北京：商务印书馆，2005年，第174页。

面论述"触摸"和"被触摸"的不可区分。从返回的意义上只有一种触觉，即"触摸"，"被触摸"是梅洛-庞蒂所要连接的意识的另外一端，梅洛-庞蒂和海德格尔一样，都小心翼翼地保留一块自然的实在的余地。主体后天的所有触及都是"触摸"，都是主动性的具有意识内涵的活动，所谓的被触及只是表面现象，它背后具有基因返回和基于基因而具备的预先性的预备性的态度，这些都使得自然意义上的被触及不再有立足的余地。梅洛-庞蒂试图以一种结构的方式寻求意识和自然的关系，基于这样的出发点，"惰性的身体""被触摸的身体"被保存下来，也正是如此，"被触摸"就失去了现象学的意识彻底性而成为他知觉理论的不彻底之处。

梅洛-庞蒂知觉理论的另一个问题表现在结构图式上。梅洛-庞蒂以身体为根基构建了一个自然与意识的关系场景体系，这一体系既具有现象学的方法意义，也有格式塔式的结构意味，因而梅洛-庞蒂的身体、身体运动及知觉最终还是归结为一定的格式塔意义上的结构，即身体图式。触觉感知也处在这样的生命联系之中，并以"身体图式"为基础而展开，"靠着身体图式的概念，身体的统一性不仅能以一种新的方式来描述，而且感官的同一性和物体的统一性也能通过身体图式的概念来得到描述"，[1] 知觉是具体的场景，而"身体图式"则使这一场景不再是纯粹自然主义的，而是具有一定的概念的内涵，"身体图式"因其概念而具有一定的结构的意味，"在……之中"的关系实质上是一种含有形式的场景。在"身体图式"的意义上，视觉经验和触觉经验既不同又不可分割，视觉材料具有触觉意义并通过触觉意义表现出来，触觉材料也具有视觉意义并通过视觉意义表现出来，有"可视"的触觉同时也有"可触"的视觉，二者借助于身

---

[1] [法]莫里斯·梅洛-庞蒂.《知觉现象学》[M].姜志辉译.北京：商务印书馆，2005年，第300页。

体的意义、身体整体运动行为，特别是概念式的结构而"相通"，"'视觉材料'只有通过其触觉意义才能显现，触觉材料只有通过其视觉意义才能显现，每一个局部运动只有在整体运动的背景中才能显现，每一个身体事件，尽管它是能揭示身体的'分析者'，只有在意义的背景中才能显现，在这个背景中，其最遥远的回响至少能被认出，感觉间等同的可能性能直接地被提供"[1]。"身体图式"是一个更高层次的综合，梅洛－庞蒂通过"身体图式"的概念来说明超越了经验意义上的视觉与触觉，由于这一超越，"视觉中心主义"和"触觉中心主义"在"身体图式"方面均失去了存在和论证的意义。梅洛－庞蒂通过"身体图式"的场景和关系将自己与理性主义区别开来，但同时却保留了理性的结构的形式的内涵，因而在某些方面图式的结构的思想与理性主义的区别就显得只是一定的话语的不同。梅洛－庞蒂对规则、形式的实质性的改变主要体现在活动场景上，这一场景类似于海德格尔的"敞开域"，但是海德格尔的"敞开域"仅仅是外化性的场域，其间各自的敞开是具有超形而上学的意味的，换言之，海德格尔的"敞开域"是有其独特的源始意味的，这一方面却是梅洛－庞蒂所缺乏的，身体的活动情景是一种身体的返回性呈现，这样的呈现在海德格尔那里是属于意识到了而不得不借助于旧的话语体系小心翼翼区分但也是含糊地表述，到了梅洛－庞蒂这里就没有了源始性的返回性情景，他的"意识状态"某些方面依然处在西方传统思想的范围内。

从返回的方面看梅洛－庞蒂的知觉理论，确实比向前推进了许多，返回的途径和返回的情境等可以说是较为彻底的，之所以说它较为彻底，主要问题还是在其完全性上没有达到。梅洛－庞蒂面临的问题就是，返回应

---

[1] [法] 莫里斯·梅洛－庞蒂.《知觉现象学》[M].姜志辉译.北京：商务印书馆，2005年，第199页。

该是一种完全的返回,事实上他一方面没有达到海德格尔的"无"的境界,而使完全返回在基础上或者说在顶点上有其设定性的缺失,另外,面对情境的返回,梅洛-庞蒂很可能担心一个普遍的完全展开会导致理论体系的彻底解体而使其失去理论意义,因此他不由自主地或者说是无奈之中拿起西方传统的形式性、规则性的东西维护自己,于是梅洛-庞蒂的返回就由一种完全的一个漫展式的返回转变成为一种西方固有的形式的规则的限定性返回,那么从这个意义上来说现象学的返回或者说梅洛-庞蒂的返回是较彻底的但不完全的返回。

第二节　返回性

触觉状态域是返回性身体的、状态性的意识单元的触觉情景"外观"。返回性身体是新身体,也是时时刻刻更新了的身体。所谓的返回性身体是一番意识刷新、重构之后的身体,我们的意识时时刻刻在刷新,比计算机的自我更新、自我刷新还要频繁和快速,它可以瞬间完成。每一番意识刷新都会带来身体的状态的变化和更新。显现,任何人、任何生命都会显现,甚至无机的世界也是显现,但是,显现的普遍并不意味着显现的相同,而是各有各的显现,各有各的层次的显现。就人而言,人的显现与动物截然不同,人的显现,尤其是身体显现是经过了一番诸多的综合性的环节诸如基因、意识的上升、超越、舍离、扬弃等进入概念,由概念进入设想性的全体"无"中去,而后从"无"返回具体身体并在状态、情景层面上显现。人类的全部活动,尤其是全部自主性的意识活动,都是在集体里共同构建这么一个返回身体。于是,我们面临着两种返回性活动:一种是基因式的自主生命活动;一种是意识活动。两种活动最终都指向一个未来,即每一个即时性的身体返回。

每一个即时性的返回的身体之前存在一个前身体，前身体与当下的身体之间既不是线性的时间关系，也不是逻辑上的递进，而是经过意识循环了的身体。由于意识的循环，身体时时刻刻处在更新中，只要人类有意愿，则身体随时可以更新，一念之间、一悟之下皆可更新。

意识的循环是全部意识的循环，在某种程度上是意识与肉体的交织性循环。不唯逻辑，与全部意识相比，逻辑本身显得局部、单面而抽象。我们已经习惯了纯粹意识活动与肉体的分离，也习惯了意识的主客感觉理性之分。意识的全部以一种复合的方式存在，主客感觉理性确有必要，但只是阶段性的环节性的，把如此局部、单面、环节性的当作全部，的确是人类思想史上最深刻也是最为怪异的事情，虽然我们一遍一遍地重复而且会持久地重复。全部与局部必须在合适的位置和层次上方能存在，就是说，框架的东西应该是前提而且必须是前提。在方法上意识是分离的分析性的，但在最终作用上意识是复合的，尤其是在最终凝聚中，每一个个别的意识都指向一个目的，或者是以个别的形式而在实现上则是一致的。长期以来人们普遍认为意识即是意识，身体与意识两者绝不相干，甚至于极力拉开两者之间的关系。实际上就在最终目的性上而言，意识和肉体或许是同一性的。意识最终是要体现到肉体上，而肉体最终也要体现到意识上。即便是在意识的最高点上，关于神、理念、存在、道、禅等，作为结果的范畴和对这些范畴的思考的肉体能力也是同一的。

返回之前的前身体就其自身即是如此，前身体的形成是在此之前，甚至可以上溯到遥远的年代，几乎是所有人，尤其是思想者思考的结果。之后的人们还会继续思考，因为任何一个人都随时面对着一个前身体。绝大部分的思想史努力之处即是如何构成、形成、完善这一前身体。自然哲学、神学、认识论哲学的目的就是使得这一前身体如何构成前身体，而后方有身体的返回，因此自然哲学、神学、认识论哲学是曲折的、间接的而不是直接的。这个前身体是逻辑上的非为一般时间上的之前，也是思想上的非为肉体上的之前。前身体是建构过了的，并且必然指向未来，这其中必然有一种动力因素，动力促使它从之前的状态脱离出来、超越出来，一切超越理论基本上都是指向前身体，即指向一个新的身体之前的构成，而后才有新的身体返回，西方的自然哲学、神学、认识论哲学，中国的儒道释及印度阿拉伯的神学，包括非洲的各种崇拜等等莫不如此。

对前身体的建构是一种必要，然而容易出现误解之处就在于前身体和身体的返回的混为一谈，前身体和身体的返回应是两个阶段，返回才是最终的目的，如同亚里士多德的潜能的实现和胡塞尔的返回生活。我们毕竟生活在当下，当下是感官唯一可以感受的。形而上学就其思想是指向思想的绝对境界，但就其最终目的还是落回到当下，当今的各种反形而上学如尼采、海德格尔的克服形而上学。我们可以这样认为，旧的形而上学基本上是关于前身体的建构，是身体显现之前所应达到的最高境界和达到途径，而反形而上学则可以理解为一个立足点的转移，即从如何建构一个前身体转向返回的身体以及返回生活世界。因此，反形而上学并不是简单的一个学术思想，而是面对目前当今世界上的各种危机、各种问题而不得不提出来的，这些问题想来不是无中生有，也不是为了一个新的学术话题。

反形而上学在一定的意义上是对形而上学的绝对性、概念性、固定性的否定以及对返回的向往肯定，只是在有的人那里，表述得稍有区别。对形而上学的绝对性、概念性、固定性的否定从黑格尔去世之后即铺展开来，马克思、尼采、柏格森、海德格尔等均在这一大潮之中。如此众多的思想家对形而上学反思、批判，所提出的是形而上学本身的问题，即它不是一个绝对，每一个形而上学背后都存在一个"看"者，即形而上学实质上是主体看的结果，形而上学也就是主体的结果，无论是上帝、理念还是道、佛均是主体的结果。形而上学不再是一个超出时间和空间的永恒的绝对，它是主体的结果，那么，随之而来的问题即是，它不是独立的，而是被其后的主体所"看"、所操纵的，因而，形而上学就只是一种手段而非绝对的超出主客的永恒。形而上学自从其出现以来即在特定主体的掌控之中，并通过这些特定的主体进而操纵大众，上帝就是一个典型的例子，上帝在其实质上成为掌控、操纵人的一个工具。之所以如此，主要原因一方面是主体的结果，另一方面是形而上学自身的问题，即形而上学是最终凝聚了的抽象概念，因其是凝聚的抽象的概念，也就成为最佳的、最高的统治手段。上帝是人们服从的观念，理念、道、国家、民族等成为号令民众的工具，任何统治者都可以随心所欲、随手拈来地运用这些形而上学观念，而民众则只有被号令被操纵，而且相当多的民众、绝大多数的民众甘愿于如此、乐于如此、醉心于如此。

这即是形而上学追求、运用等方面出现的问题，这不是形而上学自身的问题，因为形而上学就其自身而言，无人能言说，所谓"道可道，非常道"，如果可以言说，则非形而上学，形而上学即处在可言说和不可言说之间。于是就有了两种形而上学层次，一种是一般的形而上学，即前面所说的神、理念等；另一种是超形而上学，即存在、道、禅。两者是以层次来区分的。前者是固定的、凝聚的、抽象的、对象化、工具化了的形而上学，后者是不固定的、关于完全的完全性的观念，超形而上学层次难以言说，是因其完全、因其难以言说，因而也就不被把握、掌握，也就不会成为对象化的工具。这一点柏拉图已经明显地感受到却没有明确指出来，海德格尔的存在与"无"则是明确化了的，《老子》和《金刚经》更明确，也不排除海德格尔受到道禅的影响。《老子》和《金刚经》均体现出鲜明的形而上学和反形而上学倾向，在这些著作里，一般形而上学思想层次和超形而上学思想层次同时并存。《老子》《金刚经》、海德格尔和维特根斯坦应该是超形而上学色彩的思想家，其中《老子》《金刚经》和海德格尔更具有代表性，他们在世界思想框架构成中具有特异的地位和色彩。世界思想框架主要由潜意识层次、自然思想层次、社会思想层次、一般形而上学层次和超形而上学层次构成。潜意识层次上以意志、酒神精神、潜意识为主，20世纪西方非理性哲学为其代表领域；自然思想层次上以水、火、气、运动为主，古希腊自然哲学为主要代表领域；社会思想层次上以孝、法等为主，儒家、18世纪法国哲学为主要代表领域；一般形而上学层次上以神、理念、理式为主，柏拉图、托马斯·阿奎那、黑格尔为代表人物；超形而上学层次以"无""空"、存在为主，老子、释迦摩尼、海德格尔为代表人物。其中一般形而上学和超形而上学的分野或许更能契合当今的趋势和要求。一般形而上学因其实有性因而是可以认知、可以达到的，是明确的清晰的界定的概念，超形而上学思想因其虚灵的超概念性，故不可言说、不可达到，"无法可得""无法可说"。一般形而上学将超越思想凝聚为一个人格神或者一个观念，用"一"指代"多"，这一指代依然是假设性的，如何将神、理式、理念的"一"与具体的"多"真正结合起来而形成世界整体观念，西方思想至今仍未得到很好的解答。道禅的超形而上学境界认为一般形而上学的"理式""理念"还属于"法""念"的范围，是应当被否定、被超越的，被否定、被超越的"理念""法"必然地进入更高的思想层次，这一更高的思想层次不是单纯的、一次性、一个步骤的超越，而是对超越的超越。这一超越的超越，在佛禅即是"离相"的"离相"，之后即进入"妙有"。所谓"妙有"的"有"是全部的"有"，是完全具足的佛性之"有"。海德格尔在近似东方的"无"方面说了很多，在"妙有"上略有涉及，但是由于拘于他的思维背景，他很难以一种超越形而上学的思想描述出超形而上学的境界。西方逻辑之所以难以描述，主要是因为超形而上学思想的最高点的"空"（佛禅）、"无"（海德格尔）等不是实有意义上的"空""无"，而是关乎完整世界的完全观念，这一观念上的完整性和完全性是任何具体的事物、语言所不能表现、不能传达的。我们将这一不可表现、不可传达的思想观念和思想层次称之为超形而上学、超验的形而上学。这方面最具有说服力的是《金刚经》中著名的"三段论"，《金刚经》中有很多"三段论"式"如来说……，即非……，是名……"的表述，"如来说第一波罗蜜，即非第一波罗蜜，是名第一波罗蜜"即是区分了一般形而上学层次和超形而上学层次，"如来说第一波罗蜜"强调的是超验层次上的佛性，"即非第一波罗蜜"的"第一波罗蜜"是一般形而上学层次上的佛性，"是名第一波罗蜜"是社会的、语言表达层次上的分析。就是说，在"第一波罗蜜"（一般的可把握的佛性即一般形而上学层次）之上还存在一个更高层次的"第一波罗蜜"（完全的超形而上学层次）。

超形而上学层次	"如来说第一波罗蜜"
一般形而上学层次	"即非第一波罗蜜"
社会层次	"是名第一波罗蜜"

就佛禅而言，超形而上学和一般形而上学的区分，其根本之处在于排除一般形而上学的固定性和概念性，排除人们自以为的佛性即为几个概念和理论，从而使人们进入一个真正无限的完全的完满的佛性境界。

我们之所以强调这样的分类，除去对人类全部思想的一个整体的、模式性的把握外，同时也突出一般形而上学和超形而上学之间的一个分野，确立这一分野，也是确立超形而上学的特性、它的内在要求和它的作用。一般形而上学的出现是它出现的那个时代的需要，尤其是一个时代需要一个统一的精神力量，需要一种精神权威，这个时代的人们就是以时代的整体力量构建它，至少相信它，崇拜它，不管事实上它是否存在以及推理上是否合理，上帝和诸神即是当时整个社会的必然性的要求，是对权威的要求以及在权威下得到被安置的要求，当然也是一种求得安全的要求。

随着诸神的隐退，随之而起的是思想的大众化，凝聚抽象具有权威性的一般形而上学已经不适合当今全部世界思想的要求，于是一个将具有权威性的抽象的形而上学替代为一个新的形而上学，就成为一个必然的要求，这一必然要求的结果即是超形而上学的出现。超形而上学是对一般的形而上学的层次上的超越，如果说它具有某种内涵，那么主要的则是对一般形而上学的反动，这一反动不是立足点的问题，比如站在主观反对客观，而是在同一个层次上的意义的突出和完善，所不同的是以一个否定的形式出现的。超形而上学实质上是反一般形而上学，即将凝聚的抽象的固化的一般形而上学化为完全和无形，或者是通过无形而突出完全，完全即是无。

超形而上学所突出的"无"实质上是为返回做准备，没有返回的超形而上学同样是空洞乏力的毫无意义的辞语。超形而上学只是一个步骤，而且是设定了的步骤，这一设定与一般形而上学的设定具有相同的意义。设定只是一种步骤性的准备，目的所指向的是返回，唯有返回才有意义，没有返回的设定只是空洞。返回是经过完全的全部的展现，佛禅方面即是"妙有"，所谓"一即一切"中的"一"指的是一般形而上学意义上的佛法，"一切"就是佛性完全体现在全部之中。"一切"即是在设定了的完全、完整的意识与全部事物的同一，也可以称之为完全的完全展现的漫展状态，所谓的"道在瓦溺""狗子身上也有佛性"等即是返回之后的漫展的表现。

返回状态即是超形而上学的漫展状态，换言之，超形而上学具有两个层次，即"无"和漫展状态。《金刚经》中的"佛可以具足色身见不""可以三十二相观如来"阐明的即是完满佛性的完全展现，这一思想构成了《金刚经》全书的主线，其他如《入楞伽经》"如如意宝普现一切无边境界，心识亦如是，普现众色相"，《圆觉经》"善男子，圆觉净性，现于身心，随类各应""善男子，菩萨唯以大悲方便，入诸世间，开发未悟，乃至示现种种形相，逆顺境界，与其同事，化令成佛""善男子，一切障碍，即究竟觉，得念失念，无非解脱，成法破法，皆名涅槃，智慧愚痴，通为般若，菩萨外道所成就法，同是菩提，无明真如无异境界，诸戒定慧及淫怒痴，俱是梵行"以及《老子》中的"道"等都是对这两个层次的阐述。"无"和漫展状态的区分只是设定性的步骤的区分和辞语的区分，或者说是分析的需求，分析的目的是在凌空蹈虚中依然脚步不乱。

在返回状态中时间、空间及所有的界限全部消失，所有事物都处在超形而上学层次的均等的无界限无分别的显现物，所有事物保留其自身的特性的同时均失去其自身特性，事物不再是自然状态的事物，而是经过超形而上学的"无"洗礼过的事物，因而所有的事物本身也是一个完全和完满，所谓须弥藏芥子，芥子纳须弥者即是。唯有在这一境界中，事物是同一的、平等的、等同的，显现也是均等的，是在此意义上完全的、全部的完满性展现。

第三节　虚假性返回

有返回的显现才是真正的显现，没有返回，没有经过一般形而上学、超形而上学循环而后形成的返回，显现则始终是动物性显现和一般社会功利性的显现。返回可以分为两种：一种是自然基因传递的返回；一种是反思意识推动的基因传递的返回。反思意识以形而上学、超形而上学的方式既加速基因推进促进返回的质量，同时又直接规范后天的行为，使得后天的实践成为有根的实践，在这个意义上，形而上学才是推动人的最大力量。返回是形而上学、超形而上学本身规定的、自身具有的一个环节，以往的形而上学和动物均不具备。动物没有严格意义的返回，也自然没有严格意义上的显现，动物的显现所停留在的是自然基因的生物自动层面的。动

没有反思意识,没有形而上学,即便动物有普通的感觉和简单的意识,却始终是处在一个线性的平面上。动物没有意识的上升和跃起,没有超越,自然就没有一个返回的过程。同样,动物没有理性的推理,尤其是不具备自下而上的推理过程,没有超越的过程,也就自然达不到形而上学的意识高点,达不到对全部世界、全部意识的全体把握。动物的发展所凭借的自然形式的基因凝聚和基因提升,这种方式是原始的、生命自动式的,因而效果不明显,发展也极为缓慢。基因的发展是靠意识推动的,意识自然、自动的发展与借助于反思意识的推动性发展其效果是截然不同的,反思推动的意识的发展所促使的基因的发展更为快速,效果也更为显著。基因的发展是由意识决定的,意识的高低决定的基因发展的高与低、快与慢,因而动物只有纯粹的现实层面上的一个线性的平面化的发展方式,或者说是一种自然的生存方式。

　　一般社会功利性的显现也不是返回,这样的返回虽然借助形而上学而且高扬形而上学,但这样的貌似的返回实际上是政治家手中的手段和伎俩,是政治家、政治学如何借助于形而上学而掌控大众、巩固其政权的。汉代的"天人合一"即是如此。官家往往是利用所有可利用的资源和手段为其政治服务,甚至无所不用其极,在众多的手段中,形而上学是最为有力和有效的,历史上往往提倡形而上的朝代延续较长,而蔑视形而上学、作贱形而上学的王朝大多是短命的,这样的王朝应该短命,是因为手到擒来的伎俩性的形而上学返回都不会用,甚至连个假的样子都不会装,反过来,对这样的王朝历史也会毫不客气,多少此类王朝被快速轻松地抹去。因而我们应该将政治家的返回和真正的返回区分开来,政治家的返回是属于形而上学的直接功利性运用而非形而上学本身,它是以一个假的形而上学的外相为前提,如此的假象不可能构成返回。

　　返回是自古而今几乎人类的每一步都所要做到的,也是人类最为重视的，人类始终追寻各种各样的、不同形态的、各种可能性的返回，以便寻求到一个更好的更佳的通行道路。真正的返回是纯粹的，是经过纯粹意识的自身的反思方能完成的。然而即便是纯粹意识参与进来，意识的自觉性和意识的彻底性等等各种因素都影响了返回能否真正达到其目的。返回不是一次性的，意识的重叠是要使返回走向其终极，它的终极即指向我们的现实，返回于人间而并非仅仅停留于天国，即便是暂停于天国其目的也是指向人间的，于是在思想发展史上就有许多的虚假性的返回，有间接的，也有不充分不彻底的。

在诸多的虚假性的间接的返回中，首先一个是神学形而上学。就其本身而言形而上学即是人学，那么由此也意味着神学及神学形而上学也是人学。所有形而上学背后都存在着人的问题，无论是人的看还是人的思。神固然创造了宇宙天地，创造了人类社会，但是谁又创造了神，谁又驱动了神呢？神的目的论又是谁的目的论呢？神背后隐藏的是人，但是这个人不是一般的世俗的人，而是全人类的绝对的纯粹的意识，人即以其形而上学的纯粹意识态度隐匿于神的背后，人是神的创造者，人创造了神并借助于神并以神的方式曲折地表达了人是这个世界的创造者。

神学目的论给我们的启发就是，如果返回，则必须借助于一个神或者一个近似于神的人格才能够返回。在所有的神学中，人是不可缺少的，但是缺少了神，真正的人也难以实现，在这一过程中，神不能定为一个超绝的人格神或者一个抽象的神，就是说神不能以神自身为目的，人也不能以神为最终目的。神必须必然达到的一个目的就是以无限为境界和方式，引导人进入设定性的绝对无限中，从而为我们的直接返回做一种充足的条件和准备，神，所有的神，只是一个前提或者说是一个必不可少的前提。因而神、神学，从当今分析哲学的思路来看都是一种间接性。神的间接性返回在古代社会中并不存在，之所以这种间接性不存在，是因为古代社会的人整体上处在思想的全体之中，因为处在全体中，全体中的任何一点都可以相互呼应、相互揭示，缺少一个环节和步骤、直接的间接的等等都不影响这个整体的呈现和整体的返回，此一背景下的人们基本上都是心有灵犀。但由于现代分析哲学的出现，使得人们割裂、斩断了古代这么一个完整形态的返回模式，进而用一种分段式的、分步骤的、分层次的、分侧面的方式来看待古代的整体返回模式，以分析的方式求得一个完整的返回模式，无疑是缘木求鱼、南辕北辙。这种方式撕裂了这一整体，于是在古代十分清晰而简易的一个事情，所达到的大家心中不言自明的一个完整的返回形态，发展至近代认识论以来，尤其是到了后代解构主义以来，反而是弄得越来越不清晰不明朗，进而呈现出无意义，甚至于走向它的反面。

在诸种外在性间接性的返回中，同样应该注意的即是发生学。发生学是最为古老的追问终极的一种方式，也是被视作科学方式并以科学的模式固定下来、作为一种客观的真理而出现的一种间接的返回方式，也是最难以让人们理解的，即发生学，居然是一种追问方式和返回方式。发生学的背后同样存在着一个主体的问题，它不是人对所谓的客观世界的真理的追寻，不是对外在性的探讨，实质上它是一种返回，是试图从形而上学的发生的源头的返回。发生学就其根源是错误的追问方式，它实际上是在解决返回的问题。发生学只不过是要寻找一个特定的最终根据，这个终极根据产生了万事万物，也产生了人以及人的意识世界。从这个终极的根据出发最终要解决的是返回的问题，发生学是从宇宙发生的角度为现实人类的思想行为寻找终极性的支配点，这一个支配点实质上直接是一种返回活动。发生学本身则是假借万事万物的发生之名，实质上说明人类思想行为的根本根据问题，但是却把这种根本根据理解为一个外在的、绝对的实体产生的问题。

其三，认识论也是一个曲折的返回问题。西方哲学最为主要的目的之一在于求知,无论是古希腊自然哲学还是近代哲学均是以知识为思想基础,包括中世纪神学,也不排斥知识,只是把知识涵盖在了神学之下。西方哲学的知识论已经固化为一个传统,每一次的知识追求都是一个大的时代的变革和思想飞跃的标志,于是爱智慧就成了思想最为深刻之处。然而深刻之处也易于成为失误之处,知识的作为方式却被误解为目的,"知识就是力量"解读为知识本身即是一种力量,知识背后的主体的因素忽略了,知识走到所有的前台,成为主角,也成了目的,甚至成为取代形而上学而成为终极和绝对。追求智慧、追求外在的知识是哲学的目标,但是却不是哲学的终极目标,哲学并没有完全实现知识这个目标,倒是在极大程度上被科学抢先实现了。科学自认为认识、把握了这个世界,而哲学却一步一步地退隐。于是哲学就进入一个十分尴尬的境地,哲学的这一尴尬境地却是倒逼出自身、回到自己的路途并沿着这一途径面向自身的目的,哲学和科学分道扬镳,分道扬镳的结果即是各种哲学自身目的性的涌出,这一哲学及一切思想的目的即是返回。在这一方面,尼采是清醒而明确的,他把西方形而上学归为虚无,而把生命的现实作为哲学的基础,就老的模式而言,尼采是可笑的,尼采的失误在于他把一个返回的循环片面化、绝对化地归结为纯粹现实,而从酒神精神到超人,却依然是老的哲学模式,甚至在某些方面还不如他所批判的理性思想系统。

其四,实践论是一种阶段性的返回。返回和实践论之间,就其方向和层次上是大致相同的,然而它们之间在范围、媒介和动力上又有不同。在范围上实践论是将思想尤其是道德思想作用于主体的行为和行动,从而使主体的行为行动不再是无根的自然行为,这一方面最具有代表性的是康德和马克思,康德将纯粹的理性付诸思想实践,马克思主义则侧重于唯物主义思想指导具体的行为,后来则更多地重在现实层面上,与康德倡导的纯粹实践理性有层次上的区别。无论是康德还是马克思,他们的实践论最终落实到具体的现实行为上，而不再有其他方面。相比较来说，返回在范围上要大于实践论，返回一方面具有思想的意识的内涵、显现，以及指导具体实践等等方面的实践论的本身的东西，当然这也是返回所包含的一个重要的方面，但是返回同时有一个指向，即指向基因、肉体和感官。肉体是返回的结果，而在这一点上实践论无论如何是难以达到的，就是说返回的观点宽于实践论，包含了实践论。另外，返回既有意识的内容又有基因、肉体感官的东西。由于借助于基因而落实到肉体和感官之上，于是它既有实践论的意识因素，是意识的主动推动的结果，同时还有向肉体的返回，这一返回带着极强的生命自动和潜意识，它是在自动之中完成的，相比之下弗洛伊德的潜意识反而是表层的东西了。于是返回实际上在某些方面既有意识之上的内容，又有意识之下的即无意识自动的内涵和作用。因此就范围或者说动力因素来讲，它要宽于实践论。实践论是单一的意识及行动外现，它具有明确的意识指向和指导作用，它的核心少有甚至没有无意识、潜意识和纯粹意识。在直接性上，实践论是直接性的，在意识的指导下直接作用于主体的具体实践。返回则是间接性的，如果返回有直接性，那么它的直接性就直接作用于基因和肉体，然后再借助于我们的肉体和感官显现出来。于是返回是一个纯粹意识和基因肉体的双重发展和双向的转换。实践以一种直线的方式直接指导，这一直接性在某些方面成为显现的简单性，神学形而上学和哲学形而上学大多是这样一个直接的显现，或者说达到了思想的最高点之后的自动式的外现和外化，在他们看来，显现就是那么一个简单的、易行的、轻松的直接性的问题，在这一点上，无论是基督教、佛教，还是道家和理性形而上学都把这种显现作为的一个简单的直接过程，而事实上这种返回的显现过程，不像人们理解的那么单纯和自自然然，返回是个极为复杂多变的多范围的多层次的复合活动。如同发生学的层层发生和展开，返回也是以一个发生的步骤和层次展示出来，只是返回是内在的精神和生命编码的层次性展现。

其五，尤其值得我们探讨的是海德格尔和返回的关系，固然胡塞尔晚年重视返回，但是把返回推进一步的是海德格尔。海德格尔后期重视诗意自然和诗意栖居，诗意栖居的目的是在此基础上再向前迈进一步，从其目的论的方面来问。任何一种形而上学，它的指向都是返回性的，在返回意义上，形而上学都已经起到它应有的作用了，只不过是显著不显著、充分不充分的问题。西方哲学史上海德格尔之前的形而上学是不充分的，目的的完满性可以达到，但是步骤没有完全达到。海德格尔把之前的步骤更加推进了一步，步骤方面更圆满了，这就是转向后的海德格尔的无。转向后的海德格尔的无是针对一般形而上学的固定的抽象的概念，以无把一般形而上学的固定的抽象的概念打散乃至于达到完全的否定，从而为真正的返回做好步骤性的准备。海德格尔无的形而上学以及海德格尔之前的形而上学，最终的目的都是指向了返回，因此在返回意义上，无论什么样的形而上学，它们所起到的作用或者它们的目的都是相同的，只不过清晰性步骤性上有所区别罢了，在这个意义上进行形而上学性质的争论和追问是没有意义的，他们只不过是五十步笑百步，如此说来，海德格尔追问存在，无论追问得到还是追问不到，本身就已经意义不大了。追问存在，追问形而上学，只是一种预设性的假定性的一个步骤，只要这个步骤得以体现那个设定的完满，而达到实现它应有的结果，它的目的就是就达到了，因此无论是自然神、人格神、理念、理式、无、存在、道、佛等，它的表述不一样，最终所起到的作用和目的都是一样的。从这个角度上来看，再进行形而上学的性质的争辩，区别其错误的或者说革命性的，这样做的意义已不是十分的突出，甚至这一话题已经失去了意义，所谓的反形而上学的根本之处应该如此。因而，反形而上学并非是完全否定形而上学，而是将之纳入一个全部的跳跃和返回的全部过程中，形而上学还是高贵的，只是它是全部过程中的一个环节一个步骤。

一切形而上学的目的都指向了返回，或者说每一个上升和超越都是虚假的、预设性的，其目的在于返回，或者说它必然要指向一个特定的点和特定的方面，而形而上学本身不是目的，更谈不上终极目的，一个理念、一个神的目的往往指向的都是一个现实状态。返回要成为一个有根的返回，如果没有根则没有任何返回的意义，形而上学的建构并不是没有意义的，它只不过是全部过程的一个阶段性环节而已。因而包括逻辑在内的都成了一个现实的必要，这一必要所落实的是身体，逻辑本身的必然成了身体的前提。身体的返回只是一个例证，如同海德格尔的此在一样。返回是普遍的，是必然经过一个完全化、无化之后才能够展现出来，这一完全化之后的普遍性的展现可以称之为漫展。

第四节　返回状态与基因

返回有显隐两条线索，所谓显的方面主要是意识尤其是纯粹反思意识的设定性提升和回归，所谓隐的方面则是潜在的生物自动的基因传递、延续和发展，基因返回是生命界共有共存的，它的表现更为原始和自然，也更为隐秘，或者说是至今人类始终还未有能力解开的谜。基因包含的东西太多，我们目前一切显性的东西应该悄悄地隐含在基因之中，包括人类的一切意识尤其是纯粹意识。皮亚杰在《生物学与认识》中认为："当代最著名生态学家们意识到，认识问题，包括数学这类较高级的人类认识形式，已不再可能是生物学范围之外的事情。"[1]按照皮亚杰的观点来理解，"数学"（科学诸问题）"认识问题"（哲学诸问题）可能属于生物学范围内探讨

---

[1] 皮亚杰.《生物学与认识》[M].上海：三联书店，1989年，第1页。

的问题，那么可能最终是个生物学问题，到目前为止，这一生物学问题的存在范围应该是基因。如果这些推论成立，那么发展到后来，哲学和生物学应该是同一范围内的学科。就是说，返回是指向现实的，返回的前提具有很强的哲学意义上的先验内涵，这一哲学意义上的先验内涵并非神秘的、神授性的先验的力量，而是具有十足的生物性、生命性的先天成分，就是说不是先验的而是先天的，虽然显现为现实的身体状态，但它确实有很深的先而存在的生命根源，这一先而具有的生命根源与基因紧密联系在一起，在基因的载体之上构成哲学意义上的返回以及返回性身体的先验性。这即是我们的触觉研究与康德、胡塞尔、海德格尔和梅洛－庞蒂的区别之处。胡塞尔强调意识先验构成，这一先验构成在整体上带有很浓的康德先天判断的色彩。梅洛－庞蒂将胡塞尔的"先验性"改造为"超验性"："靠着自然世界和社会世界。我们发现了真正的先验，它不是一个透明的、无阴影的和不模糊的世界得以展现在一个不偏向的旁观者前面的构成活动的总和，而是超验性的 Ursprung（起源）在其中形成，通过一种基本矛盾使我和超验性建立联系，并在这个基础上使认识成为可能的模棱两可的生命。"[1] 梅洛－庞蒂所强调的"超验性"的世界性呈现，我们则把这一相对具有东方意味、在西方人那里既神秘又表述得有些可笑的"超验性"分为两个层次解释：一个是超形而上学层次，另一个则是基因层次，或许这两个层次本身就是一个难以分开的问题，我们为了便于回答而暂时将两者分为两个问题。对返回的探讨离不开生物学角度的考察，它首先是生物学意义上的、以或隐或显的方式体现出来的，成为返回、返回身体状态的深层的历史背景和身体基因背景。基因传递是潜在的、隐藏的，而返回身体状态则是显现的、外在的，两者相互交替、互为因果。基因传递类似于哲学上说的先

---

[1] 皮亚杰.《生物学与认识》[M].上海：三联书店，1989年，第1页。

验构成、先验判断,只是在那个历史时期没有基因这么一个观点,哲学家们对这一现象的判断,只能借助于假设性的先验性来指代现实身体返回状态的先导和前提。

返回身体状态与人类身体的其他方面、其他感觉一样存在人类共同所处的进化链中,即遵循基因—肉体—意识—外化—基因的滚动累积和持续演进。基因是身体的、感觉的压缩性浓缩性持有状态,人的身体感觉和意识则是基因的后天的充足性的展开及实现。人类身体的发展进化(包括人的感觉、触觉)、意识的发展变化所遵循的是两个线索:一个是外显的意识发展和行为发展,其发展进化线索,多为人所共睹;另外一个是潜在的、隐藏的基因发展线索,基因对现实的状态的指导性、基因自身的改变和重组,在某些方面,它的重要性绝不低于现实的、意识性的改变和进化。由于现代基因科学发展的限制,我们不可能清晰地看到基因与意识确切的联系,但是就理论上来讲,基因的先导性基因重组及其后天的指导性在理论上是能够得以成立的。或者说我们要探讨人类身体的先天根源、感觉的先天根据,一个根本的、回避不了的问题即是基因问题。返回身体状态是基因的也是后天的现实性的表现。这样的关联对返回身体状态的研究就有两个方面的意义:一个方面是基因的承继性,基因的重组是改革性革命性的,在某些方面是生命决定性的;另外一个方面,由于基因的潜在的重组和革新,这一革新和重组同时也是指向未来的。基因的这一未来指向性影响、决定着返回身体状态、触觉状态的根源性和复杂多样性。触觉状态的诸多相关方面诸如动力问题、显现、单元问题、微环境和微观意识等均可依此而有本源性的解释。

一、作为生命的基因

进入文明社会特别是轴心时代以来,人类共同的努力主要集中在意识的纯粹化，即尽可能地摆脱人的动物性，尤其去除意识中的生物、动物色彩而结构纯化的意识系统。基于这样的出发点，人类逐步脱离其动物性，造就了辉煌非凡的文明成就，人类才得以成为另外一种既是动物又是非动物的群体。然而也就在这番成就之中，也就在脱离动物性的过程中，人也走向了另外一条歧途，即作为动物的人在意识层面彻底否定自身的动物性，凡是具有动物性的思想意识、生活状态、生活方式，全部在控弃、否定的范围内。由于这种纯意识的文化的否定态度，反过来体现在我们的行为上，在我们的具体实践中摈弃、取消动物的身体的因素，这一思想、实践的单一化纯粹化的歧途实质上已经影响到了我们人的身体，因此整体反思人类全部文明，凸显被人类文明忽略了的身体，给予人类身体以合适的位置等问题也就摆在我们面前。

对人类而言，身体是意识的载体和最终目的，而身体作为意识载体体现为身体器官的知识化。而知识化、意识化并不是我们通常所说的日常性的知识和意识，而是压缩编码为基因，通过基因表达显现到肉体器官上。任何肉体器官都是基因的表达，基因除了有生物编码外，必然性的带有意识编码因素，因而也可以说肉体在一定程度上是意识的编码性表达。到目前为止，基因科学家们发现，除一部分的病毒外，绝大多数的生命都是以脱氧核糖核酸，即DNA，作为生命遗传的载体。在构成脱氧核糖核酸的双螺旋线链条中有一个由四种碱基通过不同的排列组合而成的载有遗传信息与遗传功能的片段，这一片段就是我们通常所说的基因。在基因的基础之上构成基因组，基因组是构成与维持一个生命个体的全部基因信息，它是由大约分布在细胞核的23对46条染色体中的5万~10万个基因及与之相应的30亿个碱基组成的。基因科学家们相信，人类生命基因所包含的遗传信息以先天的形式决定着生命的后天的所有形态，生命基因组不仅仅直接影响到一个人后天的体态、相貌，同时也影响着他后天的疾病、寿命，

乃至于人的后天所具备的意识也在这一基因组内。美国国家癌症研究所生物化学实验室基因结构与调节部主任迪安·哈姆（Dean Hamer）博士认为"基因不但决定了我们的长相，也参与决定了我们的行为、感情和经历"[1]。由于现在科学研究的限制，科学家们没有发现真正决定我们意识的基因组，但是基因对我们后天生命的乃至于一部分意识的决定作用是毋庸置疑的。就是说，基因组与我们的意识密切相关，在某些方面，我们的肉体，乃至于一部分的意识是这一基因组的现实性表达。我们人类的肉体器官，即是这一基因组的现实表达的体现。换句话说，肉体器官就是我们生命编码的携带体，因而肉体绝对不是纯粹肉体本身，而是具有一定的基因组的内涵，同时也具有一定的生命特征和生命意识。现代基因科学的成果使我们有理由认为，身体、肉体是具有意识性的生命载体，由于我们的身体是具有意识性的生命载体，它就可以和我们的语言文字、符号工具相提并论，甚至于比我们的语言文字、符号工具更为重要。

二、作为意识承载体的基因

从意识的方面考察基因，首先面对的问题是身体观的问题，即是把身体作为单纯的肉体还是把它作为意识参与的产物，其背后的哲学角度是依然的自然主义和人本主义思想。这两种态度自古而今一直存在，并且成为思想史上相互争论、相互对立的重要区域，是侧重在灵的方面，还是侧重在肉的方面，如果处在灵肉之间，那么这一个度如何把握？是认可人类的身体？还是否定人类的身体？自古而来主流的观点一般所持的态度是：首先的、必然性的否定身体，而后才有对身体的超越，在超越身体的基础上，达到对纯粹意识的肯定，进而以范畴的形式固定下来。身体只是一个阶梯，

---

[1] 转引自石军.《人类问题的由来与出路》[M].上海：上海人民出版社，2013年，第82页。

只是一个基础,是必然的被超越、被否定的一个对象。身体本身既无意义,也无价值,而且是一个变幻无常的易于毁灭的一个短暂的肉体。

肉体易于毁灭,它似乎因此而不具备任何意识承载能力。那么意识的承载存在于何处?人们的普遍回答是意识承载了意识,而这似乎是天经地义、不可追问的,尤其是承载了纯粹意识的文字出现以来,语言和文字、某些方面加上部分的工具,几乎承载了人类全部的知识,而对人类意识的真正的载体——人的身体倒是彻底忽略了。应该看到,文字、符号和工具在人类漫长的发展历史中仅仅是短暂的一个瞬间,在这些文字符号和工具没有出现之前,人类的进化、人的意识发展会体现在什么地方?与其相关联的一个问题是,个体消亡之后一个人的知识和意识到哪里去了?一个个体生命从生下来就开始学习、掌握、创造,待他掌握了人类的部分知识和能力之后,最终的结局就是死亡,这一个个体死亡之后,他所曾经拥有的经验、知识、文字、符号等到了哪里?外在的、固定化的文字、符号、工具与人的身体相比,哪一个具有再生性和自我复原性?

答案是毋庸置疑的,除去人自身的身体之外,任何文字、符号和工具,都没自我再生性和自我复原性,因而也就没有任何自我发展性。因而在否定了文字、符号、工具作为人类精神最终载体之后,答案就指向了人的身体自身。当人类处在原始蛮荒甚至更为久远的时代里,没有工具,没有书籍,没有机器,只有我们身体本身,这就意味着身体是我们所有一切的载体。在诸多知识、意识的载体中,其他载体都可能是暂时的、可以毁坏的、外在的,唯有一个可以一直存在于我们自身,那就是我们的身体。将人类与其他动物同等来看,结论或许会更清晰一些。毋庸置疑,动物也是有意识的,也有一定的语言和符号,那么动物的语言、符号和意识体现在什么地方?就是说动物用什么作为载体承载它自己的意识和语言?比如鸟儿的叫声、兽的吼声、蜜蜂的舞蹈等,这些都是动物的意识和语言的表现,承载这些意识和语言的载体无疑是动物的身体本身、动物的器官以及器官的演进和演化。动物没有意识的语言的外化形态，但是它们的身体器官传递却是一代一代地发生着，而且是切切实实、活活泼泼地体现在动物的器官之上。动物自身的承载、演化是以大脑为主的整体器官的承载和演化，动物的所有努力，在保全现有的生命的基础上，更多的是发展、进化自身的器官，这一努力时间十分漫长，在短时间内无法直观地感觉到，即便以现有的动物标本为主要探讨材料，由于受限于材料和手段，也难以确切地探讨出来。人与动物所不同的是人有两种保存方式，即两个载体，一个是意识的、文字的、符号的、工具的，另外一个是身体本身，它们一个是显性的，一个是潜在的。文字、符号、工具是显性载体，也是高于其他生物之处，但是产生文字的、符号的、工具的机能却是源于人的大脑为主的身体器官系统。因而人类进化最终指向的是人类自身，而且是以人的大脑为主的人体器官的组合体。基于本能，人类的创造全部是以提高大脑机能为指向，包括各个器官的功能，而各个器官同时也是人类知识的、意识的承载体，人类及动物的大脑和器官是知识化、意识化的器官，并非我们之前所理解的那样只是纯粹的肉体。

完整而系统的文字在人类发展长河中只是极小的一段，在文字符号出现之前的漫长的时期内，人类的知识的传递所依靠的主要是身体动作和口传，并由身体动作和口传转入身体的传递载体，即人类心智的器官化，这一意识的器官化同时也是人类发展的最终目的，口传的创造性最终归入身体，创造地促进了身体器官的发展进化。因此人类的进化是人类自身躯体的进化，是躯体和器官的意识化，而意识、知识和工具仅仅是外在的、表象性的东西。从地球生命整体的角度来看，作为整体的生命全部是以提升自己的生命器官为其最终旨归的。蜜蜂自己不会写出一部蜜蜂的发展史，全部的蜜蜂发展史就存在于蜜蜂自己的器官之上。人类有了文字和意识、工具，采取了极端的意识、工具至上的态度，反而忘却了最重要最基本的东西，在一条错误的道路上极端发展，所导致的是知识异化和工具异化，之所以异化是人的探讨的方向和态度出现了问题，人类有如此偏狭的方向和功利性的态度，异化的出现是迟早的事。把人类从意识的虚妄自大的虚幻中拉回意识自身本有的基础，把人自身的器官的生命的存在作为主要任务或当务之急去对待，是我们当今哲学、文化发展的要务之一。

三、基因与纯粹意识因素

由此而来的即是基因组—身体—意识—符号工具之间的系统问题，特别是基因与纯粹意识之间的关系问题，这一问题由于基因的破解问题而难以彻底回答，目前的回答只是从思想上的设想式的探讨。即便是设想式的探讨，我们也要尽量地将之纳入一定的模式之中，即纳入返回的框架之中：基因和纯粹意识都是返回的环节，而且是为自觉不自觉、有意识无意识地返回所做的高点的凝聚性准备。

基因是未返回的整体的"一"，这一完整的"一"是后天的身体、意识等各方面展开的潜质、形式和根据，人的后天的全部展开主要依据这一蛋白编码。由于它先于生育而存在，在这一意义上基因才是真正先天的。纯粹意识与基因在某些方面有极大的重合性，或者说纯粹意识即存在于基因之中，但它又不是基因，而是基因中的一部分，是存在于基因中的意识方面的蛋白编码。基因是生命的浓缩了的全部，纯粹意识是对这一浓缩的推想，某些方面会外化为神、存在和道，只有纯粹的先天意识才能够合适地表达这一状况。同时它们都是返回性的，人的后天的身体、思想、情绪等也是它的返回性直接表现，人类的最终目的性与内在推动力也在此。

心灵的最充分的展开最终表现在身体上，人的身体也就是人的心智进化的标志。心灵的身体展开是在一定的时间中进行的，因而也就具有了一定的历史性，这一历史性的演进过程则是心智的自我累积性发展——身体器官向基因的积淀。这一积淀主要是心灵的知识性的浓缩化，即将身体的、意识的发展浓缩为基因编码，并进入新的一轮发展循环之中。在意识—身体—基因的时间性循环演进过程中，每一个环节都是必不可少的，而每一个环节都将是被超越的，这就意味着，没有任何一个方面将是终极的。如果说基因——意识的先导性、未来指向性较为明显的话，那么身体的后天展开所侧重的则是其充分展示性。就是说，身体虽然不具备终极性，却是基因——纯粹意识的先导性、先天设定性的实现，虽然这一实现不是即刻的、完全的，但毕竟能够在时间性中得到一定的体现，可能这一时间性比较漫长，而且实现的比值的随机性比较大，但就其返回的方面来看，没有其他方面能够比得上身体的意义的。这样，后天的身体的器官的意义的重要性也就大于基因和意识。

由此来看人的身体，那么人的身体即是基因和纯粹意识的后天的具体返回和展开，事实上人的身体和意识是同步性的结合性的返回和展开。在动物的发展史特别是人类发展史上，没有纯粹的蛋白、身体展开，也没有纯粹的意识展开，每一步物的展开都有心灵的因素，即每一个细胞（尤其是脑细胞）的形成，都有心灵因素同时存在其中。心灵的物化或身体化与身体的心灵化是同步的，只有认可了这些，心灵才不是片面的，被抽取出来的纯粹的东西，特别是外化为一个纯粹意义上的东西如神、存在和道等，意识只不过是人类发展的阶段性工具，这些阶段性工具最终要体现在人自身之上——尤其是人的各个器官上，以往哲学的关键错误就在于将两者强硬分离，肉体是肉体的返回和展开，精神是精神的展开，甚至还有的认为后天的人是一块白板，更多的人则将这一复合性的返回单面地理解为存在和道，偏离性地却以极大的热情孜孜以求：人的发生理解为宇宙的发生学，基因的返回理解为认识论。

从西方对立的、分析的思想角度上讲，肉体与意识的分野是明显而绝对的，肉体是纯粹的肉体，精神是纯粹的精神，这一分野是轴心时代以来人类必然所走的路，由于这一发展方向而使得人类走出蒙昧而发展到当今的文明状态。但是这一分野也由于绝对性而陷入困境，尤其是当今科学的挑战而使得西方的绝对分野、分析之路难以为继。将肉体与精神、意识结合起来考察，即是当今思想发展的必然。基因科学揭示了基因在肉体与精神、肉体传递与精神传递之间的媒介作用，同时也包含有后天的身体的意识传递功能，人类后天的身体的展开是基因的结果，人类后天的意识发展也是基因的结果，古典哲学所谓的"先验性"在某种程度上是基因范围内的问题，这样，先天的、先验构成等就有了一定的基础。身体感觉的所有的后天展开也就有了根基，身体的发展方向、身体的后天的形式展开及实现等也就相对清晰一些。

第五节　返回身体的触觉状态

纯粹意识和基因，一个是生命自动一个是纯粹意识的推动，两者在范围、形态、动力等方面有诸多的不同，但在其功能上都是返回，而且共同指向的是人的身体。返回因其而具有被动性和复合性。其被动性就在于它必须返回，在生命本能力驱动下或者在以存在、以道为名义的驱动下的必须返回，返回不是一种情愿或者不情愿的问题，也不是可返回或不可返回的问题，它是一个必然性唯一的选择。所谓的复合性意味着它具有先天的所有的东西，先天的所有的因素全部压缩、凝聚为一个生命编码或者是一个一般的形而上学。形而上学是一个被压缩了的完全，它本身具有世界的全部内涵和力量，虽然这个整体力量是设定性的，但它必然推动着人类向前延伸和实现。身体并不是单纯的肉体或者白板性的身体，而是有源泉有

根据有循环的,这种有根据的身体在一定的状态之中展开即返回的身体状态。既然是一种状态,它就不是关于对象而是关乎主体的,而且是通过形而上学而关涉主体的,因而这一主体就不是纯粹的单一的主体,不会因为返回而造成简单的肉体的轮回。

返回性身体状态在触觉方面的表现即是返回性的触觉状态。返回的触觉状态因其返回性的展开而具有一定的情景性,这一情景性相比起形而上学而言是被动的、复合的、非设定性的,就其自身而言则是在一定范围内的具体的、活动的尤其是具有后天意义的单元。触觉状态之所以有先天后天的意味性,主要因其为主动的触摸,或者说主要存在于主动触摸的范围内,创造性活动如雕塑即在这一范围内。触觉状态的情境构成主要是触摸主体和触摸对象,以及相互成为主体和相互成为对象的触摸活动,前者是人对外物的关系,后者是人与人之间的关系。无论其关系构成如何,只要形成了一个关系,关系以及关系互动必然形成一定的情境。诸多因素以构成的方式组合在一起,形成一个意义明确的单位,并以触觉的方式表现出来,这就是我们所说的触觉状态。一对情人的拥抱、亲吻和触摸,这两人之间就构成了一个相对稳定的情境,也就是可以与他人区别的一个相对独立的具有一定表达意味的、一定的状态的触觉单元,某些方面就构成了相对独立的微世界。恋人们在公开场合的旁若无人的举动,他们已经把他人排除自己的世界之外,仿佛身处于一个自造的无形的世界中,事实上他们处于一个特定的触觉状态中,是状态包裹了他们。一个母亲对自己儿女的亲吻抚摸,就在母亲和儿女之间借助于两人的行为、亲情及一定的意义内涵而构成一个小单元。在这样一个相对稳定的情境和单元中,接触的行为就不会是纯粹的感觉意义上的,因为它包含有其他的内涵,也不是经验意义上的,因为这一行为具有一定的先天的集合性。触觉状态是两种或两种以上的关系所构成的一个相对封闭的情境,这一情境是具有一定的意识、社会、习俗等复合性因素，而最终外化为身体的触摸方式和触觉对象。表面上的一个触摸动作，实际上有诸多因素的共同参与。社会礼仪行为即是如此，它是在一定的社会情境之下，在一定的历史因素支配下，设定诸多不同的触摸方式、接触方式。反过来我们可以通过这些不同的方式看到当时的触摸状态，乃至从这些状态中看出更多的背景和内涵。这也体现出触觉状态的另一个方面的特性，触觉状态的状态固然是具有一定情境性的单元，在一定意义上是封闭、半封闭甚至是开放的，这一开放性是由于这一单元中诸多因素的，尤其是意识、社会因素的参与而具有的，正是由于其开放性，也为触觉状态的意识研究、触觉物的研究提供了更为广阔的伸展空间。

　　返回性的触觉状态主要是主动性的触摸，即在触摸之前已经有了相关的复合性的意味和预料，然而除去主动触摸还有被动性的触及，被动性的触及往往被认为是真正的触觉，而且是唯一被考察的触觉，这也是触觉之所以具有实在性的根据，触觉被认为是自然态度的科学内涵就源于此。因此研究触觉状态还必须考察被动触觉的问题。梅洛-庞蒂将触觉分为两类，即触摸和被触，这实际上即把作为状态的触觉与被动的科学实在意味的触觉区别了开来，"反射——乃至科学的二级反射——又一次模糊了人们以为弄清的东西……在科学客观化的一般努力中，科学必然最终把人体描述为面对由物理——化学属性规定的刺激的一种物理系统，力图在这个基础上重建实际的知觉"[1]。梅洛-庞蒂彻底拉开了科学与意识活动之间的距离，这样的排除的态度固然是一种合适的论证方法，然而还是把被触的问题遗留给了所谓的科学主义，而科学主义以及科学主义所形成的流俗社会

---

[1] [法]莫里斯·梅洛-庞蒂.《知觉现象学》[M].姜志辉译.北京：商务印书馆，2005年，第31-32页。

思想就是立足于被触,以此抗拒现象学以及返回性触摸状态。那么如何看待被触的问题?首先被动触觉不是自然界给予我们的单纯刺激,在某些方面,人类的先天的意识因素和先天性的基因已经回答了这个问题,表面上看起来我们是在接受外界对我们的单方面的刺激,实际上在某种程度上我们就已经做好了迎接这些刺激的准备,即先天地做好了一定的应对条件。整个生命界包括人类都是在前一个生命基础之上逐步发展来的,从来就不存在这样的状况,即一个新的生命是彻底地从零开始。其次,生命界包括人类既然具备了先天的条件,这一条件必然在后天的方面展现出来并发挥作用,事实上,人们对外界自然的刺激本就已处在有备而来的态度之中,比如说热浪袭来,或者猛地一阵冷风吹过,人们并未不知为何物而惊慌失措,或者刚刚因之而知晓这是热或者是冷,人类的这些应对的本领在后天的生命状态中已经做好了准备,在热浪袭来、冷风吹过之前我们事先就已经知道有热浪和冷风,它们在我们的整体生命状态和观念中早已预料性地存在。再次,对某些不可知、不可预料的东西人们所持的是一种保持距离的谨慎态度,人们慎之又慎地对待某些难以预料、不可知的某种物体或者某种力量,不会轻易让它们触及我们的身体,宇航员到达一个陌生的星球,他对周边的所有的未可知的事物都是小心再小心,谨慎再谨慎。对待超出预料范围的事物,人们的触觉是极其小心而审慎的,这种小心审慎的态度就迫使触觉改变了性质,这样的就已经不是被动性的触觉,而是变成了主动性的、探究性的、检测性的、判断性的触觉。最后,从生物学上看,我们事实上没有真正接触到事物,人类的触觉神经感受的是皮下小丘的感受,然后将这一感受传导给大脑中枢神经,从这个意义上来说,我们感受的是我们自己。因此被动性的触觉是否存在本身还应该是一个值得探讨的问题,只不过它在西方自然主义实在性的思想背景之下,它就因之而具有了无可置疑的一个存在根据,在知识必须符合对象的前提下被动性触觉就成了不可置疑的、实在性的、第一位的东西。

在触觉状态中没有了被动性的触觉的地盘，因而梅洛－庞蒂所进行的触摸和被触的区分在某些方面就失去了意义。梅洛－庞蒂的回答西方语境下的传统话题，即实在性处在首位，即便不能处在首位，也必须给它留下地盘，至少留一个埋在土里的根。触摸和被触这一话题在返回的语境和框架下是无须回答的。既然没有了被动的触觉，状态下的触觉全是主动性的，但是这一主动性却又是另外一种被驱使，返回是一种被动的被迫的不得不进行的活动。只是这一驱动力量不再是客体的对象，而是一种具有形而上学的必然。返回实质上是一种被返回，在这种被返回的情况下其本身又是一种创造性活动，这一创造性活动就其实质而言是形而上学循环的创造，并非人的有限性的创造。在触觉状态中主动性的触摸是属于人的，被动性的创造活动是形而上学的循环的，触及已经具有了内涵和标准，触觉状态的活动只是将先已具有的意识展开来，而对对象重新安排或者借助于对象重新表达，一块泥巴可以用它垒墙，也可以做成一个器皿，也可以塑造成一个用来崇拜的神像，一切都听从你的安排和你的赋予。每一次的重新安排和赋予都有不同的内涵，因此一个又一个的爱情故事不是在重复，而是新的表达。也可以这样说，后天的每一个主动性的触摸都是一种创造，都是基于先天的前提下的创造。普通的触摸和艺术家的创造所不同的是，艺术家只是将意识更具凝聚化并体现到一定的器物之上。以往的观点是把触觉状态创造出来的器物却误作为自在的自然的客体对象，反过来将本是我们的创造表象作为一个作用于我们的对象，这样一来就是一个完完全全的本末颠倒。

触觉状态是被动返回到的当下，这一当下已经是经过了无数次的循环，在循环之中不会再有任何单纯的主观和客观，也不存在唯心主义和唯物主义的问题，或者说主观和客观只是这一循环中人为地所分的、人为地截取的一个环节。这一当下是被驱使的现实表象，也是过客式的表象，所谓的恒定的现实不存在，它只是一个个的特定时间中的状态，本身也是流动不居的，因此现实最恰当的表述是当下，触觉状态就是返回到了当下的状态，在这一背景下较为适当的表述也就是状态。返回的身体在当下诸多条件中展现，由于条件不同、情境不同而具有多种多样、多姿多彩的当下存在状况。触觉状态是一定的时间内人们的身体状态，它所关联的是人们面对不同的境遇而如何安顿自己的身体，处理自己的身体和外界的关系，它类似于人们所说的存在状态，但是人的存在状态似乎更多的侧重于社会身份和意识形态，所涉及的范围比较宽泛。触觉状态同样是宽泛的，但是这一宽泛表现在人们始终通过自己的身体触觉与外界打交道，是借助于返回的身体与世界重新打交道。触觉状态人人皆有，时时具有。触觉状态具有状态的具体性和历时性等特性，同时状态也具有活动的和情景的因素。

　　状态的这些多种多样不因其多样性而有差别，状态的差别主要是层次上的，即高低的问题，这一高低源于返回的层次的高低。任何人都会返回，只要他具有人的正常的意识，一般人的返回之所以是一般人的返回，主要是一般人没有达到一般形而上学和超形而上学，进入形而上学之后的返回才是充盈的、充实的。由于返回的高低和充盈而带来的可能性的问题，即是这种高低和充盈不是恒定的，也不是佛家所说的一悟之后终生受用不尽，不是进入形而上学的返回之后所有的一切皆是返回的，并非进入了返回之后一切问题，尤其是一切人间难题全都迎刃而解或荡然无存了。返回会随境而变，它随时处在变换变异之中。一个道德高尚者未必不卑鄙，一个觉悟者未必不嗔恨，只是相比起一般人而言他们更多情况下处在返回状态。一悟之后终生受用不尽只是就纯粹意识和超形而上学境界本身而言，对状态却并不完全适用。那么，恒定的返回存在在哪里？当然是在一定的固定的层次上，返回的触觉状态的固定化即是艺术。

第一章 返回性的触觉

触觉状态是借助于物的言说，物自身本身是不能言说，借助于物的言说实质上是返回状态自身的言说，只是借助于物作为返回的表象。表象的作用起到的是暂时的固化——无论是可视的还是可触的，我们的肉身本也处在一定的固化状态之中，从这一点上说两者的相遇是必需也是必然。也正是如此，借助于外化为他物的言说就有了可以追寻的路径和规则。由此触觉状态就存在着两种因素，一种是被传递过来的意识以及展开来的情绪情感等等，一种是外化了的、物化了的空间造型。触觉状态是一种身体情境和状态，并始终处于变动不居过程中，因此它的灵活性最强，变化最大，波动性很强，它具有很强的瞬间性和即时性。绝大多数的触摸即是如此，即当触摸成为过去，这一刻的触觉状态也随之消失。触觉状态的记忆、积累、积淀、固定的结果即是工具器物和艺术品，在这些工具器物和艺术品中触觉状态的时间性往往消失，表现为凝固的、固定的空间状态。每当我们观照具有一定空间意义的器物时，所反观的是这一器物曾经具有的返回性的触觉状态、身体状态以及意识状态。唯有这样才能将固化了的造型还原为一个曾经活的生命意义上的器物，而不是僵硬死亡了的不言不语的各种材料的堆积物。当我们走进原始森林里一个被遗弃的小木屋，看见了斧头、木板和木条时，在我们头脑中恐怕会立刻引发起对这个小木屋的曾经的主人的推想，通过木板和家具、器物等工具推断小木屋主人的存在状况，这一推想即是借助于工具等对他人曾经经历过的身体状态的重新体验。因此我们所接触到的每一个工具、器物和艺术品都是凝固了的曾经经历过人的活动的具体的状态。触觉状态是返回性的感觉单元，同时也是活动的情境的意识单元，这一活动的瞬间在时间过后即成为一定的历史的痕迹，这一外化所通过的途径是触觉比喻而将相关意识附着于具体的器物上，器物就成了触觉状态的痕迹，工具史工艺史就是这一痕迹的历史。反过来这一痕迹的追踪是困难的，因为已经过去了的情境难以还原，触觉状态的遗留

毕竟只是其中的一部分，绝大多数的意味随着时间而消失了，我们还原触觉状态也只是尽可能地还原当时的情状乃至意识状况，从这一意义上说，过去了的触觉状态是难以言说的。

虽然难以言说但还要言说，对当下的和过去的触觉状况的分析须有两种角度，分析一个器物、工具既要从瞬间的、即时的角度和当下的情形，同时也从恒久的返回的意味，或者说两种角度的交叉与混合。从空间的、固化的角度分析一个器物，是对历时的、即时的状况的一种忽视，也是对曾经的触觉的、身体的状态的忽略。每一个可触的器物都是一种曾经的触觉状态，无论是过去的、现在的抑或是将来的，而且都是无尽时间中的瞬间状态的固化和外化。瞬间难以把握，固化是对这一瞬间和状态的最佳把握途径，或者说，唯有在坚实的器物面前，人们才可能有某种固定感。因此可以说器物就是人的触觉状态的一种固化了的痕迹，这一痕迹的延续就是人类工具、器物发展史。当我们在看到前人遗留下来的工艺品和艺术品时，同样会对前人曾经有过对触觉的重新体验，并且试图回到曾经有过的触觉的状态，以及状态中的情感的、意识的表达，中国古代青铜器的器型和纹样就是这样。在某种意义上，器物和工具的发展史是触觉状态的自然史的有形凝固，触觉状态既具有当下状态，同时也有返回的形而上学的、过往了的历史的痕迹，某些艺术史在某种程度上可以说就是触觉状态的痕迹史，追寻器物中隐藏的曾经有过的触觉状态即是借助于痕迹对历史的唤醒。

触觉状态的展现有两种方向：一个是内向的，即这一状态这一单元内的所有因素向触觉方面凝聚，而后通过触觉的方式表现出来，如拥抱、握手等；另一种是外向的，即通过触觉视觉诸多因素而将身体与微环境结合一起，触觉状态外向性展开的具体途径为触觉的比喻。触觉状态既然是一种状态，它必然处于一定的情境中，这一情境构成的核心是主体，其他则为主体的外向性关联或者外向性扩展，触觉状态的这一外向性将触觉、身体、身体环境的单元性结合，就其方法上我们称之为触觉比喻。触觉比喻是联系、连接触觉状态诸多因素的途径和方法。在触觉状态这一单元内，就其感觉方式上，则为触觉的与视觉的联系在一起，同时在其方向上，外向的与内向的联系在一起，最为重要的是感觉、意识、历史诸多因素以类比的方式联系起来并形成一定的内在的结构和系统，这一类比的联结方式是基于触觉状态，基于触觉—视觉的结合，从而对触觉状态空间内、情境中的事物的类比性的推测、判断和情感投射。这一类比的联结方式因其基于触觉的类比性，其扩展、构成等侧重于感觉的、形象的，因此触觉比喻在方式和内容上也是审美的，加上它的返回性，触觉比喻即是返回性的审美展现，这一展现的物化固化形态是器物工具和艺术品。

触觉状态的情境的核心是当下的主体，与之相关联的即是自我问题。如果从当下的自我是展现方面来看，触觉状态是自我的。每当我们面对一个器物，其实即是面对我们自己，过去的人和现在的自己。我们完全可以在具体的器物面前看到曾经的自我体验，或者说曾经存在的自我，这一自我是瞬间的，也是飘忽的，却是自我最当下的存在状态。同时我们只有通过我们周围无数的外在的、外化了的事物和器物，才能反思到我们曾经有过的经历过的自我状态，才能反思到我们曾经的自我，才能通过触觉状态的空间反思到更大的甚至于无限中的自我，这一无限空间中的自我已经不是现实的自我，而是一个超越的大的自我，是触觉状态的空间扩展意义上的大的自我。当我们对自然物进行选择时，所依据的是身体和生命保障。对外在的选择，对一个工具的选择，对一个服装的选择，其实在无意之间是在选择自己，或者说通过这种工具的选择而确认了自己。相比起意识、意义上自我而言，触觉状态的自我大多是潜在的、无意识的自我。因为触觉状态本身即是一种不自觉的、无意识的、潜在的自我状态和自我选择。选择的结果如何并不十分重要，更重要的是，它以潜意识的方式体现了主

体身体的主要属性和选择。

这一状态同时又不是自我的。触觉状态虽然发生在个人之上，具有很强的个体生命色彩，但就其状态的本质来讲它却是一种意识返回状态，或者说所有人共有的潜在的生命状态，总的来说触觉状态是一种被返回的身体展开。触觉状态发生在我们每一个人身上，但同时又是亘古的、历史的、群体生命的回响。碰触什么、如何碰触，尤其是人与人之间认可什么样的触觉接触，都在一个返回的认可的范围内，而且随着时代而共同展开，形成一定的固定的或者流行的形式和规则。为什么一定的时期人们追求类似洛可可风格的繁饰纹样？为什么当代雕塑要追逐粗糙和模糊？追求光滑或者选择粗糙进而形成一定的潮流，在其中返回的共同性是起着重要乃至决定性作用的，被返回是人人共有的被返回，不完全是个人的被返回，程度高低可能不同，基本趋势大致是相同的。同时，触觉状态由于被返回而具有的人的、类的群体色彩及所形成的痕迹，一旦外化、固化为一定的工具、器物和艺术品，这些内容具有诸多的集合性、系统性和结构性，更遑论工具、器物和艺术品本身即具有这些特性。这样触觉状态即是关联着器物工具、艺术品以及自我的具有返回性、结构性、情境性的展开系统，世界的方方面面，包括所有的工具、器物、艺术及自然的物象都在这个系统之内，这个系统的完全展开就是触觉状态意义上的世界。

第二章
触觉状态的收纳

触觉往往被人们认定为一种恒久不变且无分别的自然活动，这一活动自古而然，没有框架也没有历史，具体的触觉活动都淹没于这些一厢情愿的模糊含混的态度之中。一些自然主义观点者认为触觉以及一般感觉是知识的基础，是一个个的活泼的具体认识的起始性活动，是迈向意识的基础台阶，同时又认定触觉在思想上无历史性，这本身即是一种矛盾。否定触觉的历史的痕迹而将之视为一个无历史的恒久不变的刺激点本身即是一种反历史的态度，持取这一态度的基本上是外在决定论者和自然主义观念者。这些思想在重视形式的同时，却把每一个触觉的衡量的点、每一个具体的触觉活动基本上忽略了。恒久不变的触觉态度应是人们的假定和想象，是想当然式的绝对化，是对抽象的信任和对一个终极性的统一触觉的追求，其中的支撑力量即是几千年绝对性、统一性的形而上学模式，这一设定的虚假的固定的模式使得任何东西都遵从于它，恒久无分别的触觉的追求及其认可即是这一模式的结果。

作为返回的意识单元的活动性的展开，触觉状态以主动触摸的方式将材料取舍并纳入自身，这一活动我们称之为收纳，收纳是收集材料并纳入自身的意识情境中。表面上收纳固然有主体与对象的关系的意味，但就其整体而言则是主体的一种展开，外在的世界即是外在世界本身，而主体则按照自身的返回层次和具体要求而塑造属于自身的世界，因此触觉状态对待材料不是刺激—应激的反应，而是一种意识的选择态度，这种选择性并非简单的在众多中的选取，而是一种貌似被动中的主动的构造，因此所谓的触觉状态的收纳，是在一定的区域范围内，尤其是在人的身体所构成的一定的区间内，按照自身的要求将世界纳入自身，使得世界主体化。

触觉状态在某些方面与外在世界是一种隔离，这一隔离是事先将适应于身体的触觉的和不适应于身体触觉的分隔开来，进而也将自身与外在世界隔离开来。隔离是人自身的一种先天要求，我们就生活在这个世界里，我们自从生下来都要和它一直打交道,人的隔离的要求就像一道光束,在物体表面上照来照去,而根本无关乎物体本身的问题。收纳隔离的最终结果是一种上手式的自我拥有,人们对触觉状态的材料的把握类似于我们平常所说的某种"要","要"可能是人们常有的心理和活动,一个人从小到大经常地要这个要那个,就是说人们总是处在不停止的、无休止的各种"要"的状态中。触觉的"要"与视觉性的"要"不同,它是一种上手式的拥有,或者说是一种试图拥有的态度,视觉可以视为入眼式的拥有。触觉意义上的"要"只是一个虚妄式的接触,比如一个人"要"某个具体的物或者是具体的人,是将某一物或者人等收纳入自己的身体触觉的范围,接触到而已,实际上并不是与自身身体的融入,就像吞咽那样,吞咽是人们借助于这一动作将对象实质性地融入了自己的身体内部,许多动物的捕猎、吞噬即是如此。吞噬是一种实质性的融入,触觉状态的收纳则是表象性、心理性、意识性的拥有,它是一种返回意义上的接触,在一定的接触、触及、触摸之后触摸主体与触摸对象是要分离的,比如一个儿童拿到了玩具,玩了一番之后就将玩具放下,玩具是玩具,儿童是儿童;热恋中的恋人们在热切的拥抱之后也会身体分离,他们是在一定的状态中的接触,在接触中的意识层面上的拥有。在触觉状态中,人们自我意识到,我拥有了,而事实上这只是一个状态,是触觉意义上的心理状态,分离之后只剩下一个心理的影像,因此触觉状态的收纳只能是一种虚妄性的接触。

  触觉状态的收纳如果不想成为虚妄的,则必须借助一种东西将之固化,即将触觉状态中所含有的心理的、意识的成分固化到一定的材料上,这一固定下来的东西就是物体的、对象的造型和形式,当然其中包含人的以及记忆和思维。反过来,在直观层次上唯有物体的、对象的造型和形式才能够看得出收纳的痕迹和结果。每一个物体的、对象的造型形式一方面具有共同性,另一方面收纳过程也是具体的,每一个收纳过程的都具有各自具体的情境和内涵，但是从外在的方面来看，这个物体的、对象的造型形式却是统一的、一致的，于是就有了两种触觉状态的收纳：一个是外在形式上的同一性和一致性；另一个则是个别的具体的内在的，两者在过程和内涵方面各不同。

人的发展史在一定程度上即是身体的收纳以及收纳的层次史，在人类早期和儿童时期或许更为典型，收纳活动之前，儿童所面临的是感到陌生的、紧张的、敌对性的外在世界，面对着这一陌生的世界，儿童处于一种极为紧张的压迫性关系之中。当儿童无法面对和直接掌控这一巨大的外界的力量时，他们只能用自己内在的力量和欲望将外在世界分步骤分层次地打散、变形、改造，并有限度地吸取、纳入自身的世界。儿童唯有借助于返回进入这一自我创造的、收纳自身的境界之后，他的紧张感才能得到一定意义上的缓解，进而得到某种意义上的安全。因此，儿童的活动，尤其是儿童的雕塑和儿童画中所做的，即是把对象世界收纳入自身的身体符号体系。儿童的活动应该是无关乎对象本身的，他更关注的是自己如何对待对象，以自己的方式改造对象，并且按照返回的自身要求对待这个世界。触觉状态的收纳是儿童面对外在的第一步反应，同时也是十分重要的一个反应，一个小孩手里紧紧攥了一个玩具就是一种将对方收纳进自己世界的占有式的欲望和活动，这一欲望和活动在成年依然活跃，同时也隐秘化，即将这一欲望进一步地视觉化、符号化、意识化。触觉状态内部的诸多感觉的关联，触觉与视觉的天然本质性联结，在一定程度上成为显性而在一定的器物乃至于画面上显现出来。恋人们彼此的热切行为是将两个人构成一个小的场域，在这一场域是源于更为远古的力量而形成的彼此占有、彼此拥有而彼此满足，这一小的场域在公开场合下依然保持着相对的稳定性，许多恋人在公共场所的举止旁若无人，就在于对他们来说此时的世界就只有他们彼此而再无其他。围绕着恋人的活动，一个自构的场域和世界随之构成，他们的器物性的外显就应是一堵墙构成一个实有的隐秘空间，而后方有房子和家庭，我们看到的一个一个的家庭的房屋，在某种意义上是人们的触觉状态的实物性的固定，在这一固定的空间中，才具有真正意味的自我的空间充盈和展开。在小孩子的玩具和恋人的空间之上再扩展一个层次，就是借助于视觉的场域充盈和占有，购物以及游览即是借助于触觉的视觉化、感觉的外射以及感觉场域的建构，形成了一个外延了的触觉，同时也是自我外延了的一个世界，因此购物以及游览的言说是一种符号性的收纳和构成。当然我们不否认这一活动中具有的其他方面的社会性的财富意义的拥有，感觉的外射以及返回性感觉场域的建构却是人的社会性的财富意义的拥有的潜在的基础，一旦进入社会的符号空间和系统，触觉状态的意味就会淡化，从而转化为一种较为隐秘的、潜在的方式而存在。

触觉状态的收纳是一种基于返回的自我的过滤与建构，是将难以控制的对象纳入自己可以掌控的形式之中，是将世界收纳于自身，并从中得到掌控、支配和自主的安全感。儿童发展过程中所有活动，就是儿童将外在世界逐步收纳的过程，他们所经历的大致就是收纳—超越的历程，收纳是自我阶段，超越则是完全的掌控的符号阶段，在符号阶段则是进一步的系统化、仪式化，这即是在意识意义上的自我认可，收纳过滤之后则自我的世界得以建立，或者说，人的世界方能得以建立。

第一节　收纳的方向性

自然态度的研究者所认可的是触觉的由外及内的作用方向，外物作用到人的身体皮肤的感觉器官之上而后方有真实的实在的感觉。这一态度主要是源于西方传统的心物二元的哲学框架，在这一哲学框架的支配下，触觉感受过程往往被理解为被动的接受体，触觉的感受是外在的影响活动。固定的物的实在性的观念十分强劲，触觉感觉的观念似乎很难摆脱这一限定，从一种假设的实在性中走出来，进入实在的身体之外的意识性的感觉空间。意识性的返回和自然主义的观点在整体上是相违背的，就其本性而言，触觉不是被动的感受，相反，外向性是触觉状态重要甚至是唯一的特性。触觉的外向性主要体现为主体的外向选择性和创造性，"人类在长期的实践活动中，把手的皮触觉和动觉结合起来，产生了一种殊特的感觉——触摸觉，它是皮触觉和动觉的复合感觉。人借助触摸觉，便能认识物体的软硬、粗细、凹凸、大小、光滑、粗糙、形状、轮廓、重量等属性。手的触摸觉在形状知觉中的作用尤其重要。如果排除被试的视觉和手的皮触觉，被试仍能依靠手的动觉（如用木棍或铅笔）分辨出物体的大小、形状、弹性等属性。但是，如果排除了被试的视觉和手的动觉，仅仅依靠手的皮触觉，便不能感知放在前臂或手掌上的各种木块的形状"[1]。"人的手是一种特殊的认识器官。在排除视觉的条件下，依靠触摸物体的边缘轮廓，就可以形成对物体的形状知觉。触摸方式对形状知觉有很大的影响。一般说来，被动触知觉所形成的形状的印象最差，这是因为物体放在手中，仅靠皮肤获得一些信息，而皮肤容易产生适应现象，使手的触知觉感受性降低，因此所感知的形状是粗糙的。主动触摸效果较好，其中双手触摸又优于单手触摸。这是因为双手可以定坐标点，一只手的各手指可衡量物体的尺度大小、曲度变化、各部位置，向大脑提供有关物体的更确切更全面的信息。双手交替在物体边缘轮廓触摸，可获得较深印象。大脑接收信息后，在头脑中组织物体的形象，使触觉信息转化为视觉信息，使视觉形象强烈起来，

---

[1] 吴万森，姚清如.《普通心理学》[M].哈尔滨：黑龙江教育出版社，1986年，第193-194页。

就像用眼睛看见的一样，这种现象叫视觉化现象。这一现象也证实了大脑信息加工的双重编码的特点。"[1]这其中的论述带有科学主义的色彩，但在某些方面已经谈及触觉外向性的特性。触觉的这一外向性是与人类乃至于整个生物界的外向性合乎一致的，每个个体的生命均有源自内部要求的外向性，由此而决定其主要感觉必然是外向性的。就人类来讲，人的感官视觉、听觉、触觉、嗅觉是指向一定的距离，人们对感觉的传统的划分主要依据是外向的距离性的，因此视觉、听觉为上，而触觉、嗅觉、味觉、动觉、性觉则因其为近距离乃至无距离感觉而为次等感觉。如果用传统的、纯粹的、单一性的感觉概念来区分，上述观点无疑是对的，然而在经验层次上、在触觉状态、触觉状态意义上则未必如此。

触觉状态是意识的状态意义上的，触觉状态具有更多的意识单元色彩，因而有关的感觉则必然是复合性的。"触觉体验附在我们的身体的表面，我们不能把触觉展现在我们面前，触觉体验不可能成为对象"[2]，就其本身纯粹的实在性的方面来看，触觉感官本身确为如此，因此贝克莱、康德和梅洛－庞蒂试图借助经验、视觉而将触觉扩展出去。梅洛－庞蒂在融合了视觉和触觉之后，打通了感觉由内向外的、由身体走向外在世界的通道的努力，显现了人的意义上的世界是如何成为世界的可能的一个过程。就触觉感觉器官本身的功能方面看，躯体的、皮肤的感觉似乎永远比不上眼睛的观望和耳朵的听闻，只有在切切实实的接触才能够真正知晓外物如何。但是如果从现象学的方面来看并非如此，梅洛－庞蒂在认为触觉体验不能成为对象的同时，也说到了另外一个观点："相应地，作为触觉的主体，

---

[1] 车文博.《心理学原理》[M].哈尔滨：黑龙江人民出版社，1986年，第378页。
[2] [法] 莫里斯·梅洛－庞蒂.《知觉现象学》[M].姜志辉译.北京：商务印书馆，2001年，第401页。

我不自以为我能出现在任何地方又不在任何地方,在这里,我不可能忘记我是通过我的身体走向世界的,视觉体验'在'我'前面'产生,不是集中在我身上。不是我在触摸,而是我的身体在触摸……触觉现象的统一性和同一性不是通过一种在概念中的认识综合实现的,而是基于作为协同作用的整体的身体的统一性和同一性。"[1]梅洛-庞蒂拉近了视觉和触觉之间的距离,通过这两者之间的结合而达到触觉的外向扩展。触觉和视觉结合之后,在现象学的意义上身体在一定的空间中向外扩展开来。

联觉就是在"场"的、单元的、状态意味上的复合体,只有在经验的、状态的层次上,才有联觉的可能。自然的界限分明的感觉只是现象式的描述,难以进入思维,亚里士多德说:"如果确认我上所举的诸事为事实,显然,唯一的方法,就只有对于每一感觉器官,各分配给使之适应于一个元素。人们可以设想,眼睛的瞻视部分是由水为之构成的,感应声音的器官是由气为之构成,而嗅觉器则是火形成的。……触觉机能由土构成;而味觉实为触觉的别一形式,为此故,味觉与触觉器官两皆近属于心脏。"[2]亚里士多德认为,每一个感觉器官都有一个相互对应的元素,由此而严格限定各个感觉器官之间的关系。由此所带来的一个观点,即各个感觉器官是难以打通的。由于他们各自的器官构成不同,各自对应的元素不同,于是各个感觉的结果就截然不同,界限分明。亚里士多德在西方科学哲学的绝对地位使他的观点成为经典的不可撼动的,但是现代脑科学所揭示的与之并不相符,"多感觉却并不局限于颞叶,其他的脑区包括顶叶和额叶的

---

[1] [法] 莫里斯·梅洛-庞蒂.《知觉现象学》[M].姜志辉译.北京:商务印书馆,2001年,第401页。
[2] [古希腊] 亚里士多德.《灵魂论及其他》[M].北京:商务印书馆,1999年,第198页。

大面积区域以及海马,都表现出相似的感觉整合"[1]。并非仅仅是现代脑科学揭示了多重感觉,古人凭借直观感觉到了这一现象的存在。从亚里士多德对德谟克利特的批评中还能够看出德谟克利特对感觉的态度:"但,德谟克利特和大多数的自然哲学家,在研究'感觉'时,撰造了一个很不合理的假设;他们假定一切可感觉物统都是不可捉摸(可触着)客体。于是,显然,若认可这个假定,其他诸感觉,便各都是触觉的一个分式了。这里,大家不难明了,这种假定不符事实。有些事物是所有各项感觉往往都能感应的,他们把这些共通可感觉物专属之为只有触觉一项的可感觉(可触)物;在一个具有体积和重量的立体事物,除了它为尖锐或者敝钝的以外,总还得有量度、形状,以及粗糙或者细滑等性质,这些通性,即便不全通于所有一切感觉,至少是通于视觉与触觉两项官感的。"[2]亚里士多德从分析的角度否定了德谟克利特的较为含混的感觉观点,尽量从实在的方面、界限方面严格限定各个感觉,即便如此,亚里士多德还是认可了"至少是通于视觉与触觉两项官感的",即视觉和触觉一定的相通之处,也认可了"没有触觉就不可能有其他的感觉"[3],"触觉是所有感觉的基础"[4]。这一感觉相通的观点在西方分析思想的绝对优势之下依然有一定的声音,孔狄亚克就主张视觉是复合而成的,而复合的基础是触觉,触觉从内容方面指导着其他感官和感觉:"教导这些官能的是触觉。对象好不容易才在手的抚摸之下取得了嗅觉、听觉、视觉、味觉当作自己的感觉放在自己身

---

[1] [美]迈克尔·加扎尼加,伊夫里 R.B.,曼根 G.R..《认知神经科学》[M].周晓林,高定国译,北京:中国轻工业出版社,2011年,第171页。
[2] [古希腊]亚里士多德.《灵魂论及其他》[M].北京:商务印书馆,1999年,第209页。
[3] 苗力田.《亚里士多德全集》(第三卷)[M].北京:中国人民大学出版社,1992年,第92页。
[4] [美]莫特玛·阿德勒.《西方思想宝库》[M].周汉林,姚鹏译.北京:中国广播电视出版社,1991年,第324页。

上的那些形象、那些大小,于是灵魂的变更就变成了存在于灵魂以外的一切事物的性质。"[1]马赫也认为在空间性上触觉视觉具有一定的一致性:"认为视觉与触觉可以说包含着同样的空间感觉,作为其共同组成部分的观点,是由洛克提出来的,又遭到了贝克莱的反对。狄德罗也认为(《关于盲人的书信》),盲人的空间感觉与有视力的人的空间感觉迥然不同。关于这个问题,大家可以看卢维(Th.Loewy)博士的精辟论述(《一般感觉·洛克与贝克莱关于视觉与触觉的共同思想》,莱比锡1884年),且然其结论我不能同意。……一切空间感觉系统无论多么不同,都通过一个共同的联系纽带,把它们用以传导的运动结合起来。假如洛克不正确,那盲人桑德森(Saunderson)怎么能写出一部对视力正常的人可理解的几何学著作呢?在视觉提供的空间感觉与触觉提供的空间感觉之间确实存在着一些类似之处。在谈到苏雷特的著作(本书第六章第十三节)时,我已经提到这种类似的某些方面,有些方面是亚里士多德学派就已经熟知的。"[2]希尔德勃兰特认为纯视觉是不含触觉的视觉,但是在他为《形式问题》所写的第3版前言中,希尔德勃兰特还是认为他的著作揭示了视觉和触觉一定的联系:"那么,艺术家的工作就是进一步发展这种给他提供空间感觉的能力,也就是说他的视觉和触觉的能力。这两种感受同一现象的不同方式,不但在我们的视觉和触觉能力中独立存在,而且还结合于眼中。大自然赋予我们的眼睛如此丰富的能力,因此在这里,观看和触摸这两种功能以一种比别的感觉器官感受时密切得多的结合而存在。艺术的天才在于使这两种功能明确而和谐地联系起来。我这本著作的主要目的就是揭示这种联系的重要

---

[1] 葛力.《十八世纪法国哲学》[M].北京:商务印书馆,1963年,第138-140页。
[2] [奥]马赫.《感觉的分析》[M].北京:商务印书馆,1986年,第106-107页。

意义。"[1]奥地利艺术史家李格尔认为，人们要感受外在物体，则要靠触觉的帮助[2]，贡布里希在《秩序感》中认为："视觉和触觉都是基于对点的感知，只有迅速地反复感知特定对象上一个个相邻近的点，才能获得高与宽两维延展的平面概念，这就需要触觉与视觉的综合。李格尔认为触觉的重要性体现在两个方面：一、触觉是知觉过程的基础，为视知觉提供支持。二、触觉对视觉所感知的客体的真实性进行验证。触觉具有当下性和真实性，因为可以触及的东西毕竟是真实的。"[3]

近代实验心理学摆脱了古典心理学的表象观察的经验综合的方法，改由依据实验，通过脑科学的具体的实验数据而探讨多重感觉的脑活动机能。在这些相关实验中，较为引人注目的是触/视先天联系，触觉的视觉化和视动系统等。触/视先天联系是美国心理学家托马斯 L. 贝纳特在总结了博尔德（Bowerd）的实验（Bowerd，1971）以及鲍尔（Ball）和特罗尼克（Tronickd）的实验成果之后提出来的，他总结道："这些结果支持这种观点：触/视联系不是学习得来的"，"触/视联系是与生俱来的"[4]。触觉的视觉化是总结了心理学家雷维兹（Revesz）和沃切尔（Worchel）的实验结果而提出来的。"触觉的形状、大小知觉同视觉的形状、大小知觉有着密切联系，特别突出的是触觉的信息常转换为视觉的，这个现象称作'视觉化'（雷维兹，沃切尔）。"[5]视动系统是将视觉与触摸觉、躯体动觉组合为

---

[1] [德]阿道夫·希尔德勃兰特.《造型艺术中的形式问题》[M].潘耀昌译.北京：中国人民大学出版社，2004年，第21-22页。
[2] [奥]A.李格尔.《罗马晚期的工艺美术》[M].陈平译.长沙：湖南科学技术出版社，2001年，第60页。
[3] [英]E.H.贡布里希.《秩序感》[M].范景中，杨思梁，徐一维译.长沙：湖南科学技术出版社，2000年，第218页。
[4] [美]托马斯 L. 贝纳特.《感觉世界》[M].旦明译.北京：科学出版社，1983年，第236页。
[5] 郝葆源.《实验心理学》[M].北京：北京大学出版社，1983年，第296页。

一个较完整的感知系统:"空间知觉不是由某一分析器的单独活动实现的,而是多种分析器协同活动的结果,其中视动系统起着重要作用。"视动系统中"动"的方面主要指的是主动触觉即触摸觉以及身体的运动感觉。"我们头脑中的大小知觉同物体的物理性大小,以及它们在网膜上的视像大小三者虽有联系,但又有所不同。大小知觉是借助视觉、触摸觉和动觉的联合活动实现的。""从宏观的方面看,人在知觉时,不仅视、听主要感受系统积极参与活动,而且总是伴随着手的触摸、眼球运动和身体的移动,形成视动系统。"[1]

扫视是指其快速的双眼同向运动,该运动是中央凹在视觉空间内由一点传到另一点。扫视系统利用视觉、听觉和躯体感觉传入信号来决定眼睛的转动,水平扫视受到旁中央桥网状结构的控制,该结构位于中线上,与动眼、滑车和展神经核相邻。垂直扫视由位于中脑动眼神经核头端的内侧纵束的头侧的间质核控制。这些结构中都包含呈簇状放电的神经元,它们编码眼动的范围和方向,通过兴奋动眼神经元而引起扫视。触发扫视的信号有两个来源:上丘和我额叶眼区,它们能够各自独立、互不依赖地发动扫视。灵长类二者均被破坏后,动物无法产生扫视。

上丘位于中脑顶盖,分为浅层、中层和深层。浅层接受视网膜和视皮层的视觉传入信息,视皮层是对侧视野空间分布图形成的地方。深层接受听觉和躯体感觉传入,因此有两种空间分布图分布,听觉空间分布图对应声音在空间的位置,躯体感觉空间分布图反映了眼周围的身体部位投射分布。中间层是运动空间分布图的地方,此处神经元被称为上丘扫视相关的簇状放电神经元,因为它们在扫视发生之前约 20ms 会发生一簇簇的高频动作电位。每个神经元都有一个运动域(相当于感受野),

---

[1] 车文博.《心理学原理》[M]. 哈尔滨:黑龙江人民出版社,1986 年,第 374、365 页。

编码与之相关的扫视范围和方向。这些神经元运动域很大，因为它们为许多扫视过程编码，但只对某一扫视有最大反应。这些神经元有较大程度的可调性，对于任意一个扫视过程，其方向取决于一群神经元的放电，这与初级运动皮层利用神经元群的编码来决定运动方向的道理是完全一致的。

上丘的一个重要功能是把感觉坐标变为运动坐标，所有4种空间分布图都存在于上丘。其每一点代表了感觉空间的一个特定位置以及最终定位于该位置的扫视过程，进入浅层的视觉传入冲动不引起中间层扫视相关簇状放电神经元的放电，因为浅层神经元并不与中间层神经元直接形成突触，而是通过丘脑枕和视皮层中继后间接与之联系。这种中继的目的可能是为了确定某一特定视觉刺激的重要与否，以保证只对重要刺激产生扫视。[1]

"研究得特别充分的一个多通道位置是上丘，一个皮质下的中脑区域。上丘参与了对运动的控制和定向，它包含了在视觉域、听觉域和触觉域的有规则的环境拓扑图，这些图在上丘最深层被整合起来。""上丘中的许多细胞联合了来自不同感觉通道的信息，并且将这些信息进行整合，使得多感觉输入之和比单个通道得到的信息更加有用。BarryStein发现，上丘中单个细胞对联合了视觉、听觉和躯体感觉的刺激的反应要大于这三种刺激分别单独呈现时的反应，这一现象被称作多感觉整合。"[2] 现代脑科学的研究成果在一定程度上是对亚里士多德的感觉界定的纠正，基于这样的研究，我们就可以将日常意义上的视觉、听觉、触觉、嗅觉等视为一

---

[1] [英]A.朗斯塔夫：《神经科学》[M].韩济生，译.北京：科学出版社，2006年，第289页。
[2] [美]迈克尔·加扎尼加，伊夫里R.B.，曼根G.R..《认知神经科学》[M].周晓林，高定国，译，北京：中国轻工业出版社，2011年，第171页。

种表面感觉，而深层次的感觉在一定的分别域限内同时有多重的复杂的关联，这一关联绝非截止到目前研究层次，甚至可能更为精微，就目前的研究结果来看，自然感觉所面临的诸多问题已经是十分明显了。

按照传统的纯粹的定义，触觉是无距离的感觉，在触觉状态层面上，触觉却是可以远距离地、单元性地、组合性地与外界接触，可以形成其方向上的主动性和外向性，触觉凭借与视觉的本然联系，构成一个外向性的以触觉为其主要的小的身体单元，这一单元的主导仍然是返回的意识，是人有意识地借助触觉活动与视觉等感觉的混合而表达自身，就是说在这一状态内，身体的、触觉的内在形式性外向化发展固定化，将外在材料收纳自身固有的内在要求和规范之中，进而形成属于人自身的、由人而构造的世界，这其中自然包括人类文明所有的各种造型和各种工具。这一外向型的过程中，身体躯体诸种因素的参与形成一个触觉为主的小单元，进而将触觉状态周围的诸多事物渗入人的生命因素，形成具有了人自身的生命的情感和判断的色彩的小世界，这一情境进而扩展开来，随着形式简化，形式固定、固化，以至于最终使得世界触觉化、身体化、形式化。

第二节　简化与工具

造型的形式是如何产生的？如何发展而来的？理性主义者的回答是由于其先天的先验构成的结果，这是一种站在上帝的角度上假设性的回答。经验主义特别重视具体经验尤其是视觉经验的作用，他们认为造型形式是视觉感受以及心灵经验综合而形成的。实践论者尤其是马克思主义实践论者则认为形式是人类长期实践活动，特别是具体的劳动形成的结果。进化论者认为形式是由长期的人类发展进化而逐步提炼提升、凝固而成的。不同角度对形式的不同解读各具其合理性，然而就其最根本的一个方面来讲，我们认为，造型形式的缘起、简化、固定、形成，主要的、关键的决定性因素是身体、人体触觉的结果，是返回性身体通过触觉、触觉状态而收集、选择、规范而形成的。

法国哲学家列维－斯特劳斯在《结构人类学》中论及结构生成时曾假设了一个例子：假如现在的人类从地球上消失以后，未来的另一个星球的生物考古学家们发掘出我们的一个图书馆，或许他们能够破译我们现有的文字和语言，当他们遇到音乐书架上的管弦乐谱时如何从共时的角度以大的结构形式理解管弦乐谱。我们这里不是谈论结构主义如何，而是借鉴列维－斯特劳斯的思路，即当我们看一个事物时，不是从我们已经熟知的知识的角度，而是从另外的角度，或许能够看出一些相对共时的某些东西。列维－斯特劳斯是假借外星人的视角得出结构的问题，我们也可以做出同样的假设，即从基础的原初的方面看造型形式的形成。比如目前十分热播的野外求生类节目，当这些人处于野外求生的境地时，他们所处的是最为原始的、原初的生存状态，而原始状态的人类活动最能体现人的基本生命能力，体现人的身体触觉的基础性作用。在这一原初性活动中，人们必然所依靠的是身体自身，而不是经过现代文明洗礼过的庞大的工具系统。现代文明的工具系统由于其过于庞大、功能过于强大而遮蔽了人的本来面目，这是现代文明的优越之处，同时也是现代文明让人忧虑之处。现代文明的所有活动源出于人的身体，发展到目前却已经压倒身体，身体被现代文明，甚至从轴心时代起即被文明的声浪所淹没，身体本身所引带出来的问题也随之被忽略，这样的侧重于意识的发展到一定的地步，就会一步步走向偏颇，进而发展到在某些方面有损于人类自身，尤其是人类的身体。我们回到身体的原初状态并从这一状态考察问题，一方面具有对抗异化了的现代文明的意义，一方面也是试图从源头探讨真正的人的返回途径是什么。但是我们要回溯原初，却难以回到真正的原初社会状态即原始社会。历史永远不可能回放,我们只能寻找一些类似于、接近于原初的、原始的社会条件和状况。求生类节目是较为接近这一状态的,分析这一类节目,尤其是分析这类节目中人的行为和身体状况,是能够在类似于人的原始的原初状态中所凸显出的要素。求生者猛然间来到一个陌生的荒野地区,身上极少甚至没有任何工具之类,那么他首先要做一系列事情:找水、造火,做一个庇护所,当他做这些工作时,不可避免地要靠自己的双手直接与外物接触,选择、收集而后直接或者间接地制作工具,在这一过程中他所遵循的原则即是自身的身体要求,即按照自身的身体制造工具、改造对象。当一个野外求生者拿到了一个天然的树枝,第一个工作就是要把树枝整理成一个相对光滑的木杆,当他利用枝条造火时,枝条必须是可以手持的而不能伤害手指的。这些所反映的就是人类如何把一个自然物做成一个符合形式规则的器物过程,通过这一过程就可以看出造型形式产生的基本根源即人的身体及触觉。

荒野求生者的生存活动与原始人对待外在自然和工具的制造的态度基本接近,他们的生存态度、工具制造的过程可以用下图来表述。

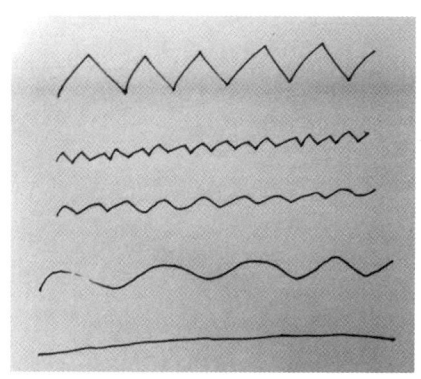

图1

在图1中,我们看到有五种线,这五种线分别指代我们身体皮肤所面临的不同的处境和对象。

第一种，类似于不规则的锯齿线，它所指代的是原生态的对人的身体皮肤具有直接伤害性和潜在的威胁性的物体，如尖锐的刀锋、碎玻璃、自然界的尖刺等。对这样的物体，人们的基本态度是警觉而远离，实在的物体方面是对身体、皮肤的威胁与伤害，在视觉上则属于非适宜性、非快感性的线条，在心理方面也具有强烈的刺激性和警觉意味。第二种，此类条线可以被认为经过人们的选择，相比第一种线条而言，它们依然是原生态的、自然的物体，但在对人的威胁性、伤害性方面要降低一些。此类者比如粗糙的树皮、翘棱的石头等，虽然具有一定的不适宜性，但还是在人的身体、皮肤可接受、可承受的范围内。在视觉线条上也处于安全的范围之内。在艺术中则是可控性的艺术表现方式，如中国画的皴法，各类皴的手法不同，但都能够给人带来意想不到的涩感，是在一种安全的前提下的陌生性的、适宜性的触觉性的视觉快感。第三种，此类条线是小波浪形线，虽然其中还有一些不规整、不匀称，但就其整体上来讲，已经远离了伤害性和不适宜性，基本上接近了人造的人为的结果，是较为接近人的适宜性和舒适性的线条。第四种，此类线条所指代的是规则的、匀称的、具有节律性的 S 形波浪线，这一具有韵律性的且被称为最美的线条基本上属于人的有意识的选择，或者是人造的，它所显现的是规律、起伏、变化、节奏等，而这些就其根本而言是人的内在生命节律的表现，尤其是人类的身体触觉的感觉和内在要求。此类线条既有触摸的光滑、快适又有适当的起伏变化，它是视觉上最美的线条，同时也是触觉上最适宜的线条。第五种，此类线条即是我们常见到的直线，这一直线所指代的是物体、工具的平面和平滑的边缘。这一平整的平面和平滑的边缘，在自然界极为罕见，它大量的存在于人的创造物中，比如说光滑的平板、笔直的条棍。从一般生活的观念来看，这是再平常不过的东西，但是如果把它放入自原始社会而今的历史之中，我们就不难发现其中极其珍贵的价值，尤其是与旧石器时代的工具相比，才能够感觉到当今人们所享受的现代生活，其实是基于人自身的触觉而产生的，也只有在这历史的长河的比较中，才能够看出什么是真正的人类文明的成果。第五种的平整的面和平滑的边缘即是人类文明的结果，准确地说，应该是人类意识的结果，是返回身体在触觉方面自我创造的现象显现。

从图1中我们可以看出一个过程、一种趋势、一种选择和一种价值，这一过程就是人类选择的发展和过渡，在过渡之中体现出人的价值取向，同时就其形式本身来讲，这一过渡的结果是简化，就是说，简化是规则的形式及其法则的形成所依赖的媒介。

从感觉状态走向形式简化应该是人的一种先天能力，我们这里说的先天的本能的不是神创意义上的，人与动物的所谓先天本能是其自身的要求并传递的结果，这一先天能力并不神秘，它是人类及动物自身内部的生命保全的基本要求，以及基于这一要求将外在的、对象性事物按照自身的冲动收纳入自身的已定的规范之中，这一收纳依据其外向性，表现为规范化了的对象，即是简化了的形式。其他的动物也具备一定意义上的先天简化能力，但就其主动性、自觉性、规模和深度上远不及人类，几乎所有的工具、器物、建筑乃至人类自身和整个世界，均是人类收纳其自身的范围的对象。

简化是形式形成的媒介，简化本身相当程度上是借助工具实现的。与其他思想家相比，马克思及马克思主义者更重视现实的、实践性的生产工具性的研究，工具一直是马克思主义学派关注的重点之一。马克思认为工具是人和动物区分开来的首要的界限，他认同富兰克林"人是制造工具的动物"[1]的观点，认为人类使用和制造工具是"人类劳动过程独有的特征"[2]，"经过多少万年的努力，手脚的分化，直立行走，最后终于确定下来，于

---

[1]《马克思恩格斯全集》第23卷[M].北京：人民出版社，1972年，第204页。
[2] 马克思.《资本论》第1卷[M].北京：人民出版社，1975年，第202页。

是人和猿区别开来，于是奠定了分音节的语言的发展和人脑的巨大发展的基础，这种发展使人和猿之间的鸿沟从此不可逾越了。手的专业化意味着工具的出现，而工具意味着人所特有的活动，意味着人对自然界进行改造的反作用，意味着生产"[1]。恩格斯《劳动在从猿到人转变过程中的作用》中认为"劳动创造了人本身"[2]，同时又认为"劳动是从制造工具开始的"[3]，并强调人的手在实践中创造了人自己以及美和艺术："手不仅是劳动的器官，它还是劳动的产物。只是由于劳动，由于和日新月异的动作相适应，由于这样所引起的筋肉、韧带以及在更长时间内引起的骨骼的特别发展遗传下来，而且由于这些遗传下来的灵巧性以愈来愈新的方式运用于新的愈来愈复杂的动作，人的手才达到这样高度的完善，在这个基础上它才能仿佛凭着魔力似地产生了拉斐尔的绘画、托尔瓦德森的雕刻以及帕格尼尼的音乐。"[4] 马克思、恩格斯面对的是西方理性主义认识论的困境，他们试图从具体的人的活动、劳动实践的角度探讨解救理性的困境，马克思主义的这一人类学和社会学的努力在一定程度上接近了人性本身问题，而在具体的实践活动中人性和人的社会性往往是与劳动工具联系在一起，在这一联系点上还有一个关键的环节，即是人由于直立之后"手的专业化"，"手的专业化"即是将人的手的感觉作为独立的标准衡量外在世界，同时也是将外物收纳入自身的、手的、触觉的范围内，即是使之处在一定的身体性的返回状态内，将外在的材料适应人自身并能够使材料乃至世界属于人。当然，马克思重视工具问题，是将之作为对社会、劳动及资本的研究的一个切入点，由此而进入"不仅是人类劳动力发展的测量器，而且是劳动借

---

[1]《马克思恩格斯文集》第9卷[M].北京：人民出版社，2009年，第421页。
[2]《马克思恩格斯选集》第3卷[M].北京：人民出版社，1974年，第508页。
[3]《马克思恩格斯文集》第9卷[M].北京：人民出版社，2009年，第555页。
[4]《马克思恩格斯选集》第3卷[M].北京：人民出版社，1972年，第509-510页。

以进行的社会关系的指示器"[1]，马克思的重点是借以克服理性认识论的缺陷，并通过实践活动而探寻发现最高真理，但就在马克思的普遍性的论述中，我们依然可以看出其中的人的身体的感觉的内涵，在这一内涵之中，类似于马克思的工具探讨，触觉状态的探讨不仅仅是将触觉作为人发展的探测器，而且也是借以展示出来的人的社会关系的指示器。

马克思强调工具的集体的生成过程，而在某种程度上有意无意地忽略了工具的个体的同时又具有某种形而上学特性的本源性的力量，毕竟费尔巴哈之后人们所追求的是反形而上学，马克思与海德格尔一样都处在反形而上学的思潮中。各个理论体系因其支点和体系性而不可能概括全部，这是所有理论的特性，也是理论无可奈何的局限，但就在马克思的基于群体的工具生成的观点之中，依然可以看到人的本源性力量的作用。马克思主义的后来的继承者也是在这一层面进一步发挥的。李泽厚是过渡时期的思想家，他在20世纪七八十年代时期的思想框架基本上是马克思主义的模式，李泽厚在《试论人类起源（提纲）》中依然关注工具问题："工具的各种属性——几何的（形状、面积、体积等）、物理的（重量、硬度、锐利度等）作为各种因果链中的关键环节（如作为切割挖掘以获得食物的原因）被大量使用着、利用着和选择着。日积月累，就愈发突出出来。"[2] 李泽厚的人类工具生成问题是用以说明其积淀理论的，不过李泽厚的积淀理论就其模式来讲依然是马克思主义框架内的，是对社会发展观点的另一种解说。按照李泽厚的观点，工具是人在长期发展进化中，由于手脚的功能的分化，脚直立行走，而双手则解放出来，则手的创造性也随之发挥出来，人类的双手创造了工具，工具同时也创造了双手。在这一创造的过程中，手的衡量、标准作用也建立起了，就其结构而

---

[1]《马克思恩格斯全集》第23卷[M]. 北京：人民出版社，1972年，第204页。
[2] 李泽厚.《李泽厚哲学美学文选》[M]. 长沙：湖南人民出版社1985年，第179—181页。

言，几何形状、形式化的系列工具也创造出来，由此而抽取出抽象的形式，艺术美意义上的造型形式得以形成。从宏观的、总体的概括而言，李泽厚的观点是正确的，工具确为人们长期的身体、触觉的选择和简化而积淀、凝聚成为一定的几何形式，同时也凝聚着的人类的感觉、意识和审美因素。人类工具的发展轨迹折射出工具与简化的同步演进的进程，这一进程清晰而直观，但是如何对待这一直观的进程则是另外一回事。从自然主义和实践论的角度，这一简化进程是人的劳动实践的结果，工具的发展进化离不开人的活动，这是不争的事实，然而简化源自何处，简化的过程和结果是什么等等问题则有进一步探讨的空间。

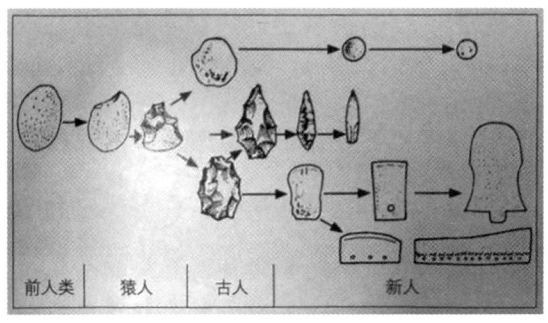

图 2[1]

图 2 是石器形制进化图。王朝闻在《中国美术史》中对这一进程的分析是："人类首先在赖以生存的自然中发现了美观的事物，例如兽骨和砾石。开始可能是其中的光润、小巧者更引起人们的愉悦，进而倒有意或无意地抚摸和把玩，然后，从自然物再到有意地加工而成为装饰品。这是在一个不同于工具的领域中审美发生和发展的过程。由于直立行走和前后肢的分工，皮肤却变得细嫩了，双手的操劳，使触觉变得敏锐了。前掌越来越不

---

[1] 王朝闻主编，《中国美术史》（第1卷）[M]. 北京：北京师范大学出版社，2011年1月，第35-36页。

适应接触粗糙多棱的物体，并在抚摸光润平滑的物体时获得一种舒适感。这就必然要求工具的把握部分光滑和规整。这些又相应地促进了视觉对光滑、规则形式的敏感化，以及心理对相应形式的需求和满足。"[1]王朝闻对原始器物和文化的研究一方面兼顾实践论的观点，另一方面着重从主体性的角度探讨原始器物的发展，原始器物是原始人劳动实践的产物，同时也是主体内在诸多因素、力量的结晶，人类早期工具由于其上手特性，与人类的触觉关系极为密切，或者从感觉层面上说，工具即是主体借助于触觉的身体外延物。经过触觉化的工具，从工具发展史上，即是从旧石器时代发展到新石器时代，这一过程是逐步的规则化，规则化意味着从原生态到形式的简化：和骨器一样，石器中规则化的趋势也是首先在"锥器"中表现出来的。……峙峪发现我国现知最早的石镞，虽仅有一件，但是器形相当规整。下川发现了许多石镞，尽管远较后来的石镞粗糙，但它们和其他小尖状器已达到一定的规整程度。这时，在修整石器的工艺中已出现了压制技术，这种尚未普遍推广的新技术在石镞上率先使用了。在山西下川遗址的发掘中，除了石镞以外，未见有别的石器采用压制技术。压制技术比一般的敲打技术有更大的可控性，它使器物表面更加平整化，器物的对称性得到了进一步的精心处理。从世界其他地区有关材料来看，在规整化方面代表先进水平的石器更多的也是石镞和矛头。[2]

"磨制石器从选料、打坯、琢打到磨光的过程，恰恰可以视为石器全部发展历史的浓缩性重演，这个系列很好地勾画了石器由打到磨、由圆到

---

[1] 王朝闻主编.《中国美术史》（第1卷）[M].北京：北京师范大学出版社，2011年，第35-36页。

[2] 王朝闻主编.《中国美术史》（第1卷）[M].北京：北京师范大学出版社，2011年，第37-42页。

方的发展轮廓。"[1]

工具的生成过程同时也是人的上手过程，由此必然具有主体的触觉性质。一个原生态的树枝或树干最终成为一个光滑的木棒或木方，所遵循的就是主体身体的触觉的利害原则，害则舍弃，利则保存，这一保存在某些方面是主体的内在的先天要求，也可以认为是返回性要求，在这一方面，人的先天的、返回性的形式性的要求和现实的身体触觉是合二为一的，两者的合二为一而共同对对象的改变、改造过程就是一个简化的过程。人类的工具、器物即是通过如此的简化活动得以成形，造型形式也在其中孕育并且在一定程度上得以独立化。

简化是个十分宽泛的概念，也是一个很宽泛的行为。如果深入一步探究从原生态到规则化、形式化的简化过程，我们或许还能发现其中隐含的更多的问题，这就是简化的原点是什么，简化的动力因素是什么，简化的目的指向是什么。我们把一个树枝做成一个圆木棒，可能会用成铁锹锄头的一个木头柄，同样一个木头可以简化成为用来做桌子或椅子的方木或者木板。一个石头从旧石器时代的打制时期，进入新石器时代的磨制时期，打制或许有许多的不确定性，而磨制的目的、形式性是很明确的。为什么古人要将简单的方形的器物做出圆形、等腰三角形、矩形、梯形、菱形、舌形、圆锥形、球形、新月形、卵形等形状？这里所连带而来的问题就是，当我们进行形式简化的同时，相伴相生的就是我们如何利用简化、如何使用简化。简化本身不是纯粹的，而是有目的的活动，每一个具体的器物的简化都有一个已定的目标，做成什么工具、做成什么样的工具等，这一过程中目标和目的是与简化同时进行，不可

---

[1] 王朝闻主编.《中国美术史》（第1卷）[M].北京：北京师范大学出版社，2011年，第45-46页。

分离的。

　　从自然感觉、自然触觉的角度上来看,简化是身体触觉方面的单一性的纯粹要求,简化的这一单一性与它的目的、运用之间的距离相当大,甚至在某种程度上两者毫不相干,由此印证自然感觉观点的站不住脚。自然感觉观点既是分析路径的产物,同时它也反过来使分析自身陷入泥潭。在具体的工具制作过程中,自然物的简化、目的的设定、制作的过程等是同时进行的,这一以触觉为主的同步活动可以称之为主动触觉活动,或者是触觉状态的活动,是返回身体以触觉为主而形成的相对封闭的、相对独立的单元活动,这其中既有身体因素又有意识因素,既有目的因素又有审美因素。王朝闻认为:"在磨制石器中最终形成并达到高度的规则化。它的形成是以下各个方面变化的结果:器具表面由粗糙变为光滑,由曲面变为平面;轮廓线由弧线、曲线变为直线;器形上出现了方棱和直角。矩形的创立对于艺术形式的发展、人类审美观念的深化,都具有重大意义……器物造型的规整化,自然导致了其装饰性的出现和加强……这种装饰性造型在原始时代的器具中还处于萌芽阶段,发现也不多。但它们正是青铜时代乃至以后整个文明社会里实用器造型装饰化的肇始,是人类对外实用物品外部加以美化的开端……随着器物造型的发展,原始人类对器物的质地、色泽、纹理的审美要求也加强了。"[1] 器物简化、造型的规整化、形式化之所以能够导致装饰性的出现和加强,除去器物工具本身在制作过程中业已累积的人的感觉因素之外,还有这一过程中人的其他意识因素的由隐至显,这即是人的要求、目的进一步的显现的结果。人的工具制作的初期,人的身体的、触觉的因素,以及人的目的等意识因素并未清晰地区分开来,

---

[1] 王朝闻主编.《中国美术史》(第1卷)[M]. 北京:北京师范大学出版社,2011年,第47-48页。

之后这一状态、这一意义单元随着工具制作,尤其是复杂工具的制作和工具的使用、运用,其中的目的性因素逐步分离、独立出来,并显现为目的因素为主、触觉因素为潜在因素的另一种存在、显现状态。

第三节 儿童画

对原始工具的触觉意义上的简化以及由简化而生成的造型形式的追寻,所依据的是一种混沌的原初的态度。对原始工具的探讨是我们试图回到原初而窥视其本来的状态和本源性的要素构成的一种努力,这样的探讨同样也可以用到儿童画方面。从自然主义的自然感觉看来,视觉即是视觉,触觉即是触觉,两者泾渭分明,绝不相干,而基于联觉、基于触觉的视觉化、基于返回性的触觉状态的复合单元性,两者则是密不可分。触觉是视觉的内在根据和判断标准,反过来,视觉的对应物可以说明触觉、触觉状态的相关问题。

儿童画体现出的是另外一种原初性的触觉形式,这一原初状态涉及的是人类如何与其他感觉方式、意识联合一起而达到的对外物的简化,以及由此而形成、固定的艺术形式。原始工具的探讨是人类学意义上的,儿童画的探讨则是心理学意义上的,它们都是一个历史的回顾,一个是久远的回响,一个是当下的考察,它们均指向一个问题,在原初状态下触觉在人类造型、形式构成方面是如何起作用的。

儿童画表现出的是儿童当时的生命状态、心理状态、意识状态,也表现出他们对待外在物、对待世界的一种态度。儿童由于年龄幼小,没有足够的力量把握、抗衡、改变自然、社会和意识等诸多复杂的现象,对触觉、视觉而言,他们也没有能力把握复杂的造型和线条,他们唯一能够做到的,即是从自己的理解的角度、自己希望的角度去解释这个世界,而要解释这个世界最简单的一个方法,就是将复杂的简单化。儿童的心理的、行为的、观念的这种简单化，可以称之为另外一种触觉状态的简化，儿童用这种方式表达自己对世界、对外界的看法，进而在简化之中构成属于儿童的自我世界。儿童画即是由简化而构成儿童的自我世界的外在表达。儿童画是儿童用单纯的线条、色彩表现世界，表达自己所理解的世界，而且这个单纯的线条就是把在他们看来复杂的外在形象简化为几种简单的几何形式。这种造型简化应该是儿童成长发展时期特有的心理特征和文化态度，这样的特征和态度皮亚杰称之为图式生成。

与康德的先验形式不同，皮亚杰图式理论主要侧重于认知意义上的儿童的个体图式的发生，他认为"图式（Scheme，Schma）是指动作的结构或组织，这些动作在同样或类似的环境中由于重复而引起迁移或概括"[1]。皮亚杰试图借助于儿童的"活动"即从一定的实践层面上超越康德的先验范畴，这一"活动"的理论即是用实验证实图式存在于个体发展的过程中，并通过建构活动形成一个普遍的意义范畴，"在一个活动中，我们把其中的那个能被从一个情景传递到另一个情景因而能加以普遍化和分化的东西称作动作图式。换言之，图式就是同一活动在多次重复和运用中共同具有的那个东西。举例来说，我们把幼儿堆积木的行为或较大的儿童收集物品加以分类的行为称为'聚集图式'。像这样的图式形式我们可以发现很多，甚至把两类事物联系起来的逻辑运算也是一种图式（父亲 + 母亲 = 父母，等等）"[2]。活动的不断重叠和加强，儿童的认知图式不断强化并得以建立，皮亚杰把图式分为初始图式、初级图式、高级图式三种发展层次。初始图式主要是遗传性的图式或反射图式，初级图式主要指感知——运动图式、习惯等，高级图式主要指运算图式、智力图式、思维结构等。皮亚杰的图

---

[1] 皮亚杰，英海尔德.《儿童心理学》[M].吴福元译.北京：商务印书馆，1980年，第5页。
[2] 皮亚杰.《生物学与认识》[M].上海：三联书店，1989年，第32页。

式实质上是儿童对外界的一种内在建构，而且这种建构是将他们所面临的复杂的世界的简单化处理的一种态度，也是他们的一种不得不为的趋向。

图式就是一种简化，只是皮亚杰侧重于哲学的模式的角度，而儿童画则是儿童们自己的感性的表达，各自的角度不同，所表达的路径和方法密切相关，甚至在某些方面是同步进行的。有些学者如美国的罗恩菲尔德曾就图式与儿童绘画行为进行了比较研究，罗恩菲尔德侧重于从视力有缺陷的儿童的绘画和塑造，这些儿童由于视力的问题而更多地偏向触觉的衡量和表达，由此形成儿童的两种把握世界、表达自身的方式：视觉型和触觉型。罗恩菲尔德在大量第一手资料分析的基础上，发现许多儿童画画时，总是在画面的底部画出一道横线，这一横线罗恩菲尔德称为"基底线"。罗恩菲尔德认为这一"基底线"是儿童基于触摸而对世界的认识和表达，那么，这一表达的方式为什么是一道线呢？罗恩菲尔德并没有深入追究。我们认为，这一横线的"基底线"是源于儿童触觉的图式化的表达，即把复杂的现实世界，尤其是地平线用简单的线条表达出来。罗恩菲尔德把儿童美术发展分为几个阶段：准备阶段、涂鸦阶段、前图式阶段、图式阶段、写实萌芽阶段、拟写实阶段、决定期。其中真正具有儿童独特意味的绘画大概是涂鸦阶段、前图式阶段、图式阶段，其他的写实萌芽阶段、拟写实阶段已经向成人绘画标准、风格方向靠拢了，那么就意味着儿童的自身的童趣的内涵减少乃至于消失，如此一来，准备阶段、涂鸦阶段、前图式阶段、图式阶段就占据了儿童绘画发展阶段的主要的也是核心的阶段。准备阶段主要是儿童基于感觉而与外在环境的接触，以及儿童自身对这些触摸、感受、看、听、嗅等感觉做出的反应。涂鸦阶段主要是儿童的自我表现的阶段，这一时期的涂鸦经历了四个阶段：未分化涂鸦、经线涂鸦、圆形涂鸦、命名涂鸦。前图式阶段主要是儿童表现尝试以自我为中心观察自我之外的生活，画面形象呈几何形,以及几何形的组合,为表示自己的感觉,常将他自己认为主要的、重要的加以夸张、夸大,而对他认为次要的则忽略甚至不加以表现。图式阶段主要是儿童用形式化的线条表达物体和形体,几何线条为主要的表现手段,并且重复出现。与罗恩菲尔德相类似的,美国发展心理学家加德纳通过分析大量儿童绘画作品,将儿童绘画发展作如下几个阶段的划分:涂鸦阶段、图式阶段和写实阶段,在图式阶段中,儿童逐渐了解、熟知甚至精通自己所处的文化的象征符号,联系社会文化,脱离自我为中心,开始趋向写实的表现,但会因为无法达到理想目标而产生压力。日本学者东山明结合罗恩菲尔德的观点,根据日本儿童的身心发展特点将儿童绘画发展分为六个阶段:信手涂鸦时期、象征期、图式期、写实的黎明期、写实期、形成期。与罗恩菲尔德的观点基本接近,加德纳、东山明等均认为儿童绘画的一个重要阶段即是图式阶段,这一阶段以及前后的阶段的儿童绘画,主要是通过抽象的线条表达自己对外界的形体的认知。罗恩菲尔德认为"基底线"首先是儿童的图式的表现,是将复杂物象简单化的抽象的线条。罗恩菲尔德认为:"超越了基底线概念的儿童有些却退回到与基底线相似的空间概念。我们只有研究非视觉型(即触觉型——引者注)的艺术时,才能了解这种退化,我们知道,基底线的概念不只是无意识的'儿童概念',在埃及、亚述或中世纪的艺术表现中,基底线成为空间表现的工具。了解这点后,就知道基底线表现所代表的是非视觉型的意识,而不是退化。"[1] "基底线表现所代表的是非视觉型的意识",非视觉型线条,我们的理解就是触觉型的,如此一来也就可以这么说,"基底线"就是基于触觉而对世界的简化,而

---

[1] [美] 罗恩菲尔德.《创造与心智的成长》[M].王德育译.长沙:湖南美术出版社,1993年,第219页。

简化的最佳表达方式即是线条。罗恩菲尔德描述儿童用黏土造型：

> 无视觉目的而随意拍击黏土是涂鸦的平行阶段，称作"随意捏拍"，当儿童熟悉材料而想要控制他的动作时，他便开始剥裂黏土，有时是没秩序的，有时注视他所剥开的黏土，再看那像什么，或者，他开始塑造形象（螺旋体或球体），在随意捏拍黏土的第一阶段中，这种有意识的举动，很易与涂鸦的第二阶段加以比较，属于有意识的控制；有时，儿童挑起一块黏土，再发出喧哗的声音，宣称它是一架飞机，或说"这是火车"；从心理而言，这正与"涂鸦命名"的思考过程有同样的变化；前阶段以塑造或剥裂的活动为主，而现在与征记（一块黏土）有关的想象活动则是最主要的；同时，儿童也把他动作的思考改变为想象的思想，他便以这种改变，显示了他的表现与他想表现的事物间建立起了关系。[1]

我们应该注意罗恩菲尔德的"儿童也把他动作的思考改变为想象的思想，他便以这种改变，显示了他的表现与他想表现的事物间建立起了关系"的表述，罗恩菲尔德固然是从触觉的角度，在触觉型和视觉型的关系转换之中考察儿童的心智的发展与成长，但是在具体的分析之中，罗恩菲尔德有时还是超出了自然感觉的界限，而联系着界限之外的行为、想象、意识等方面的因素思考。儿童的简化活动中身体、触觉的因素应占较大的比重，同时也有行为、想象、意识的参与，并且是有意识地控制的结果，这些以触觉为主要因素的多个因素的参与的组合，形成一定的返回性的触觉状态，而后才有一定的具有一定的历时的、过程的、潜在意蕴的简化形式，可能这就是贝尔所说的"有意味的形式"的内涵，就是说，形式产生之前，内涵、内容就已经包含在其中了。正是在这一状态中，儿童才可以将一块泥

---

[1] [美] 罗恩菲尔德.《创造与心智的成长》[M]. 王德育译. 长沙：湖南美术出版社，1993年，第95页。

图 3

巴称之为"火车"或者"飞机",把一根线条称之为道路、胳膊、腿等等。与儿童画的线条相联的是线条背后的意义的丰富性,反过来,儿童丰富的想象和意象往往是通过线条表现的。

图 3 是三岁多的女孩柠檬当着我的面画的画。柠檬接过我递给她的笔和纸,就开始一边念叨一边画,不大一会儿就画成了如上的线条,她之所以一边念叨一边画,就是在给我解释她画的是什么,大概说这是爸爸、这是"我"(指女孩柠檬自己),两个人在走路等。画面上大的、主体线条部分应是柠檬的爸爸,旁边小一点的线条部分应该是指柠檬自己,爸爸应该是张嘴大笑而女儿则是在亲近爸爸,周围类似于画框样的线条,应该是把父女俩圈在一个区域内,而这一区域是只有爸爸和女儿的私人的领域,同时也是充盈着爱意的区域。这张画表面上是杂乱的线条,但在儿童自己眼里,确是有相当浓厚的意义和内涵,而如此的感情意味在我们看来只是简单的线条,这些线条是儿童将世界简化之后表达出来的形式。与之相类似的是罗恩菲尔德所举的一个儿童画的例子:"我曾经看过一个儿童画出一个水平的人,左边有两个圆圈,一个有一些涂鸦的符号在里面,当我指

着圆圈问他：'左边是什么？'他告诉我：'一个是一杯水，另一个是一盘饼干，都是我在床上饿了时必须吃的。'这便显示出这儿童对他的作品有密切的体验，虽然这体验从表面上看来并没有意义，但却显露了他的视觉经验、家庭气氛以及其他许多事物；对这儿童而言，'接触'杯子上缘比看它还重要，它显示这个小孩经常独处一室，房间可能是漆黑的，而一杯水和一盘饼干就是'奖赏'，放置在他左边的桌子上，在黑暗里，这儿童显然想要确定它们的存在，而时常伸手来接触这些东西，由于接触，因而比较注意杯子的上缘而不注意杯子'侧视'；因此，他只画了两个他察觉到的圆圈，床和桌子都没有包括在画里，显然地，这都是儿童自我中心的象征。因此，这幅画便显露出他完整的经验——他对环境的关系，他在黑暗中的感觉，以及他对触觉的主要知觉经验。"[1] 罗恩菲尔德所举的这个应该是这个儿童每天睡前的状态，以及对这一状态的深刻记忆。这个孩子应该是经常独自在一个房间睡觉，而且是大人说过"晚安"之后要把他的房间的灯熄灭，于是小孩经常独自处在黑暗的屋子里且没有立刻入睡，孤独和对黑暗的恐惧应该是他当时的主要感受，但是他又不能出得房间，这样既不合乎大人的要求也不合乎他的生活规律——小孩子必须早睡，于是这个可怜的孩子只能乖乖地待在自己的屋子里，对他的孤独和恐惧稍有些安慰的就是父母给他的水杯和饼干，水杯和饼干有几个方面的意义：一个是父母给他的关心和奖赏，能够以这些水杯和饼干为中介而和父母沟通，不停的触摸就是和父母的不断的沟通，这样就可以在一定程度上克服孤独和恐惧；另一个是，水杯和饼干又是自己无言的伙伴，是可以通过活动而交流的对象，是否吃饼干？是否喝水？还是可以做点别的事情——反正睡

---

[1] [美] 罗恩菲尔德.《创造与心智的成长》[M].王德育译.长沙：湖南美术出版社，1993年，第46页。

不着就会有些百无聊赖，做些事情可以填补自己的孤独寂寞。于是这个小孩就反复不断地触摸水杯和饼干，甚至可能还是触摸着水杯和饼干睡着的，以至于给他留下了非常深刻的触摸印象和记忆，这就是这个孩子所处的以触觉为主的状态。在这一状态中，小孩子与水杯、饼干构成一个相对完整的单元，并通过触摸为中介将三者结合成为一个触觉感受的系统——此时由于黑暗视觉基本上不起作用。在这一状态中，孩子对水杯和饼干的不断的触摸行为就在他的头脑中简化为两个圆圈：杯子或许是玻璃的，光滑而冰凉，此时在绘画里就只剩下了光滑的轮廓；饼干的边缘或许是齿形的，饼干的正面或许有细孔和花纹，背面或许是略显粗糙的，但是在这一状态中，其他的感知的结果统统被省略、舍弃，而只剩下一个简单的、具有一定具体对象行为和环境的意义的概括性的圆圈。两个视觉的圆圈体现的却是触觉的感受，更为主要的是触觉状态的单元性感受，我们如今看到的、接触到的许多的简化过的形式，应该都是经过如此一个过程，因此，视觉形式只是一个相对的结果，它更直接的是触觉的几何化，尤其是触觉状态的单元性意味的简略化，因此罗恩菲尔德说："这种新发现的乐趣，便会刺激儿童去变化其动作，经过不断的重复后，他便尝试更复杂的动作，这些动作使儿童发展出圆圆的线条，现在他是用整只手臂来涂鸦了。"[1]儿童画线条的简化，与人类工具制造的从具体物走向形式简化的发展途径一样，所体现的是人类的由繁入简的内在要求和简单化、形式化的发展趋势。

美国心理学家阿恩海姆认为，"如果说眼睛是艺术活动的父亲，手就是艺术活动的母亲"[2]，就感觉意义上而言，艺术活动是源于人的手的活

---

[1] [美]罗恩菲尔德.《创造与心智的成长》[M].王德育译.长沙：湖南美术出版社，1993年，第92页。
[2] [美]阿恩海姆.《艺术与视知觉》[M].朱疆源译.四川：四川人民出版社，第232页。

动，或者说是以手为主的身体的活动。眼睛的艺术活动是光彩夺目的，但就其根本性上所依据于人的手，手的活动却是必然地源于人类返回身体的活动，阿恩海姆将这一类活动方式分为表情运动和描画运动："素描、涂彩、塑造都是人类运动行为的组成部分之一，这种运动行为，有可能是从两种更为古老和更为一般的同类运动行为——表情运动和描画运动——演化而来。"[1]描画运动是人们为了表现对象的性质，而有意识做出来的某些姿态，"正是由于人经常通过用手势比画出一个事物的轮廓线的描述该事物的形状，才使得用手创造的艺术形象大部分是以轮廓线的形式出现；也正是上述原因，才使得用轮廓线表现事物成了适合人类心理状态的最简单的和最习惯的表现技巧"[2]，这些活动也可能是手指的活动，也可能是身体内在活动。阿恩海姆认为绘画是身体活动的一种结果，其实儿童绘画的母体是作为身体的手臂手指的活动，手指手臂的活动最终源于身体的要求。儿童的手指描画活动（包括成人）主要是线条的谋划和轮廓的描画，这既是对对象的一种把握方式，也是自身表达的一种方式，于是线条表达这些，须以一种简化的方式进行。线条的简化进而形成一定的形式，因此阿恩海姆感叹："当我们面对着儿童画中呈现出来的那些整齐的形式时，就会感到自己好像在观看自然界中的某种奇观。"[3]阿恩海姆所说的奇观应该表现在两个方面：首先一个是纵横的"水平—垂直"线，阿恩海姆的"垂直水平"的构成方式就其根本而言也就是横线和竖线，儿童就是以能够体现原初状态的竖线和横线，以及十字交叉的纵横关系作为表现世界的基本格式。另外一个是圆形，圆形既是事物天然的样子，也是人类的先验构成，

---

[1] [美] 阿恩海姆.《艺术与视知觉》[M].朱疆源译.四川：四川人民出版社，第232页。
[2] [美] 阿恩海姆.《艺术与视知觉》[M].朱疆源译.四川：四川人民出版社，第232-233页。
[3] [美] 阿恩海姆.《艺术与视知觉》[M].朱疆源译.四川：四川人民出版社，第234页。

还是人类活动的结果。这两个略有极端的观点之间，依据于活动和状态是一种比较中和的选择，他避开了前者过分的实，也避开了后者过分的虚，在这一中和性的相对封闭的单元之中，两方面都得到了综合，也都得到了实现。阿恩海姆特别重视儿童对圆的训练，他认为："圆形产生于旋转运动，就像胳膊围绕的肩部旋转而形成圆形轨迹一样，动作预示手链轨迹也就愈加圆滑，正如漂亮的体操运动，能造成流畅而简练的语气一样。其实任何一种体力活动，经过一定时间的练习，都会呈现出这种具有前端形状的和流畅的运动轨迹……所有这些事实都表明，运动行为是按照简化的原则组织起来的。"[1] 这一具有指向性、倾向性的活动一方面关联于却不决定于自然物象中的圆，另一个方面受制于人的先验构成却又不是凌空蹈虚的。就事物的形状上来讲，圆形固然存在于自然界之中，比如太阳、月亮，但就属于人的世界而言，圆形美丽的根本动力应该源于我们的身体和触觉，眼睛对圆形形状的优先把握，固然有其视觉本身的特性，但就其根本点来讲，所依据的是身体的触觉的简化原则。同时，儿童有意识地向圆形方向

图4

---

[1] [美]阿恩海姆.《艺术与视知觉》[M].朱疆源译.四川：四川人民出版社，第234-235页。

发展,即向人造的、圆形的方向自我训练和自我发展,阿恩海姆认为这是儿童有意识无意识地向圆形方面训练和发展,尽量地将圆画得更圆。

图4是小男孩六一画的画,他解释说画的是溪流。表面上画的是溪水,在画的过程中两手同时对心画圆,尤其是右手画的圆较为圆润,表明右手的控制力较强,之后在圆上又涂抹一番,大概是习惯性地要把颜色填满,画到这个时候我赶紧叫停,如不叫停再往下他很可能把这个画涂成个颜色疙瘩,这样就看不出原来的线条了。六一是用自己最擅长的圆表现一些对象,这些对象可能随时有新的解释,但是无论对象如何,他的身体、胳膊、手的共同协调画出了圆。对他来讲,溪流的蜿蜒是无意义的,甚至是不能被接受的,溪流就是这样的圆圈,这个圆就是他的身体的对象世界,是用自己擅长的圆的形式将外在世界收纳于其中,自己也就超越于这一收纳过的、人造的世界之中,自我的认可和超越性也蕴含其中。

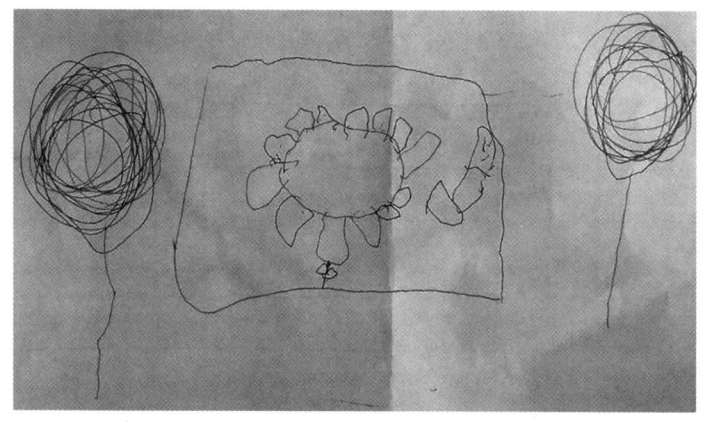

图5

三岁的小女孩呈祯的画(见图5)中反复出现的是层层叠叠的圆,她对这些圆的解释是:这是冰激凌。小女孩的父母告诉我,呈祯特别喜欢冰激凌,从她的画中的圆显现出来的状况应是家长对冰激凌的限制以及她对冰激凌的渴望,这一渴望在具体的生活中难以实现时,就以绘画的方式表现出来,即借助于绘画的手段而将对象纳于自身,仿佛此时就真的已经拥有了冰激凌一样。重复地画一个事物是儿童绘画的一个特点,而且是用一个简化过的形式反复表达,阿恩海姆曾举了一个例子:一幅儿童画"描写的是一个男人在花园中劳动的情景,这幅画是由一个四岁的小女孩创作的,画面右部的旋涡状式样,代表的是一个以苅草机,其中所画的线条,不仅再现了机器的转动,而且显示了儿童在绘画时,胳膊和手的动作特征"[1]如果一个儿童发现或者能够熟练运用那个简化了的形式,他会反复运用且乐此不疲,同时还会用这一形式指代许多对象。这是儿童近乎单纯的游戏性的活动,也是一种对世界的把握、创造活动。儿童将世界简化为横线、竖线和圆,进而以这些简化了的形式理解、表达世界,这对于大脑尚未发育成熟的儿童们来讲,也是一种应对的手段,或者说是不得不为的一种手段。下图是悠悠小朋友的画。

图6

图6的这条鱼是小女孩悠悠用了两个多小时才画好的,先是用线勾画,然后再粘上毛线,未粘上毛线的线条可能更为流畅,但就已经看出其大概。

---

[1] [美] 阿恩海姆.《艺术与视知觉》[M].朱疆源译.四川:四川人民出版社,第238页。

我问：鱼的脸为什么是这样？鱼的尾巴为什么是这个？为什么圆的线条这么多？她的回答是："本来就那样，那样画漂亮"，再继续问她就说，网上搜到的就是那样，还说："鱼的尾巴像小山，脸像鸡蛋。"悠悠的回答比较简单，但是在简单的回答之中涉及四个方面的问题：一个是"本来就那样"，一个是"那样画漂亮"，一个是"网上搜到的就是那样"，一个是"鱼的尾巴像小山，脸像鸡蛋"。"本来就那样"体现出孩子的本性即是如此，他们并未真正把握外在的真实的世界是什么，也没有能力去把握，就在自己的内心里造就了这么一个图景并深以为然。"那样画漂亮"由孩子的内在世界而引发的美感意义上的认可，就是说儿童将收纳了的世界的在审美意义上的肯定。"网上搜到的就是那样"是一种社会的习得。"鱼的尾巴像小山，脸像鸡蛋"是与整个画面的格调紧密联系的，鱼的头部、全身、眼睛就是从触觉状态的圆的形式方面的认可，鱼的头部与人的脸类似，人的脸应该是圆的，这一圆的意象再转移为鸡蛋样的线条的圆滑。鱼的尾巴在实际中具有一定的锐度，到了悠悠的笔下则成了线条和缓的小山。这应是儿童眼里的世界，这一世界并非在自然中，而是儿童自己构建而成的。儿童没有办法直接改造对象，但是儿童有办法改变对待对象的方式，并且就此可以使主体停留于这一方式之中，并成为主体的构成部分之一。我们如今所有的思想和意识可以说就是儿童面对的方法的复杂化，从表面上看是一个形式的问题，从另一个方面来看却是一个态度问题，这一态度源于他们所处的具体的状态。简化、形式化即是儿童所处的状态的触觉式的表达，这一表达使得形式不是纯粹形式本身，而是具有了一定的返回性意味性和情感性，只是相对而言，这样的意味较为含糊，对它们的把握也只有回到原初状态，方可得到其中的一些含义，我们从儿童画、儿童的涂鸦活动中可以管窥其中一些内涵，但就其全部是难以传达和恢复的，所剩下的也只是一些残留和痕迹。

第四节　收纳动力

人们根据自身的触觉状态而将外在材料纳入、简化为一定的造型和形式，这一过程依据了材料，同时最主要的是依据了人的内在动力，收纳动力来自两个方面：一个是生命的内驱力，包括了基因和基因的展开；另一个则为判断力，两者皆是返回性且是综合起来的。触觉状态收纳根据无数的循环和返回，据此而构建属于自身的世界，在自身世界之中包含有返回前的因素和返回展开的因素，当然包含有自身的生命因素，生命因素包含了生命的保存感、安全感、避重就轻的趋向和生命欲望，人类依据此而活动，或者说，人的返回性生命因素即是人类对待世界的一个基本的出发点，是人类的当下活动的一个起点，也是人类一切创造活动的内在动力。体现到触觉状态上，这样的起点和动力或许更强，触觉状态中的生命情感色彩更为直接和丰富，蕴含于其中的审美的因素在某些方面可以说是基础的、支配性的因素。

我们到现在为止还无法清晰地解释人类为什么不像其他动物那样毛发旺盛，没有毛发或许是人类进化的标志之一，无论是什么原因，毛发少是人类的一个特征。就此查尔斯·达尔文（Charles Darwin）在《人类的由来》（The Descentof Man）发出疑问："没有人认为皮肤裸露对人来说有任何直接的好处；所以，人体不可能是通过自然选择失去了毛发。"P.E.维勒（P.E.Wheeler）认为人类体毛丢失是为了适应炎热的环境，利于散热："体毛绝缘层对大多数哺乳动物的体温调节能量输出至关重要。只有一些高度专化水生生物和经历了热应激问题的掘地和陆生物种进化出了裸露的皮肤。人的体型大小和形态表明，其裸露的皮肤与炎热气候中预防高热有关，而与其水生祖先无关。在空旷的赤道环境中，因其独特的双足姿态，原始人减少了直接的太阳辐射暴露，这可能解释了其他类似体重的热带草原哺乳动物缺乏这一特征的原因。"[1] "在空旷的赤道环境中，四足爬行和双足直立的全毛和无毛原始人类所经受的白日热负荷和相关饮用水需求被评估分析。无毛原始人可能能够忍受较高的环境温度和代谢产热水平，但这可能需要消耗大量的水。在正常的代谢活动中，暴露在非洲大草原典型的温度环境下的双足直立原始人，其裸露的皮肤实际上降低了水需求。而四足爬行原始人身上没有这种优势。这一发现支持以下观点，即在这种环境下，双足直立行走是使功能性体毛丧失成为单纯的体温调节工具所必需的预先适应。"[2] 塔马斯·戴维-巴雷特（Tamás Dávid-Barrett）；罗宾·I·M·邓巴（Robin I.M. Dunbar）认为是由于人类活动和居住地改变：生活在低海拔宽阔领地："双足进化出现在人类进化早期，在某种程度上与身体大面积脱毛有关。一个经典的解释是（惠勒 1984: J.Hum.Evol.13，91-98)，当古猿人在更空旷的热带地区觅食时会直接暴露在正午阳光下，这些特征由此进化以减少其热负荷。最近对这个模型的批评认为[3]，它忽略了运动产生的热量内生成本，并得出结论，只有毛发脱落才能显著减少热负荷。在这个模型的基础之上，我们增加了两个关键的修正（古猿人实际生活的海拔高度和活动安排），并表明，当这些被考虑在内的时候，两足运动的热负荷会大幅减少，即使是皮毛动物亦是如此。此外，我们还对模型做了进一步考虑：我们将分析扩展到全天 24 小时，并指出，直到很久之后因为体温调节成本，脱毛才发生；

---

[1] P.E.Wheeler, The loss of functional body hair in man: the influence of thermal environment, body form and bipedality, *Journal of Human Evolution*, Volume14, Issue1, January1985, Pages23-28.
[2] P.E.Wheeler, The influence of the loss of functional body hair on the water budgets of early hominids, *Journal of Human Evolution*, Volume23, Issue5, November1992, Pages379-388.
[3] Ruxton &Wilkinson 2011a: Proc. Natl. Acad. Sci. USA108, 20965-20969.

这可能发生在古猿人实际生活的海拔地区。脱毛很可能与 Homo 人晚些时候在低海拔地区开发空旷的栖息地有关。"[1] 毛发的减少使得人类面对许多切身的问题，人类不得不用尽内在的心智和其他力量来解决这些关乎自身生存的问题。大多的动物种类有着与生俱来的皮毛，毛发在调节保暖度、防止岩石树枝的刮擦等方面具有天然的优势，动物自身可以进行冬夏毛发的替换，能够有效地应对气温的大的变化，这些都是动物自身基因决定了的，本不需要动物调动全部心智和内在力量以主动性的姿态去解决。人类祖先没有其他动物那样的先天的遗传优势，或者被动地取消了这一优势，皮肤的裸露使得人类必须解决保暖和皮肤刮擦直接引起的伤害的问题，最佳的方法是寻找、创造一些东西来挡风遮雨，保暖躯体，防止刮擦，白天用树叶兽皮遮体，夜里则蜷缩在山洞里或者是人造的遮蔽体内。经过长期的发展演进，兽皮、树叶的遮体物逐渐发展成为衣服，起初可能是树叶、兽皮，之后就是用兽毛如羊毛等以及植物性的麻、棉、丝等，人类就此成为动物界中唯一的能够自身制作第二层皮肤的动物，"大约在距今 40 万年的旧石器时代，人类就开始穿用毛皮的衣物了。到了距今 10 万 –5 万年前的尼安德特人，就已经有了缝制的毛皮衣物。到距今 4 万 –1 万年前的克罗马农人时期，毛皮衣物已相当发达了。接着，随着人类进入新石器时代、定居的农耕生活又使人类开始利用纤维。一直到现在大约 1 万年之前，人类的衣料主要是依靠这些天然纤维来供给。与这些天然纤维相对，人造纤维的发明是距今 105 年前的 1883 年的事。从人类衣着生活的历史上看，200 多万年的裸态生活，40 多万年的毛皮生活，

---

[1] Tamás Dávid-Barrett, Robin I. M. Dunbar, Bipedality and hair loss in human evolution revisited: The impact of altitude and activity scheduling, *Journal of Human Evolution*, Volume94, May2016, Pages72-82.

1万年的纤维衣料，这104年前的人造纤维好像是昨天才发生的事"[1]。人类的这200多万年的裸态生活是一个不可忽视的过程，这是人类长期的将外在世界收纳的艰苦的过程。有关人类第二皮肤、服装的起源方面有许多的观点如生体保护说（包括气候适应说和身体保护说）、人体装饰说（包括审美说、象征说、护符说、和性差说）[2]。人体装饰说是人们的主动的社会性态度，羞耻感、装饰性和异性引诱性等社会性要求固然重要，但相比起人类自身生命生存来讲，还是在次一级的层次上。在服装发展史上，必定有一个外在的强制性力量，使得人们不得不为，这才是服装发生的真正的本源，因此生体保护说是具有本源性的观点的，"衣服的起源，其根本原因是出于实用。……在寒带和温带地区，人类为了防御寒冷，保护身体，很早就披树皮了。当然，御寒在热带是不存在的，然而，当地也有危害人类生存的因素，如烈日的照射、虫蛇的啃咬、风雨的袭击等原因，也使人们采取一些措施，尽力保护自己的身体，通常是在身体上涂抹油脂和黏土，披盖树叶、树皮，在身上绘画些花纹等"。"从遥远的时间上说，人类开始用天然石块、树枝等搏击野兽，冬则把所获的兽皮用来掩盖保护身体和保暖，夏则裸身或拣取树叶遮掩阳光免受炎烈。"[3] 弗林格尔在《原始民族的性生活》中描述巴西印第安人的生活习性，其中女性绑一块树皮保护生殖部位，这样做的目的主要是为防止树枝等直接伤及娇嫩的身体器官，并不是为了遮挡他人的视线。自我羞臊、装点自己和引诱异性等是在保护皮肤的基础上产生的社会性的心理反应，是皮肤保护的社会性的、心理性的副产品。皮肤的裸露使得人类的第一

---

[1] 李当岐.《服装学概论》[M]. 北京：高等教育出版社，1990年，第35页。
[2] 李当岐.《服装学概论》[M]. 北京：高等教育出版社，1990年，第35-40页。
[3] 李当岐.《服装学概论》[M]. 北京：高等教育出版社，1990年，第37页。

反应就是保护它,因此服装就其生命实质上是与建筑一样处在同一个意义层次的,两者应该具有同源性,服装是人的第二皮肤,建筑就是人类的第三皮肤,我们如何解释建筑,就可以如何解释服装。

人类皮肤裸露之后,人的身体就与外界发生全面的关联,与之相应的则是多方面多角度地必然性地把外界收纳其中,构成一个若远若近的接触系统,如若不然,人类自身的生命将难以保障。收纳的程度即是文明的程度,所谓的人的内在需求、人的创造性等,均是收纳的程度问题,程度是人们关注的主要问题,从这一角度来看,如果是完全收纳,即程度的完全实现,则收纳方也将不复存在了。

由此触觉及触觉状态就成了人类创造的一种重要的内在驱动力,并由行动——话语将这一驱动力外化为现实等级以及各种符号。这一驱动力是人类是内在的生命欲求,人类的创造物是人类欲求的外化物,或者是与人类的诸多内在相关的活动的痕迹与积累,进而在此基础之上形成相关的创造标志、准则和尺度。欲求是第一位的、基础性的,它首先是基于人类深层的生命生存,进而逐步向外在物(如工具、器物等)以及符号方向发展,经过意识的认可而固定和凝聚,成为人类生命性活动的有形的痕迹。如此看来,人类毛发的丧失以及丧失之后无毛的躯体皮肤在人类发展史上体现出的重要性并不亚于人类直立的重要性。

毛发丧失之后的人类面临着许多迫切的问题,诸如火的问题,对火的认识与利用问题。在动物界中唯有人类能够驾驭、利用火,火的利用基本上构成了人类文明发展的重要起点和主线。是什么力量促使人类接近火、熟悉火并且将火掌控在自己的手中?《哈尔的移动城堡》中的卡西法本是一个恶魔,在与哈尔达成了约定之后才能够限度地为哈尔服务。宫崎骏把卡西法描写成具有两面性的形象,且为人的服务是在限定范围内的,这也是人类对火的一种态度。让我们想象一下,如果人类满身毛发,接近火不竟是自取毁灭，其他动物畏惧火的原因之一可能就是如此，人类胆敢接近火的自信之一就是火不大可能把自己变成一个火球和烧熟的美味，就是说，无毛或者少毛是人类接近火的条件之一。而且在无毛或者少毛的状态下，在兽皮等不足以御寒的状态下，接近火反倒是可以保全生命。于是，我们可以猜想，人类基于无毛或者少毛，基于取暖的要求，大胆地接近了火、熟悉了火、驾驭了火，并把火收纳于自身的生存、生活世界之中。火是人类在触觉状态之下把野火收纳的结果，文明可以说也是人类自身收纳的结果。与人类对待火的态度一样，人类试图改变无毛之后的诸种不利条件：为了遮风避雨而发展了建筑，为了保暖御寒发明了服装，为了饮食、建筑和服装而发明了诸多的工具，进而发展成为工具系列。人类文化的基础性的方面由于人类面对的条件以及人类自身内在需求而建立起来，人类文明并不神秘，如果有人感到神秘，那是他不了解人自身。人类通过自身活动而将外在对象收纳于自身的世界中，这一收纳活动直接的、间接的显现即是人类异彩纷呈的文化。人类在收纳对象、以对象为创造对象时，自身的认可与创造也同步进行，即人的收纳收纳了自身、创造了人自身。

第五节　收纳力度

触觉状态通过返回性身体的收纳中必定具有一定的准则，其中主要的体现为触摸的力度感。力度感是身体衡量的一个基本准则，这一基本准则源于返回性身体而不是来自对象。自然主义和实在性思想往往认为力度感是对象本身所具有的属性，如飞絮的轻盈是飞絮本身，钢铁的沉重也源于钢铁的属性，这些因素要么是第一位的，要么是唯一的，总之是不可置疑的。自然主义和实在性思想应是一种简单的偏离性的解释，它们自身处在解释中却极力否认解释的支点作用，自己陷于矛盾之中却依然大言不惭。对对象的力度的衡量源于身体内部而非外部，康德认为"房间暖，糖甜，苦艾苦，这些都是仅仅主观上有效的判断"[1]，所谓的对象的力度事实上即是"主观上有效的判断"，身体接触中的各种力度处在不同的情景、不同的状态，身体触觉的处置方式也绝不相同，恋人之间的嬉戏、好友之间的打斗与剑拔弩张的敌对双方的轻微的碰触所产生的结果大相径庭，因此我们说，力度感是返回身体以及返回性触觉所处的情景和状态。对象化的实在性由于重视对象本身的力量而不得不将之衡量标准固定化，感觉的客观标准源于感觉对象的固定化，而事实上力度感不是固定不变的，或者说，几乎没有一个完全等同的力度感。

力度感是返回性躯体本身的属性，它表现为状态中的触觉欲求和选择并以此整合外在的质料，这一整合的第一步应是在一定的情境和状态之中，将返回的力量的感觉在后天的具体的情境中呈现，并化为在情境内一切的手段和一切对象。返回的力量感在于主体的内在衡量，并在选择、创造中将之在情景内进行转换与展现，展现出来的力度感就已经是基于人们自身躯体的选择性，选择基本上是基于躯体皮肤的适应而达到轻快和轻盈的欲求，具体活动和具体的情景材料是展现的副产品。

趋向轻盈的力度快感既是返回身体选择的结果，同时也是主体自身提升的结果。身体主体面对外在的总体态度是趋利避害，尽可能地避开与自身不适应的力量和事物而尽量地选择可适应的对象，换言之，人类的工具器物的发展在某些方面就是人的身体、人的触觉状态的选择的结果。选择的同时人类也在这一基础上进一步提升和强化，选择在一定意义上还具有材料的意味，而提升则完全是主动的创造性，主体借助于意识力量将所选择的在意识中肯定、放大、固定而形成一定的观念，力量的消解而达到的

---

[1] 康德.《未来形而上学导论》[M].李秋零译.北京：中国人民大学出版社，2013年，第41页。

解脱性的愉悦感的观念即形成轻盈快感和优美感，轻盈快感和优美感的固化和表达即是具有轻盈特性的诗性空间自我的充盈和营造，在艺术作品中则表现为艺术意义上的轻盈、飞动及空灵。

　　触觉状态意义上的轻盈快感的提升涉及的是优美的问题。优美有许多的定义，自然主义主要侧重对象本身的属性，如关于对象体积的大小和力量的弱小，柏克认为优美的特性是："第一，比较小；其次，光滑……第五，身材娇弱，不是突出地现出孔武有力的样子。"[1]但是从返回身体而言，优美是触觉状态的身体力度的衡量和外观化。以往为了做出区别就区分为优美和优美感，优美有关于对象的体积和力量，优美感则是对对象的体积和力度的内在感受。我们认为所谓的优美和优美感应是一回事，这样的区分实际上是各不得罪，表面上的公允实际上的糊涂。就依柏克的定义，这里所谓的"比较小"的"小"的具体的支点是立足于人的躯体而非对象，其中潜在的标准自然主义者以一种十分老实的、表象的态度给忽略了，有的也可能是故意的忽视。对象的大小是以人的躯体以及身体的活动范围为比较点的，大于人的躯体的则为大，小于人的躯体的则为小。体积小于人的躯体，那么意味着力量基本上也小于人的正常力量。人类的这一身体的感受，通过视/肤的先天联系和触觉的视觉化而转化为视觉的感受，共同形成小的体积和小的力量的印象。因此对优美的定义中，表现为表面上是视觉的体积的小，而实际上存在着人的躯体体积的潜在的衡量标准。"身材娇弱，不是突出地现出孔武有力的样子"则是"轻巧而娇柔"的力量感，我们可以把这些理解为以人类的躯体为支点的力度的弱小，由于这些力度弱小的对象对人身体难以构成直接的生命威胁，才有可能进入身体情景和触觉单元，才有可能成为优美的条件。"光滑"即是作用于触摸选择之后

---

[1] 北京大学哲学系.《西方美学家论美和美感》[M].北京：商务印书馆，1982年，第122页。

结合到视觉的结果，是身体无冲击力无害性的选择，也是身体对外力的选择性消解。春秋的气温、轻柔的和风、柔软的丝绸、亲人的怀抱等情景以及艺术的直线、曲线、圆、光滑等形式体现出这一无冲击力的收纳和固定，而其他的非适宜性情景并非不存在，而是在选择中被排除了。

如果说优美是触觉状态的选择和收纳，那么崇高则是返回身体的意识构成的结果。触觉状态的力度感同时也是崇高的根据之一，同时也是构成性的，是返回性的意识构成的结果，在模式上几乎是与返回一样的。崇高在相当程度上是"看"的结果。柏克和康德把崇高的形成原因归结为两方面：现实性的视觉的体积的巨大和力量的巨大，我们则可以根据视触同一的原理推知，崇高也是身体触觉的冲击的结果。崇高是优美的对比形态，它主要相对于优美的人类适宜性而显现出的对人的非适宜性，即以体积的巨大和力量的猛烈对人形成强烈的力的压迫感和冲击感。巨大的体积蕴含着巨大的力，这一个力主要是静止的力，是凝聚了的张力。巨大的体积静止时，力量蕴含于其中而形成张力，这一张力往往是引而不发，它既能通过视觉给身体以紧张感，又没有实质上的危险感，在这一背景下，身体性的实践性行为让位于纯粹意识的构建，意识上升为一种内在的力量而与对象抗衡，在具有压迫感和冲击感的对象与自身意识之间保持一种持平了的张力。从触觉状态的力度感的角度来看，崇高中的力量可以分为三种：一是外界的力量，二是触觉状态的力度感中的力量，三是主体意识中的对抗性力量。崇高感主要是后两种力量的相互抗衡。在崇高中许多巨大的力量是不可感知的，这一感知的得到主要是凭借经验以及先天返回能力。崇高感主要是自我经验中的力量和返回意识中力量的相互较量，是自己对自己的抗衡与持平，面对着外界和感觉经验中的巨大的力量，主体也会自觉不自觉地提升自己，即从主体内部涌现出一股更大的返回性力量与来自对象的力，特别是与感觉经验中的力对抗、抗衡。就是说，由于对象力量的增大和力的感觉的增强，返回身体也同时放大自我而最终达到主体与外界力量和知觉力量的和解，甚至在某些方面主体超过、压倒对方，而主体则在这一过程中得到自我的解放感、自由感，即崇高快感。崇高是一种不可选择的选择，或者是必须面对的不可逃避的，那么返回身体也就必须调动全部的内在力量，在某些方面，崇高感是全部历史通过返回而进行的自省活动，崇高感的共鸣就在于它的历史性，只是表现在自身对自身意识高点的寻找，从这个角度来说，崇高感既是一种纳入的活动，同时也是一种构成性的反省活动。

第三章
触觉状态的构成

触觉状态是一种返回性的具有情景性的意识单元，也是具有实践意义的一个个的活动的场域，前面我们从总体的方面考察了返回的触觉状态展开的路径以及新的情景的材料方面的选择和纳入，所有这些均表现在具体的活动的意义单元内，也就是说，触觉状态还存在一个较为具体的活动层面，即触觉状态如何活动、如何展开、如何显现等方面的具体的问题，这些问题一方面体现出情景的性质的问题，即它不是一般的自然意义上的现实，而是返回性的新的现实，实践也不是庸俗意义上的简单直接的工具活动，而是循环意义上的新的构成。另一方面则是技巧的问题，如触觉状态通过什么样的方式构成一个相对完整的表现性的意义单元，就是说触觉状态在实践层面，尤其是对象方面如何展现和如何固化的，它关涉着触觉状态的内在意义的外在构成和构成规则问题。

从活动的情景的方面看，触觉状态是向内的收纳与外向的构成同时进行的活动，从静止的共时性的方面看，则是如何将不同的触觉要素在一个场中的组合和呈现。持自然主义观点的人认为，触觉的构成源于外物对人体感官的简单刺激，这一活动所遵循的是刺激—反应的生成原则，外物刺激的因素即是触觉状态的构成因素，外物的刺激方式同时也是其构成方式和原则。这样的思想仅仅具有其表面的现实实在性而不具有意识的呈现的意味，它和它的言说本身就自相矛盾。对人类而言一切的意识都是呈现的意识，纯粹意识是悬浮的，现实意识是以呈现为质料的，这即是一般自然触觉与触觉状态的一个重要的区别点。"感觉不可思维"，既然感觉不可以思维，假定自然感觉是自然的刺激—反射的产物，那么感觉这一概念从何而来？自然感觉既然不可以思维，也必然地不可能存在于思维的范围内，不能成为思维的结果，必然地也不能成为思维所呈现的材料。亚里士多德的客观的、自然感觉的划分体现出的矛盾即是，思维产生了非可思维的内容，主体创造了不属于自己的东西。因此我们说，只要是呈现出来的触觉都是触觉状态的触觉而不是假定的自然触觉本身，当我们谈论触觉和触觉物时，就已经脱离了自然感觉而进入思维领域，进入了触觉状态的范围内。

触觉是在返回的状况下才能呈现。自然感觉不可以思考，自然也不能进入思维、作为思维呈现的一种方式，也不能作为意识的构成手段。意识一旦呈现，它必然是意识内的东西。在这个意义上，自然感觉能否作为意识的呈现手段还是一个问题。那么什么意义上的触觉才能呈现？我们认为，触觉可以通过返回身体的触觉状态而得到呈现。首先，触觉必须具备意识性，而后才有作为意识表达的一种手段和方式，唯有意识才能表达意识，触觉的呈现是意识的呈现结果，或者说是触觉在一定的意识情景下的自我构成和质料构成，否则触觉则不可言说，事实上历史中已经存在了无数的不可言说而强为言说的触觉了。其次，状态中的触觉具有一定的构成因素和方式。在纯粹意识和质料之间存在着一定的触觉意义的构成类型，即触觉Ⅰ型和触觉Ⅱ型，触觉Ⅰ型主要是阻力较小的具有一定的触觉快感的简洁的线面，触觉Ⅱ型是触觉阻力较大的甚至是粗糙的、复杂的线面，前者主要依据的是触觉本身的感觉，后者则在一定程度上与视觉结合甚密。最后，触觉状态的构成方式只是架构性的，更多的更具体的内涵性的东西在方式之外，因其为一定的意识单元和具体的情景，情景的意味远丰富于一定的方式和规则。触觉状态的呈现中由于主体触觉和对象紧密联系在一起而形成一种情景和一定的共存性，因此在一定的情景单元意义上方有各个感觉意味，方有意味的具体和丰富，甚至在某些方面还具有一定的不可言说性，换言之，唯有在状态和单元范围内，感觉方能存在，具体才能存在。

触觉状态实际上是返回主体的一种呈现状态，是主体的先天后天的各个相关因素以一种循环的方式在触觉方面的表达，雕塑、工艺品及握手、拥抱等活动均是。我们面对、碰触一个人或者器物，意味性的情况就会有所不同，因为在这里人与对象已经不是简单的自然的关系问题，触觉状态的构成诸因素和方式有变化，触觉状态的对象方面同时也有变化，对象是从属于状态诸因素和状态构成方式的，是返回的主体本身以及这一本身的呈现结果，作为单纯感受者的主体无论是触觉性的还是视觉性的以及他的对象都在这一广义的返回主体范围内，同时也意味着全部处在主体意识范围内。面对一个人造器物，面对他人，或者面对我们的意识本身，他们之间既不是主观的，也不是客观的，或者说主观客观这一类的词与意义在触觉状态的场域中不存在。触觉状态超越了单纯的自然的感觉，而具有多重的意识的历史复合性，同时又具有方式的构成意味，这些方式可以表述为不同的触觉造型。

第一节　触觉状态的两种造型

一旦进入活动的状态性的具体呈现的层面，返回性的触觉状态自身的特质必然尽显出来，而不同构成方式的触觉状态就明显地被区别开来。特质与其构成手段、构成方式是一个思想体系的两面，特质影响着呈现而呈现则显现着特质，一个是内在的规定性，一个是外在的终端的表现，两者为一定的表里关系。呈现是该特性在返回层面上的结果性的运用，在这一角度上实践论的理论意义才能够得以确认，如果除去返回的、特性的追求而单纯地去理解实践，就极容易使其失去针对目标，从而失去作为实践应有的理论指向和理论品格而沦为庸俗实践理论。

触觉状态域中主体根据其自身的特性和要求向外扩展，在器物上就留下不同的痕迹，表现为不同触觉手段的类型组合。触觉状态的外展手段是多方面的，至少我们可以分出两种类型：偏向视觉型和偏向触觉型，它们各有各自的特点和特征，也有各自的一些方法性的意义和作用。美国艺术理论家罗恩菲尔德曾把线条和造型归为触觉型和视觉型，他的类型划分的根据是感觉特性，这就使得他的划分具有明显的直观感觉的意味。一般情况下触觉感觉较为模糊，虽然人的指尖上大约有2000个触觉感受体，人的指面可发觉3微米高的突起，但就整体而言对细微的对象把握来说是低于视觉的，视觉的把握的精细度超出所有的直接感觉，康德认为触觉是"最粗糙的感官"，言下之意是在说明触觉的感知较为含糊而视觉则较为细致，康德这里所谓的粗糙，主要是相对于视觉而言。触觉虽然能够感知细微的形状，由于受限于直接感觉，能够感受到3微米的概率是很小的，绝大多数的情况是手指指面对外物的轮廓的大致把握，而视觉的感受更为精致，因此康德说："比对象（世界结构）的庞大几乎更有理由使人吃惊的是，这种感官（指视觉——引者注）在知觉到极微弱的印象方面那种敏锐的感受性，特别是当我们使微小的世界通过显微镜呈现在眼前，例如在原生动物身上来把握它的时候。"[1]与触觉相比视觉则是比较精细精微，能够感知到造型的细微、繁复和多样，罗恩菲尔德的划分有感觉的直观的色彩，但是，依据各个感觉特性的造型划分毕竟还是较为简单，罗恩菲尔德的划分给我们的启示是，在触觉线条造型的划分中，我们也可以将之分为两种：一种是触觉阻力较小的、简单的，一种是触觉阻力较大的、复杂的。这两种线条类型同时也是视觉的类型，即一种是简单的线条和造型如直线、曲线和圆，另一种是比较复杂的、繁复多样的线条组合。罗恩菲尔德的类型分析是将四种类型归为两种类型：触觉型Ⅰ和视觉型Ⅰ归为触觉型的；触觉型Ⅱ和视觉型Ⅱ归为视觉型的。在触觉和视觉交融、联合感觉的前提下，在触觉视觉化

---

[1] 郑保华.《康德文集》[M].北京：改革出版社，1997年，第467页。

的前提下，将两者合二为一也未尝不可，罗恩菲尔德也是在视觉和触觉相互交融的前提下提出的两种类型。这两种类型是从不同角度对同一对象的解释，有时也可以相互印证，况且在触觉状态中它们本身是相互关联的。因此我们对这两种类型的解读是，触觉Ⅰ型视觉Ⅰ型有相当多的共同之处，触觉Ⅱ型和视觉Ⅱ型有相当多的共同之处，综合起来，我们就把触觉状态的造型（线条和体积）类型分为两种：一种是触觉阻力较小的、简单简洁的线条如直线、S线、圆、光滑的面，即触觉Ⅰ型；另一种是触觉阻力较大的、复杂的线条和繁缛的面，即触觉Ⅱ型。

这两种触觉的造型具有各自的风格特征，一般情况下，触觉Ⅰ型的显现风格是简洁，触觉Ⅱ型的显现风格较为繁缛。李格尔将人类视觉艺术的历史设定为从触觉的、近距离观看的知觉方式，向视觉的、远距离观看的知觉方式不断前进的历史，起点是古埃及艺术，终点是李格尔所处时代的印象主义、分离派艺术。根据这一设定，到罗马帝国晚期为止的古代艺术的发展史，可以分为三大阶段：第一个阶段是近距离观看的、触觉的知觉方式，"最大程度地固守着客体的物质个体性的纯感官知觉（表面上是客观的），因此，最大限度地使艺术作品的物质形相适应于面Ebene，但不是我们眼睛距对象一定距离所设想的视觉的面，而是由触觉所暗示的触觉的面"。古埃及艺术为其代表。第二个阶段的特点是触觉—视觉相综合的知觉方式。"在这一共同面之上，各个凸起的对象之间，以及个别的凸出部之间有更为清晰的联系。视觉艺术的绝对目的依然是要唤醒对触觉的不可入性的知觉，以作为获得物质个体性的条件；各局部面的一贯的、触觉的联系不应被中断。另一方面，现在眼睛是最重要的记录器官，它可感知凸起的局部形状的存在，这些形状主要是通过阴影而被揭示出来的。要感知它们，眼睛必须从近距离观看移开一点：不要太远，以致看不出各部分的连续性触觉联系（远距离观看），而是最好居于近距离观看与远距离观看 Fernsicht 的中间；我们可以称之为正常距离观看 nomalsicht。这种知觉，是古代艺术第二阶段的特点，它是触觉—视觉的，从视觉的观点来说，称为正常距离观看则更为确切。它的最纯粹的表现是希腊人的古典艺术。"第三阶段中所表现的客体具有了完整的三维性，"这些个体的各个部分（凸起部）被隔离起来，因此化解了原先表面的联系；不过凸起部本身被再次减约至平面。这个面不再是可触觉的，因为它包括了由深度阴影所造成的间断效果；相反，它是视觉—彩色的，对象借此可在远距离向我们呈现，也借此融入它们的周遭环境之中。因此，古代艺术第三阶段感知对象的特点，在本质上是视觉的，尤其是远距离观看的，这一点通过罗马帝国晚期艺术以最纯粹的形式表现出来"[1]。触觉型的金属穿孔制品图形、轮廓比较简单，具有一定的抽象的意味，是接近简洁的风格表现；视觉型的金属穿孔制品较平面化，纹样比较复杂，"图形小而密集"，是接近繁复的风格，这是罗马时期的工艺美术不同发展阶段的特征，也是所有人类文明工艺、器具发展的阶段和特征，这一观点是对几乎全部人类工艺发展的规律性的总结。不从历时的而从共时的角度来说，从以上的触觉型的和视觉型的特征可以相互替代来看，则触觉Ⅰ型的造型具有一定的抽象的意味，是接近简洁的风格表现；触觉Ⅱ型的造型纹样比较复杂，是接近繁复的风格表现。

---

[1] [奥] 李格尔.《罗马晚期的工艺美术》[M]. 陈平译. 长沙：湖南科学技术出版社，2001年，第60-61页。

第二节　两种纹样风格的交替

　　触觉状态下的艺术造型的引人之处在于这一造型的亲切和多变，所谓亲切是关乎返回的触觉状态的快感因素，所谓多变则是这两种基础造型风格的交替使用，以及在这一状态的单元内部的诸种感觉的联合作用以及意识的应用。触觉状态不是一个依据科学划定的界限分明的墙，它是以触觉为主的意识的复合单元。这一单元内多种因素的共同组合，表面上是体现在不同的造型如雕塑、实用器物的造型上，而如何组合、如何调节、如何分配、整体上如何安排等均属于意识的问题，或者在一定程度上从属于一定的思想境界的问题。这样不同的触觉造型的类型和交替组合成一个特定的单元和场域。触觉状态的交替运用有三个层次：表面上是交替，深层的是身体的律动以及意识的支撑与固定，这样成为一个既有触觉的外表的显现又有意识内涵的活动的情景。触觉状态交替的三个层次表明触觉状态的情景单元是可以分析的，既可以具体到细微的线条又可以关涉较高的意识层次。这一分析可以从常见器物的纹样如我们平常用的水杯的纹样开始，图7是水杯的顶盖，它有三个圆环交替构成的纹样层次：内层是一个中心圆，中间层次是一个平滑的中圆，最外侧是一个花纹圆，其间用三条圆棱线分割开来。中心圆和最外侧的圆内线条繁复、繁缛，中心圆是二龙戏珠，两条龙围绕着中心球，各自的身体曲折多变，两条龙多变的姿态因有一个圆而形成整体，也是这个杯子盖的核心图像。这个杯子盖应该具备触觉Ⅰ型和触觉Ⅱ型两种元素：中间圆环层的光滑的空白部分以及几个整合性的圆棱为触觉Ⅰ型，而有龙的形象的圆心部分和有花草纹样的外圆部分是触觉Ⅱ型，一个是触觉少阻力、抽象而简洁，一个是触觉阻力大而多、线条具象而繁复。从中看得出来的是触觉Ⅰ型具有多样整合的特性，各种造型追求其整体性不得不利用圆棱的这一整合特性而将触觉Ⅰ型作为基础的、基本的造型手段。杯子盖的中间层是一个光润的、光滑的圆环，形态基本上是触觉Ⅰ型的，同时它也是 个过渡带和隔离带，将中心圆和外层的圆隔离开来。外层圆是连续不断的花纹，由边缘的圆棱所收束。三层花纹中的中心花纹和外层花纹基本上是触觉Ⅱ型的，它们和中间层的触觉Ⅰ型的光润、光滑的圆环相错落，形成一定的节奏和韵律。这一节奏和韵律从视觉上是简单线条和复杂线条的交汇交替，从触觉状态上则是这一状态内部的调和，是触觉Ⅰ型和触觉Ⅱ型两种造型方法的交替与调节，当我们触摸到这个复杂线条时，有微微的触觉阻力和触觉的变化，而一旦摸到光滑的面上则有一种舒适感，甚至有时手指就经常停留在这个光滑的面上，来回感受这一舒适感。这个杯子盖儿只是一个商品，流行的商品设计肯定有其出处，沿着这个线索就找到了中国古代铜镜花纹和敦煌莫高窟唐代佛光纹样，中国古代铜镜花纹才是这种圆套圆的根源和模仿的典范。如图8所示，一般的青铜镜的背面大概由五个部分组成：钮、钮座、内区、外区和边缘，就纹样的基本构成而言，则大概包含有五个圆圈、三个层次，其中最主要的功夫或者变化就体现在三个层次的多样运用上。

图7

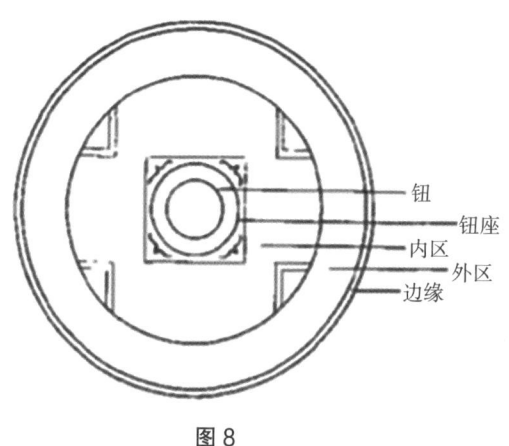

图 8　　　　　　　　　　　　图 9

  图9的这个铜镜花纹较为复杂，其中有内容的花纹部分有三层，而隔离层也有三层。这组花纹之所以显得整体性很强，主要是由于这几个圆将相对杂乱、众多的内容性的纹饰纳入一个整体中，而且用三个圆分隔开来，形成一定的梯次、韵律，同时具有一定的扩展中的整体性。这组花纹的特点也是圆套圆即节奏交替图案的特征。相比较而言，"敦煌莫高窟唐代佛光纹样"（黄能馥，陈娟娟.《中国历代装饰纹样大典》，中国旅游出版社，1995年，第902页）的变化相对丰富，层次的节律、节奏变化也更多。该纹样虽然是绘制在墙上的，是属于视觉图像，然而和触觉性的纹样构成极为相似，因而在纹样的分析上可以放到一起探讨。"敦煌莫高窟唐代佛光纹样"可分为三层：中心圆、中间的圆环和外侧圆环。内心圆是一个触觉 I 型的平整的面，这一个圆很有可能是佛性的象征，圆曾经被用来表达佛的圆满具足。圆的外侧套一个圆，中间一道细线进行分割，这是对中间实心圆的一个装饰性的调解。中间一层的圆环应是类似于藏传佛教的莲花形状的图案，表明纯洁和吉祥。外圆依然是用一个细线分割的圆调解，外侧圆环是宝花和祥云对花样式，应是对佛的献礼之花，最外是一个细线组成的边缘。这样的一个纹样所体现的即是一个触觉、视觉共同构成的意义单

元：中间的圆心象征佛性的圆满具足，中间一层的莲花花瓣是佛教的构成元素之一，象征着佛性的清净，外层是祥云和花纹，是对佛性的赞颂。整体上是赞颂佛性的完满和清净，形式构成上则是触觉Ⅰ型和触觉Ⅱ型的交替，如此的交替和调节在其他造型方面也较为普遍，除去青铜器、铜镜的浮雕性纹样之外，一些平面装饰也是如此，比如一个图案的四周用繁缛的纹样环绕，以与内部的主体部分进行对照，就其基本特性上是与圆套圆的格局布置是相同的。

圆套圆的交替是较为典型的触觉Ⅰ型和触觉Ⅱ型的构成，在此类型的基础之上，虽然构图不是圆，但基本构成元素和方式是相同的，而且相对而言更为灵活和复杂，砚台即是其中之一。砚台无疑是古代中国文人的玩赏之物，之所以成为文人的玩赏之物，与中国文人日常的活动密不可分，砚台首先是实用性的工具，是一个上手率高的器具，因其上手率高，它也就较多地处在一定的触觉状态之中。砚台在古代中国文人中有两种作用：一个是作为工具，另一个是作为观赏、把玩的器具，而要作为把玩的器具，必定有一定的意味性方能让人反复玩赏。砚台的这两种作用，体现出它的两种风貌和特性。从工具上来看，砚台要符合手的要求，因此大多是素面的光滑的方形或圆形，现在所看到的古代传下来的砚台中，相当多都已经被手及其他东西磨得光滑，甚至稍稍变了形。这样的砚台大多都是素面的，顶多在四边有一些花草等简单刻画。而从观赏把玩的角度来看，它既要适合手的多样性的要求，即光滑和阻力的相互交错、相互交替，同时又要有一定的意味。如砚台《东坡娱琴图》，其中心部分是用来磨墨的，也是光滑的部分，主要的外显是素面的，这些实用的圆形的或者方形的部分，是作为工具因素的一些保留，它构成砚台之为砚台的主要方面。除去工具性的实用性的光滑的部分之外，阻力部分是用来把玩和观看的，更多的将触觉和视觉因素调动并结合起来，形成各种各样的花鸟、山水、人物等造型。

这一部分既有触觉的阻力性,又有视觉的繁复性,即触觉Ⅰ型和触觉Ⅱ型的交替,两者的相互交错,加上一定的意义的内涵,组合成一个较为完整的多方面因素构成的整体画面。

图 10

《东坡娱琴图》之类的现代砚台已经超出其实用性,基本上属于观赏性的了,它刻画的情景是苏东坡月下临江抚琴。砚台的四周刻画为山石、树木和江岸,山和石头围绕着的部分为水面,中心的位置是一个圆,象征着月亮,在触觉方面是属于触觉Ⅰ型的。砚台的整体布局比较满,尤其是四周的布局比较实,山石几乎将砚台全部围绕,应该属于触觉Ⅱ型的。砚台的四周追求实,则中间部分必然要虚,这一虚的布局就是水面,水面四周有江堤岩石,本身是较为错落的,若想让这些错落的成为整体,必须借助于一定的形式来整合,中心圆的作用就凸显出来,这么一个夸张的月亮就构成砚台的核心部分,它的作用一个是代表具象的月亮,另一个是具有形式意味的整合因素,使得整体联合起来而不至于散乱,于是这一核心部分的圆和江岸、抚琴的苏东坡形成了一种串联和照应。《东坡娱琴图》构图上看起来比较满，四周刻画比较多，由于中间的相对完整的圆而将四周的山、石、树、人等串联起来而形成一个整体，就是说，在最为核心之处，触觉Ⅰ型发挥着较为重要的作用，一个看起来比较正而且突出的中心的圆面就起到了串联、焦点、交替的作用。

与《东坡娱琴图》核心焦点构图不同，砚台《坐地观月》是两分法的构图。砚台的整体是山石岸边一人坐在桌前仰首赏月，面前是一片平静的水，形成的是水月辉映的虚灵意境。《坐地观月》同样是由触觉Ⅰ型和触觉Ⅱ型对比构成的，其中的水面被处理为光滑的平面，是实用的部分，砚台的左边略有些刻画，表明一片水域的边缘，同时向上虚化，与天云模糊地连接在一起，这片平滑的区域既是水域，也是天空，是模糊的纹饰构成了的虚化空间，此一部分基本上属于触觉Ⅰ型。右侧密集的山石、陡峭的水岸构成叠加繁缛的空间，基本上是属于触觉Ⅱ型的。在触觉Ⅰ型和触觉Ⅱ型两个类型的对比中，《坐地观月》的虚灵意境才显得有开有合，别有趣味。

如果说铜镜和砚台是具有实用性的工具，其中的意味还比较有限的，而到了雕塑，则是纯粹艺术性的。雕塑因其纯艺术性而具有一定的意味，即作品思想的意识的表现，意识在其中一方面作为雕塑作品的主题，另外一方面也作为作品的结构手段而对作品的各个部分调配和整合，这些基本上是通过状态性的触觉活动结合、融合和表达的，就是说在创作和表达中触觉状态起着整合视觉等感觉活动的核心作用，在雕塑的基本构成类型中依然是触觉Ⅰ型和触觉Ⅱ型的结合。

如《米洛斯的阿佛洛狄特》。《米洛斯的阿佛洛狄特》依照阿佛洛狄特的上半身和下半身自然地分为两个部分，阿佛洛狄特上半身赤裸，所体现的是她的肌肤的细腻和肢体多姿，下半身主要由衣服、皱褶组成，两个部分形成鲜明的视觉、触觉意义上的对比。阿佛洛狄特衣服的皱褶更多的是一种触觉的阻力，进而形成视觉线条方面的多变性，与上半身皮肤光滑光润形成鲜明的对照,"在这件作品中,美神阿芙洛狄特端庄秀丽,表情宁静平淡,身体曲线呈螺旋上升状,起伏变化中暗含着音乐的节律。裸露与遮掩恰到好处,尽显女性的婉丽娇媚之姿,错落有致的衣褶变化又添其优美的神韵,同时,作者对人物整体简洁阔大的处理又增加了雕塑纪念碑式的崇高感。这种优美与崇高的完美结合,使这件作品成为古希腊人体雕塑中美的典范"[1]。《米洛斯的阿佛洛狄特》上半部分的肌肤光滑圆润,体现出视线中触觉的适宜感和优美感,下半部分衣褶强调触觉的阻力,形成触觉阻力和视觉的多样变化,对雕像的上半身的肌体皮肤起着对比、衬托作用。《米洛斯的阿佛洛狄特》是调动了两种触觉手段:触觉Ⅰ型造型的简洁、光滑与圆润,而触觉Ⅱ型则具有一定的阻力性和变化性。我们可以通过这一方法分析其他的雕塑作品,如古希腊雕塑《赫尔墨斯与年幼的狄奥尼索斯》《受伤的亚马逊人》等,这些作品基本上也是将衣服的皱褶和皮肤形成一种对照和对比,以增加肌肤的感染力,这或许是古希腊雕塑常用的雕塑手段。

公元一世纪古罗马时期的雕塑《一个罗马少女的半身像》(潘绍棠:《世界雕塑全集》,河南美术出版社,1989年,第183页),雕塑所刻画的女子的社会地位应该很高,为了显示她的地位,突出她的高贵,雕刻者以夸张的方式突出了女子的卷发,卷发有规律地高高蓬起,堆积在女子的额头,形成一个犹如扇面形的冠。雕刻者如此处理女子的卷发,其目的大概就是将卷发形状所形成的阴暗变化与该女子面部的光洁造成反差,以衬托出女子脖颈的细腻颀长和优雅。冠状的扇面形卷发所强调的是重重的触觉阻力,用于衬托女子的面积方面的肌肤的光滑和脸庞的秀丽,卷发由于卷曲而引起的多重的动更是衬托出面部的静,由此显示出这个女子的

---

[1] 韩清华.《世界美术全集》(第二卷)[M].北京:光明日报出版社,2003年,第30页。

优雅秀丽和雍容华贵。《一个罗马少女的半身像》的处理方法是雕塑的传统方法，所遵循的也是不同的触觉造型类型，即触觉Ⅰ型和触觉Ⅱ型线条的、面积的交替使用，这也就成了雕像构成和器物构成的一个准则和原则。触觉Ⅰ型偏重于直线、圆和光滑的面，具有较多的潜在性和无思，因其潜在、无思和自动，往往容易形成感觉的适应、疲劳和无觉，因此需要另一种力量对触觉Ⅰ型的无思和自动予以调和，这一调和又不违背其整体基调，所利用的是触觉Ⅱ型的特性。触觉Ⅱ型偏重于造型、线条的多样和变化，表现在以细调粗，以粗调细，以逆向调顺向，以不适宜调和适宜，以复杂的线面调和简单的线面，以活泼调和潜在，而更高一个层次的调和则是整齐、比例、均衡、多样统一等，这已进入艺术的原则的范围了。触觉Ⅱ型的交替与调节是一种活动痕迹，所体现出触觉状态的内在的活动以及这一内在活动所引发的外观上的变化。触觉Ⅱ型较为馥彩，线条优美，具有较强的审美的意味；触觉Ⅰ型较为基础，造型简洁，能够将触觉Ⅱ型的繁多纳入一个整体，具有较强的结构性，具有多样整合的特性。同时，触觉Ⅱ型因其繁多而具有外向的方向，而触觉Ⅰ型则因其整合性而具有内收的方向。所有这些特点是通过返回性的意识调配、调和而在具体作品中体现出来的。

第三节　触觉状态与商周青铜器的主纹样

我们上面论及了触觉状态意义上的器具和雕塑，这些均是简略的述及，因为从触觉状态的类型来看是较为明白的。这里我们主要的分析对象是作为礼器的中国远古青铜器，之所以以古代青铜器尤其是商周青铜器为对象，主要是它的器形、纹样具有很强的代表性，特别是其中的意蕴至今未被充分认识，而青铜器所包孕的意义与其纹样紧密相连，或者说两者即为一体。礼器非同于一般的雕塑，它应该在内蕴上高于后者。因此从触觉状态的角度考察商周青铜器的纹样，则能更好地把握其中的意蕴，这些意蕴由于时间的久远而淡化乃至遗忘，后世的解释不免有些牵强甚至误读，因此这里的工作就有两个目的：一个是探讨触觉状态下纹样类型；一个是借助于触觉状态的探究解释中国商周青铜器的纹样意义。

商周时期的青铜器纹样是触觉Ⅰ型和触觉Ⅱ型的交替运用的典型，它主要体现在主纹样（又称饕餮纹、兽面纹、主纹样）和地纹（又称云雷纹）之间的相互对比与映衬，我们这里详尽考察商周青铜器主纹样和地纹的具体内涵，试图解释看似抽象的纹样的制作中可能赋予的符号性的意蕴，由此更为细致地解读触觉Ⅰ型和触觉Ⅱ型的交替的具体所指，以及触觉状态作为一个意识单元如何体现其意味。

探寻上古青铜器纹样的意味、审美意味的人不在少数，李泽厚应是一个代表，他在《美的历程》中将上古青铜器的审美意象概括为"狞厉的美"，这一结论是20世纪七十年代末八十年代初提出的，这一观点的背景无疑会使之带有那个时代的色彩，而今重新审视商周社会、商周青铜器的审美意象，就会发现李泽厚的"狞厉的美"没有揭示出上古青铜器特别是商周青铜器的文化内涵和审美意象，甚至在某些方面是错误的概括。从李泽厚无神论的宗教贬低态度、商周青铜器主纹样的雄奇以及地纹的华彩绚丽等方面来看，李泽厚"狞厉"的概括与之相去甚远，且对后来的商周青铜器文化内涵的深入研究起着相当大的负面的误导作用，即在几十年的时间内限制了青铜器文化的研究思路，以至于在商周青铜器文化研究中出现大量的自相矛盾的研究结论。我们认为，商周青铜器的审美意象不是"狞厉的美"，而是神圣、辉煌、雄厚、大度。从触觉状态的角度把握商周青铜器的文化内涵和审美意义，既可使青铜文化研究不再偏颇，又可以在此基础上探讨商周时期的审美特征。

一、主纹样"狞厉"的质疑

李泽厚在《美的历程》中认为:"各式各样的饕餮纹样及以它为主体的整个青铜器其他纹饰和造型,特征都在突出这种指向一种无限深渊的原始力量,突出在这种神秘威吓面前的畏怖、恐惧、残酷和凶狠。""它们完全是变形了的、风格化了的、幻想的可怖的动物形象。它们呈现给你的感受是一种神秘的威力和狞厉的美。""在那看来狞厉可畏的威吓神秘中,积淀有一股深沉的历史力量。它的神秘恐怖也只是与这种无可阻挡的巨大历史力量相结合,才成为——崇高的。"[1]李泽厚的"狞厉的美"的立论根据有三个:第一个是青铜器的饕餮纹,第二个是"暴力是文明社会的产婆"的血腥,第三个是卜筮所具有的严酷的意识形态。我们先看后两个依据。后两个依据主要关系到的是研究者的观念问题,换言之,这两个依据主要是李泽厚基于当时特定的意识形态的观念性推论。"暴力是文明社会的产婆"[2]是"革命的历史发展动力"另一个表述,是对暴力革命的前提性肯定。暴力可以得到政权,更新时代,但统治者得到政权之后持续性地炫耀自身"暴力"者历史上极为罕见,这样的王朝一般都是短命的。大多数的王朝统治者不会在民众面前持续性炫耀自己的"暴力",一般情况下他们会改变自己的面目,尽快完成从暴力到仁慈的转变,至少在暴力的同时包裹以所谓的正义和仁慈。商王朝大概存在了600年左右,这些年内持续展示暴力以换得长期的统治,历史上的可能不太大。李泽厚立足于暴力的合法性、暴力持续展示的合理性的角度,肯定乃至于歌颂暴力以及持续性的暴力展示,这才有了对商周青铜器文化意象"狞厉"的揣测性的推论,这即是李泽厚以己之狭隘,对应寻找他人之所"短"。

---

[1] 李泽厚.《美的历程》[M].北京:文物出版社,1988年,第36-38页。
[2] 李泽厚.《美的历程》[M].北京:文物出版社,1988年,第38页。

《美的历程》出版于20世纪八十年代初，写作年代大概应在七十年代末期。李泽厚是走在那个时代前列的，因此才有《美的历程》这一审美意识史而非审美本质的和现实主义的发展史。此时期政治虽然发生了急剧的变革，思想革新的要求也很强烈，但思想以及思想模式基本上还未发生大的、根本性的更新，不像后来那样通过大规模的西方文献的翻译而对新观念、新方法的吸纳。虽然李泽厚因其才情而具有新思想的萌芽，黑格尔之后的西方理性思想应该还是其主要的思想模式。况且李泽厚成长于20世纪五六十年代，这在他的主体论的社会工艺模式中依然看得出其中的思想痕迹，当时的思想的一个重要特征是重视现实、重视社会，否定神学和宗教。李泽厚站在无神论的立场审视原始宗教以及原始宗教礼器的文化意象，本身是无可厚非的，但是我们说的是审视的无可厚非，如果是站在无神论的立场上总结敬神的礼器的内在的文化意蕴，那么在其中的宗教思想、宗教情怀以及相应的社会的人生的意义的理解上就会产生某种程度上不可避免的偏差。

　　原始宗教是否是对人民的"恐吓"，远古宗教时代是否为神的恐怖的时代，从十九世纪以来反宗教的思想角度来看可能是如此，之所以有这样的观点，可能是基于西方较长时期的对基督教的反思与批判，尤其是对严酷的宗教审判时代的记忆，使得人们对基督教的残酷夸大化、定型化，并扩展到所有的宗教之上。西方宗教因其思想的极端性或许有宗教迫害的事实，但中国的宗教迫害（宗教对异教徒和平民的迫害）是极少的。中国的主流宗教如佛教、道教等所强调的是"无""道"的无限的宇宙观和仁爱观，这一观念在理论上、实践上和宗教恐怖、宗教迫害相去甚远，而迫害佛教的现象历史上倒是时有发生，中国历史上的恐怖时代恰恰是反宗教的时代。

　　原始宗教是否具有恐怖性？我们认为这里应有"内外"两种不同角度的认识。就像李泽厚说的那样"它一方面是恐怖的化身，另一方面又是保护的神祇。它对异氏族、部落是威惧恐吓的符号,对本氏族、部落则又具有保护的神力"。从内部的角度看来,坚定的信仰、狂热的情感和庄严的仪式下存在着的是情感的亲切和被护佑的温暖。从外部的角度即从非该宗教的教徒的角度看来,一个宗教的诸神的形象必然地具有"恐吓"意味。当一个人感到一个宗教具有恐怖意味的时候,至少表明他处在该宗教之外,或者说站在该宗教的对立面。站在什么立场上本无可厚非,得出什么结论也无关紧要,问题是站在无神论、反宗教的立场上却要总结出宗教礼器的审美特征和文化内涵,本身即是一种矛盾和事实上的不可能。如果有一定的结论,也是外在的观念性的推理和推想,与所关注的事实本身必定有一定的距离。

那么商周的宗教、文化具有恐怖性吗?鬼神在殷人文化中的地位的确显著。《礼记·表记》:"殷人尊神,率民以事神。"《国语·周语》:"夫祀,国之大节也。"甲骨文中记载大量的宗教祭祀活动,祭祀的对象包括:甲、天神,乙、地示,丙、人鬼。[1] 其中尤以祭祀与他们有着血缘关系的先王先公的"祖"为盛。而天神的"帝",既具有超自然的神性,也是殷人的帝俊、帝喾等始祖以及殷人部族的保护神,对殷人来说,"帝"既是天神,又是本部族的先祖。设想一下,如果是处于这一宗教之中的信徒,对自己的祖先同时又是天神的教主的态度,是崇拜、自豪还是恐怖、畏惧万分?我想,两者均有,即敬畏,既敬且畏,而敬仰是最主要的,畏惧应为次要的,恐怖感则应是基于外道、外族的仇恨。李泽厚是片面放大商周宗教的恐怖感,甚至把这一极端恐怖感作为原始宗教活动、商周卜筮的唯一的因素和特性。

---

[1] 陈梦家.《殷墟卜辞综述》[M]. 北京:中华书局,1988 年,562 页。

二、主纹样包含的国家意识

李泽厚"狞厉的美"的主要立论根据是商周青铜器的器形、纹饰和其中的文化意象,其中重要的依据是商周青铜器的饕餮纹。我们也把重点放到商周青铜器上,就商周青铜器的主纹样、地纹等方面探讨其中包含的文化、审美意蕴,特别是考察是否具有"狞厉"的内涵。

李泽厚认为商周青铜器是"狞厉可畏的威吓神秘",是"神秘恐怖"的,这一结论主要依据青铜器的主纹样的历史命名和直观感受。商周青铜器主纹样的传统命名是饕餮纹。饕餮纹的名称源于《吕氏春秋·先识》:"周鼎著饕餮,有首无身,食人未咽,害及其身,以言报更也。"经宋代金石家的发挥,此后就成了定论。近年来学术界对饕餮纹的命名质疑不断,认为饕餮纹难以表达青铜器主纹样的形象特征,同时也难以概括其文化内涵。近些年来学界基本上不再以饕餮纹命名而代之以兽面纹(马承源)、立体龙(邱瑞中)等。陈梦家在《考古学报》中认为"饕餮纹"即是"兽面纹"和"牛头纹"。马承源在《商周青铜器纹饰综述》认为"饕餮纹"是"兽面纹":"人们习惯地称饕餮纹为兽面纹,因为绝大多数的所谓'饕餮纹',其实都是牛、羊、虎、熊等动物和幻想中的龙、夔等各种怪兽头部的正面形象。"[1] 马承源的"兽面纹"观点现已广为学界接受,意味着对"饕餮纹"的命名的否定,饕餮纹命名的被否定,也就表明着饕餮的恐怖而善吃的"狞厉"意味的被否定,李泽厚立足于商周青铜器的饕餮纹的狞厉感的"狞厉的美"也就失去了主论据。

虽然马承源的"兽面纹"否定了"饕餮纹"且被许多人接受,那么这一命名是否贴切、恰当地揭示、涵盖了青铜器主纹样的特征、文化内涵呢?我们认为,这里还应有一定的讨论空间。之所以有探讨的空间,是因为"兽

---

[1] 马承源.《中国古代青铜器》[M].上海:上海人民出版社,1982年,第31页。

面纹"是一个中性的、现象描述性词语，其中的一些内涵需要清晰、明确。"兽"是什么样的"兽"？它有什么样的意识地位，与国家意识形态有什么样的象征性关联？在工艺条件十分有限的商周时期，青铜器的铸造是国之大事，国家逢重大事件才能够铸造青铜器。青铜器既为国之重器，类似于现在的国家纪念碑，所表现的是国家精神和国家主体意识形态，这在当时应该是极其神圣、极其严肃的，在这样一个国家意志的表达的庄严问题上，不可能是反面形象的"饕餮纹"，也不可能是无意义的中性描述词语的"兽面纹"，仅仅一个"兽面纹"的中性描述性名称难以揭示出这一意义和内涵。

商周青铜器主纹样应该是当时国家意识形态的最高表达。有人指出这是当时的国家主神。就纯粹的外形来看，马承源先生的"兽面纹"是正确的，如果就其体现国家意识形态的角度看，商周青铜器主纹样是中华"主神"的观点也是正确的，再加上中华传统的图腾崇拜，三者的合一，那么商周青铜器主纹样可能就是中华神龙。即便是沿用传统的"饕餮纹"的名称，李学勤先生认为"饕餮本是龙的一种"[1]。因此商周青铜器主纹样的神龙形象，应是远古中华各部族共同的原始图腾，汇聚了各部族各自原有的、地域性的图腾元素，尤其是各种具有神性的动物性的元素如牛头、鹿头、鱼鳞等，表面上看起来是各种各样的动物形象，实际上是各部族融合的痕迹和产物。这些聚合的图腾是华夏各部族共同精神的固定的形象化表达，具有祖神化、神灵化、神圣化等意味，既体现上天的意志，具有宇宙的、自然的权威意志，又是护佑所有生民的超级意志者，同时也是统治阶级的统治精神，是全部国民的精神的共同凝聚，是当时全部社会意识的集中表现。基于这样丰富的民族、社会、政治、人伦的内涵，作为商周青铜

---

[1] 李学勤.《良渚文化玉器与饕餮纹的演变》[J]. 南京：东南文化，1991年10月。

器主纹样的神龙形象所给人的是神圣的护佑感、无限的依赖感和亲切感而不可能是"狞厉"感。依照李泽厚的话说"它对异氏族、部落，是威惧恐吓的符号，对本氏族、部落则又具有保护的神力"。那么李泽厚得出"狞厉"的结论，就表明自己是站在"本氏族、部落"之外的角度来看的。

或许有人认为殷人尚武的风尚与青铜器的"狞厉"有一定的联系。李泽厚也论及了战争与狞厉的关联。有人曾认为殷人尚武，不如周代那样重文，那样富有人情，证据就是周人形成了系统的周代礼仪制度。与周代的文质彬彬相比，尚武的殷人只有残忍而不具有任何天地人伦，自然就是"狞厉"的代言人。这样观点是对具有形态性的文化不甚了解，文化是一个整体，尤其是大的成熟民族的核心文化圈，更是由诸多文化层面重叠复合构成，进而形成一个复杂交错的文化系统。民族愈是地域宽广而强大，则其文化愈是丰富，文化愈是丰富，文化的诸多要素、层次构成愈是复杂，文化的系统性就愈强。这些文化形态学的观点完全可以适用于考察商周王朝。作为存在了数百年的地域广阔的商王朝，文化的成熟以及系统化是必然的，如果有重大的文化缺陷，或者当时的统治者有意地、故意地采取单面文化政治政策，这一王朝必然是短命的。殷人尚武固然是商周王朝的一个显著的社会特征，但这是否是商周社会的全面的解释？是否会有些偏颇？我们知道，商周社会留下的文献除了甲骨文和金文，其余的极少，即便是甲骨文也是晚清、民国时期发现并予以重视的，我们从历史上得到的殷人尚武是从何而来的呢？这样的解读是否与后来的朝代有关呢？我们知道比干的传说、箕子的故事，这些是否是周人在某种程度上夸大商王朝的罪恶以衬托、证明周朝的仁慈？如果这样的推理有一定的道理，那么殷人尚武、周人重文就是一个政治宣传倾向，由此占据舆论上的高点，用以证明周朝推翻殷王朝的合理性以及取代殷王朝统治的合法性，这就类似于前些年大陆人基本上流行的"国民党反动派"的观点。只不过是现在文献丰富，而周代文献匮乏，记载的偏颇后来就成了史实，商周就成了反面教材，经过几百年的固化，遂成定论。依照这样的"定论"来推断，说明殷人尚武，其国家意识形态也必然地为残酷、严酷、"狞厉"，就其理论前提上是有问题的。

三、主纹样触觉宽窄度

商周青铜器主纹样与"狞厉"亦相去甚远。商周青铜器主纹样应是神龙的正面形象，整体以角、鼻、眼、眉、额等元素组合而成，神龙余下的头、颈以及身子则隐而不见，留下较大的想象空间，体现出神龙见首不见尾的神秘意味。这一正面造型直面观看者或者礼拜者，一方面形成人神交流，在面对面的交流中展示其正大、庄严。正面形象为浮雕型，以凸出的圆点或者为宽线条构成，除去大的青铜器之外，这些宽线条的宽度基本上保持在一厘米左右。商周青铜器主纹样为什么要在这样一个基本的宽度？

这一宽度显然与传承有关。李学勤先生指出良渚文化玉器、二里头绿松石镶嵌兽面纹牌饰与商周青铜器"显然有着较密切的联系"[1]，这些密切的联系体现在造型、意蕴等方面，良渚玉器主要表达线条是宽厚而庄重的，在5.6厘米高度的玉琮上大致分割为六个较宽的线段，每个宽线大致会在0.6厘米左右。最能体现良渚玉器宽线条分割的应是良渚玉柱形器，此玉器"分为两节，上下两节相同，正面无直槽，每节的上端有两块未刻弦纹的微凸扁方体，管状圆眼，极浅，部分未见，以扁横凸档象征宽鼻。亦是神人兽面像的简化形式，制作欠精"[2]。可能正是制作的欠精，才能够让我们看出基本线条和轮廓的特征，即是以厚重的宽线条构成为主纹样。

---

[1] 李学勤.《良渚文化玉器与饕餮纹的演变》[J].南京：东南文化，1991年10月。
[2] 杨伯达.《中国玉器全集》[M].石家庄：河北美术出版社，2005年，第67页。

这一宽线条与商周青铜器主纹样的宽线条之间应该有一定的联系，或者说，这是中国先祖基本认可的一种宽线条。

商周青铜器主纹样保持在这样一个基本的宽度，或许与人体适宜性有关。郭沫若认为青铜器上的地纹可能是从陶器上的指纹演化而来："雷纹者，余意盖脱胎于指纹。古者陶器以手制，其上多印有指纹，其后仿刻之而成雷纹也。彝器之古者，多施雷纹，即其脱胎于陶器之一证。"[1] 如今从出土的青铜器的陶范上还能看出制作者遗留的部分指纹，学界也基本上认可郭沫若的这一假设。我们按照郭沫若的观点进一步推论，如若指纹是青铜器的来源，那么手的其他方面或许也参与了进来，比如手的触觉感觉，特别是手指指端、掌面在制作工艺中也会起到一定的衡量作用，这一衡量既然起作用，在一定方面也是以此作为标准而保留下来，并体现在器物的纹样构成之中。就是说，由于指纹的参与，手指的感觉、阈限也必然参与，进而成为青铜器纹样的衡量标准之一。这一观点如果成立，那么，人的手、手指在青铜器工艺中的作用就不应被忽视，青铜器纹样的构成中也就具有人的手指的基础性的衡量作用，这些作用的体现之一就是商周青铜器主纹样以这样的宽度展现出来。商周青铜器主纹样的宽度应与手指指面的感觉的宽度有一定的联系，而这一联系是人的手指所创造的，既具有人自身的感觉适宜性，也有一定的基础性的衡量性，就是说，良渚玉器的纹样的宽度、商周青铜器主纹样的宽度之所以成为颂扬神龙最美的宽度，与人体特别是手指的阈限关系十分密切。用人体适宜的线条表现华夏各部族共同崇拜的图腾，而在其中解读到了"狞厉"和可怖，从人体感觉的方面看也是不大可能的。

除去主纹样构成的线条的宽度的适宜性外，商周青铜器神龙的眼球的造型也具有人的身体感觉的适宜性因素。这些眼球的造型大多为凸出的圆，

---

[1] 郭沫若.《青铜时代·彝器形象学试探》[M].北京：科学出版社，1957年，第320页。

夏商时期眼球为半圆，商周部分眼球为扁圆，扁圆的中心为一个更小的圆圈，估计当时人们故意追求眼球的高光点，而使造型更有神采。眼球的突出是一种位置的强调，一般情况下尊贵者、重要的东西位置向前靠，卑微者、次要者位置靠后，突出为进，凹陷为退。三星堆人像的眼睛的突出，应该是对眼睛的极端性的强调、强化，商周青铜器神龙的眼睛与三星堆神人的眼睛相比相对写实一些，也相对温和一些。眼球的突出既是表现对象的强调，也是一种自我强调。眼球为突出的圆点还在于强调圆润感，这一圆润感所引发的是主体触觉上的舒适感和快感。人们对对象的突出主要应和人们内在的触觉状态，进而形成一种积极的感觉，这一积极的触摸通过视觉的形式表现出来，在触—视联合中强化内在感觉，调动身体的潜在的快感，在对象身上以投射的方式展示对象的美感。商周青铜器的神龙所表现的国家精神、国家意志，在内容上具有极大的崇高性，同时也具有充足的美感色彩，这一美感色彩从内在的方面来看，即是调动所有的感觉手段，以凸显神龙的神圣及整体美感。

具有浓厚的美感色彩的神龙的眼、眉、额并饰以大量的云雷纹，强调的是它的超自然的神性。这些强调似乎意味着一种天神的"看"，这一"看"或是与"天"的沟通式的仰望，或是对凡间的监视、监察、关注、关怀，从而使世间者有一种被保护、被关爱的感觉，当然其中也有神的威严。就其威严感和关爱感而言，我们认为图腾的关爱感、护佑感和美感应该大于它的威严感。

第四节　触觉状态与商周青铜器的云雷纹

云雷纹在上古器物纹饰中十分普遍，在玉器及青铜器中尤为突出，其线条精致细腻，为上古青铜器工艺的典范，也是当时国家意识、审美风范

的最高表现。作为当时国家意识、审美风范的表现的云雷纹的名称、内涵、目的、意味等相关问题还有一定的探讨的空间。商周青铜器云雷纹线条精致细腻,在商周青铜器纹样中最具有审美意味,学术界对青铜器主纹样的探讨较多,而对青铜器云雷纹则历来关注相对较少。我们试图从触觉状态、触—视联合的角度,探讨青铜器云雷纹构成的脑科学、认知科学的依据,分析青铜器云雷纹纹样乃至一般纹样构成的脑机制和内模式。同时,通过商周青铜器云雷纹纹样以及一般纹样的脑机制和内模式的探讨,扭转人们对青铜器恐怖、"狞厉"的假设性想象,对商周青铜器的纹样精致、秀雅以及青铜器文化的鼎盛之美有一个整体性的认识。

云雷纹是宋人基于《说文解字》的解释,认为云雷纹所表现的是云雷之象,宋人这一命名此后遂成定论。而今从触觉状态、意识的"场"的角度看来,上古器物特别是青铜器上的回旋纹样称为云雷纹的结论是否有流于表面现象之嫌,其原初内涵的揭示是否准确、是否符合器形及纹样整体的意味等尚有商榷探讨之处。目前学术界大多认为二里头文化与良渚文化存在一定的承继关系,那么商周青铜器上的云雷纹与良渚文化中围绕天神的面部的细致刻画有一定的联系,而这一面部刻画明显的是天神的胡须和体毛。那么,云雷纹所表现的极有可能是天神的毛发,是用人的指纹的回旋表现天神的卷毛。这一回旋纹样一方面是表现天神的卷毛的威风,另一方面则有天神在天空猎猎飞行的意味,于是云雷纹表现天神之庄严、天神之飞动,并以其细腻优雅在审美上与主纹样调节。这样一来,云雷纹的命名就难以涵盖这一纹样的意味。

将商周青铜器的云雷纹与云、雷联系起来的一个根据是依据《说文解字》:"靁,阴阳薄动,靁雨生物者也。从雨,畾象回转形。"论者将"雷"字的古体构成中的"回"字形与商周青铜器云雷纹样的回旋形状联系在一起,根据它们之间的外形某些相似之处,进而认可为必然的联系。沈括的

《梦溪笔谈·器用》:"礼书言罍画云雷之象,然莫知雷作何状。今祭器中画雷,有作鬼神伐鼓之象,此甚不经。余尝得一古铜罍,环其腹皆有画,正如人间屋梁所画曲水。细观之,乃是云、雷相间为饰……乃所谓云、雷之象也。"[1]《宣和博古图》卷二十五更明确地就纹样形状和意蕴做出界定:"此器足空耳直,纯缘作云气回旋状"[2],"纯缘饰以夔龙,而腹作斜方之形,实以云雷,间以细乳。盖乳所以养人,云雷所以泽物,夔龙者又所以戒其贪也。……然云也,雷也,为其有泽物之意,故后世又加之雨以著其义焉"[3]。自此而后,商周青铜器的地纹命名为云纹、雷纹、云雷纹,自此而后就成了定论。容庚在引用了《说文解字》及沈括的观点之后认为:"宋之所称为云雷者,今概称为雷纹",并具体分为"向左右回转"、虚线的"左右回转""两端向内回转""两端向内回转,中有直线",在具体的组合方面则有"钩连雷纹"("横直线相钩连,填以雷纹")、"斜方格雷乳纹"("其状作斜方格,填以雷纹,中有乳突起。通行于商代")、"波形雷纹"("其状雷纹带一上一下若波形,中复一较细之雷纹带")、"目雷纹"("中为目形,四旁填以雷纹")、"三角雷纹"("其状作三角形,填以雷纹")等[4]。朱凤瀚认为:"云纹和雷纹在商周青铜器中是出现率最高的几何形纹饰,其最常见的形象是由细或粗线条构成的连续的螺旋形。螺旋形作圆形者,通称为云纹,其作方形者通称为雷纹,但实际上由于方、圆的区别并不明显,或方、圆兼用,固有的著作称之为云雷纹。""雷纹区别于云纹

---

[1] 胡道静校注.《新校正梦溪笔谈》[M].中华书局1957年,第191页。

[2] (宋)王黼.《宣和博古图》[M].诸莉君校点.上海:上海书店出版社,2017年,第76页。

[3] (宋)王黼.《宣和博古图》[M].诸莉君校点.上海:上海书店出版社,2017年,第77-78页。

[4] 容庚.《商周彝器通考》[M].上海:上海人民出版社,2008年,第117-120页。

的最大特征是线条在旋转或弯卷时均出方角,因为其作为最基本形式的方螺旋形与《说文解字》'雷'的古文字形一部分相近,故有雷纹之称,旧亦有称之为回纹的。"[1] 张孝光认为:"云雷纹,它应用最多,是一种自中心逐渐外展的螺旋线,纹线有单双之分,间隔均匀,故它的效果能给人以动感。有人把呈圆形的称作云纹,方形的称作雷纹,但其分别不是很明显,故又合称云雷纹。这种纹样变化较多,它可以呈单向的螺旋,也可以在纹线两端呈同向螺旋,或呈对称的反向螺旋。"[2] 细究宋人有关命名的推论,类比联想的可能性还是较大的,所缺乏的是与云雷纹本身相关的扎实的证据。沈括、王黼所处的北宋距离商周时代久远,很多人对商周青铜器已经是十分陌生且新奇,以这样的时代的臆想式的联类作为定论,进而作为我们商周青铜器的研究前提,似乎过于仓促和草率。

那么,随之而来的问题就是,商周青铜器云雷纹是如何形成的,在触觉状态的情景内它的象征和意蕴应该是什么?

一、云雷纹的神经认知因素

商周青铜器云雷纹有两个显著的特征:一是线条的精致、细腻远超之前及之后的青铜器纹饰;二是云雷纹纹样路之间的宽窄度的把握堪称视觉优美的基准线。从中可以看出云雷纹是青铜器纹样中最具有美感意味的,这一审美意味一方面是历史文化传承的结果,另一方面是基于当时的风尚。对于前者,诸多研究已较为详尽,李学勤先生在《良渚文化玉器与饕餮纹的演变》一文中,系统地论述了"饕餮纹源于良渚"的观点。青铜器纹样的历史传承表明中国文化发展的一贯性,同时也体现出其纹样的普遍性。

---

[1] 朱凤瀚.《古代中国青铜器》[M].天津:南开大学出版社,1995年,第402-403页。
[2] 张孝光.《殷墟青铜器的装饰艺术》[M].北京:文物出版社,1985年,第103页。

而对于后者，青铜器纹样的细腻秀雅不是孤立的现象，它所体现的是当时时代的共同要求。商周青铜器云雷纹的线条较为细腻，但不是那个时代最纤细的线条。商周时期最细的线条应该是甲骨文，甲骨文是人们与天帝直接沟通的结果，是神的旨意的传达，对待上苍的旨意，理应当使用当时最高工艺技术，因此甲骨文的刻画所体现出的应是当时最先进的工艺，同时甲骨文的刻画也要符合另一个标准，即时代的精细刻画的审美风尚。商周青铜器多是礼器，具有神圣意味，在一定意义上与甲骨文有同等重要的作用，青铜器的装饰与甲骨文基本应一致，青铜器是在那个时代除去甲骨文以外能够较好地体现最高工艺和审美要求的器物之一。

除去历史的传承和时代的风尚外，商周青铜器云雷纹之所以具有浓重的审美意味，同时也是基于人类的快感本性。历史的因素总是和人类本性互为印证的，商周青铜器云雷纹具有了人的本能的适宜性和愉悦性因素，其细腻优雅的风尚才能够得以呈现和流传。

从神经认知的角度能够较为清晰地看到商周青铜器云雷纹的细腻优雅与人类本性的相联之处。从这一角度出发，将青铜器云雷纹与人的基本感觉——触觉和视觉以及背后的脑认知模式联系起来考察，我们发现两者之间存在着许多的应和，这一应和表明，商周青铜器的纹样是满足了人类感官的基本要求而形成的。商周青铜器的云雷纹纹样所基于的是人类触觉的视觉呈现，人类的视觉触觉结合的转换中枢是人的中脑，处于中脑的感觉联合机制进而形成一种模式、图式，并经过"视觉化"的固定、呈现出实有的纹样风貌。关于这一点，郭沫若的看法倒是值得深究。郭沫若认为商周青铜器的云雷纹是从陶器上的指纹演化而来，学界也基本上认可郭沫若的这一假设，或者说，到目前为止，也难以寻找到替代郭沫若的观点的全新看法。

我们按照郭沫若的观点进一步推论，即从指纹开始，进入对云雷纹的一般感觉的和认知心理的分析。如若郭沫若所言指纹是商周青铜器云雷纹构成的主要来源或者是唯一的根源，那么我们由此展开，就可以解决两个问题：一个是云雷纹的来源并兼及一般细腻纹样的起源，由此还可以上溯到先夏时代陶器、玉器等器物细腻纹样的工艺成因。另外一个问题就是，既然指纹是青铜器的来源，那么由此可以推论，手指的感觉，特别是手指指端掌面的触觉阈限也是青铜器纹样构成的原因之一，就是说，由于指纹的参与，手指的感觉阈限也必然成为青铜器纹样的衡量尺度之一。

人类的手指指纹十分细腻，如此细腻的纹样，在三代时期高质量地复制到器物上是较为困难的。能够做到这一点的就是甲骨文，当然甲骨的工艺与青铜的工艺区别较大，甲骨能够做到的，青铜器的浇铸工艺未必能够做到。因此，青铜器的云雷纹的构成虽然源于指纹，但指纹却不可能完完全全地被复制到青铜器纹样上来，即便是更为细腻的甲骨，也不可能完全复制手指指纹。那么，随之而来的问题就是，青铜器云雷纹构成，特别是纹路间距构成的依据是什么？

能够回答的应该是触觉感知，即触觉最小阈限问题。纹路感知既是视觉问题，同时也是触觉问题，在人类早期时代，由于直接的手工创造，触觉的因素在某些方面可能还要大于视觉的因素，李格尔在《罗马晚期的工艺美术》中已有所论。古代精密的玉器、骨器等雕刻中，手的触摸感应该是居于首位的，手的衡量因素也不可忽视。青铜器既是手工创造，也是用于观瞻的，触觉、视觉两方面的因素在创造和使用中应该都存在。我们认为，纹样构成要同时满足视觉、触觉的状态的基本要求，而后才能构成适宜性和审美观赏性。而这一前提条件即其中一个值必须同时满足视觉和触觉的共同要求。

视觉是最为精细的感觉，但是如果超出一定的值，视觉也难以分辨。

那么适宜的视觉分辨应该是什么？以往的答案只是在视觉范围内寻找，基于人类大脑对感知信息处理的区域是同一区域，各种感觉信息在这一区域汇合处理后再送入主脑，因此视觉问题完全可以通过触觉和听觉来解决，与此相同的，听觉和触觉的问题也可以借助于视觉来解决。至于视觉分辨的适宜性的值的界定，我们认为触觉应该是最为合适的衡量点。这里不仅仅是它们同处于一个信息处理区域，而且是同一区域中关系最为密切的。触觉值和视觉值在大脑内部有一定的协调，最终形成一定的结合值，这一结合点即是：适宜的视觉值与最小的触觉值之间有相当的重合度，如果得出结论，那就是最小的触觉值恰是最适宜的视觉值。

支持这一结论的主要是认知神经科学和实验心理学的相关成果。我们首先看触觉阈限的相关观点，触觉阈限或者触觉值是认知科学的重要的探讨领域之一，孙久荣在《脑科学导论》中认为："人指尖的掌面对触觉最为敏感……指尖和口唇的两点分辨是2—5mm。"[1]曹日昌在《普通心理学》中有更为细致的数据："触压觉的定位也是相当准确的。触压觉的定位通常是用测触器测定两点感觉的阈限距离（即测定施用两个刺激点能感觉为两点而不是一点的最小距离）来表示。这个阈限值因皮肤上不同部位而异。例如：舌尖约为1.1毫米，手指尖端均为2.2毫米，手掌约为9毫米，而背部则达67毫米。"[2]到目前为止，更为细致准确的数据是郁增舜的研究成果。郁增舜等人在（WalterS, CarLson, 1979）研究基础上，对我国正常人深度觉、两点分辨觉的正常值进行了研究。

---

[1] 孙久荣.《脑科学导论》[M].北京：北京大学出版社，2011年，第4页。
[2] 曹日昌.《普通心理学》[M].北京：人民教育出版社，1987年，第149页。

我国正常人深度觉、两点分辨觉95%正常值（mm）[1](p.4)

年龄	深度觉	两点分辨觉
15-19	0.20	1.20
20-39	0.35	1.80
40-59	0.45	2.40

现代认知科学基本上认可触觉和视觉之间的密切联系，他们认为视觉和触觉在空间性上具有一定的协调性和融合性，在相当的程度上两者是同一的。触视"先天联系"、触觉的"视觉化"和"视动系统"等即是基于实验而得出的结论。"触视先天联系"是美国心理学家托马斯 L. 贝纳特在总结了博尔德（Bowerd）的实验（Bowerd，1971）以及鲍尔（Ball）和特罗尼克（Tronickd）的实验成果之后提出来的："这些结果支持这种观点：触/视联系不是学习得来的"，"触/视联系是与生俱来的"[2]。"触觉的视觉化"是总结了心理学家雷维兹（Revesz）和沃切尔（Worchel）的实验结果而提出来的："触觉的形状、大小知觉同视觉的形状、大小知觉有着密切联系，特别突出的是触觉的信息常转换为视觉的，这个现象称作'视觉化'（Revesz，Worchel）。"[3] 马赫在谈到触觉与视觉空间感知的一定同一性时认为："除了某些特别方面之外，触觉空间的关系很像视觉空间的关系。触觉感官不是长距离的感官；触觉对象并没有'透视'上的缩小和扩大。但是，在其他方面，我们从触觉所发现的现象和视觉的现象相似。"[4] 基于以上的观点，我们认为，在视触同一观点的前提下，其值

---

[1] 郁增舜.《国人指端触觉——深度觉和两点分辨觉正常值的探讨》[J]. 北京：铁道劳动卫生通讯，1984年，第4页.
[2] [美] 托马斯 L. 贝纳特.《感觉世界》[M]. 北京：科学出版社，1983年，第236页.
[3] 郝葆源.《实验心理学》[M]. 北京：北京大学出版社，1983年，第296页.
[4] [奥] 马赫.《感觉的分析》[M]. 北京：商务印书馆，1986年，第145页.

应该是极为接近乃至于是一致的，触觉结果影响到视觉判断，触觉值必然影响到视觉值。触觉的粗糙与视觉的粗糙感觉接近，触觉的线条的粗细与视觉线条的粗细则基本一致。人类触觉和视觉的感知的接近乃至一致是在幼儿期和儿童期形成的，依据郁增舜等人的研究成果，年龄愈小，触觉愈是敏感，触觉阈限就愈小，年龄愈大，触觉感受愈是下降，触觉值就愈大。那么在幼儿期和儿童期的人的触觉值会更小，其对线条间距的敏感度也就最小。但是幼儿和儿童的心智尚未成熟，某些实验手段难以实施。由此推论，最适宜的触觉的间距在一毫米左右的，同样为最佳的视觉感受的值。小于最小触觉值的，视觉识别相对费力，不是适宜性的视觉感受。触觉的适宜性要求，同时也是视觉精细度的最佳值，两者在青铜器云雷纹上达到一致。我们现在看到的商周青铜器云雷纹的细密度，基本上也就是触觉—视觉的最佳调和值。

二、云雷纹为毛发

郭沫若的云雷纹脱胎于指纹的观点也只是说明了云雷纹的细腻的来源以及其中触觉所起到的标准性的作用，这个由指纹形成的云雷纹的具体作用是什么？它的指向和指代是什么？这还应该根据触觉的状态的意识性、结合商周青铜器主纹样的内涵来考虑，无论关于青铜器主纹样的观点如何不同，但有一样是相同的，即商周青铜器主纹样所表现的是组合了的神兽，无论是牛、鹿、龙等也好，它们都是动物，这一纹样是饕餮纹也好、兽面纹也好，均是兽的纹样。这些走兽都是具有皮发、毛发的，那么，商周青铜器云雷纹等应该是神兽、神龙的毛发。

良渚玉器文化可以印证这一观点。李学勤先生曾经认为，良渚文化与洛阳二里头文化有一定的渊源关系，而二里头——二里岗——殷墟文化乃至周文化的脉络也是很清晰的。那么良渚文化玉器中，有没有类似的纹样？有没有我们通常所说的云雷纹？这些纹样表现的是什么？故宫博物院收藏的良渚文化玉琮，玉琮以四边为分割线而展开双眼，从角的角度来看恰是一个兽或者一个人的正面像，应该注意的是，围绕着这一个兽的或者人的正面像的眼睛及类似于鼻子和嘴巴的部分的是细密的回纹，"玉质青色，表面皮斑较重。短方柱体，中有圆孔，短射。外壁以四边角线为中心，琢两组兽面纹，其间上下以两道弦纹相隔，上部隐起圆形双眼，外连圆弧形眼廓，上面阴刻不规则的回纹装饰，线条深浅粗细不一。下面的兽面纹刻圆环眼，眼之两侧加刻三角形阴线。其下为凸起的兽鼻，鼻上饰阴刻不规则的回纹"[1]。这一回纹应该就是我们通常说的地纹和云雷纹。

浙江省文物考古研究所藏1986年浙江省余杭县反山墓地出土的浙江良渚文化的玉琮（邹文：《中国工艺美术经典》，人民美术出版社，2000年，第22页），也是申明云雷纹是神兽、神龙的毛发的观点的十分重要的证据："器呈扁矮的方柱体，内圆外方，上下两端为圆面的射，中间的圆孔较小，留有对钻的接茬痕迹，俯视如玉璧形。这件玉琮形体宽大，重约6500克，纹饰独特，堪称'琮王'。琮体四面中间为5厘米宽的直槽，其上下各琢刻一神人与兽面复合的图像，共8个。单个图像高约3厘米，宽约4厘米，用浅浮雕和阴刻细线两种技法相结合雕琢而成。图像主体为一神人，其脸面做倒梯形，圆眼重圈，两侧有小三角形的眼角；宽鼻，以弧线勾出鼻翼；阔嘴，内刻出两排平齐的牙齿；头上戴有高耸宽大的羽冠，内层为刻有连续卷云纹的帽饰，外层为放射状羽翎的大冠。脸面和羽冠为微凸的浅浮雕，神人四肢以阴纹细刻而成，上肢做抬臂、弯肘，五指平张，下肢做蹲踞状，脚为三爪蜷曲形。四肢上均填刻繁缛纹饰。在神人胸腹部以浅浮雕琢出兽

---

[1] 杨伯达.《中国玉器全集》[M].石家庄：河北美术出版社，2005年，第74页。

面，重圈为眼，外框有椭圆形的眼睑，之间以桥形凸面相连；宽鼻，有鼻梁和鼻翼；阔嘴，内有尖利的牙齿，内侧有两对儿獠牙，兽面的眼睑、桥形凸面、鼻等部位刻填繁缛纹饰。神人和兽面复合组成一组图像，应是良渚人崇拜的神徽。"[1]这一玉琮为神人复合图像，其中正面图像两眼圆睁，眼睛之上再覆盖一个类似于面具眼罩一样的东西，中间相连，遮住眼睛，鼻子粗大，嘴阔大，显得极为雄壮而威严。这个玉琮引人注意的地方是云雷纹。在神人的主纹样之下，围绕在这个神人面相周围的是用阴刻的细线回纹，在这里特别应该注意的是，在神人的嘴的正下方的位置，有两个像兽尾一样的刻画，长短不一，和散开的毛笔的笔锋类似。我们设想，这个类似于散开的毛发一样的造型可能是神龙的胡须，而且，除去神龙的毛发之外，恐怕再难以与别的具体的东西联系起来。同样不能忽略的几个细节是，在神人脸颊旁及嘴角下方，也有四个带梢尖的圆形回纹，两两相对，靠近眼睛的两个尾梢向上，嘴角下方的两个尾梢是向下卷的。四个回纹状的卷曲梢可以认定为卷曲的定向的髭和须。一般来讲，男子的胡须是个统称，细分则为"髭"（上唇上的）、"须"（下巴上的，又称山羊胡）、"髯"（两颊上的）。这个良渚玉器的形象应为雄性，兼具雄性的兽和男人共同的特征。神人的嘴的正下方的位置的回纹应是"须""山羊胡"，以此形象上类似于兽的尾巴，有明显的毛发的特征。靠近眼睛的两个尾梢向上，嘴角下方的两个尾梢向下的四个圆形回纹应是"髯"。嘴旁大面积的回纹也应是"髯"，只是有尾梢的圆形回纹有"髯"的侧面的立体表达的意思，而大面积的回纹的"髯"则是平铺的。因此，总的来说，这个良渚玉琮所表现、所刻画的就是神龙的形象，目光炯炯，满脸大胡子，毛发浓郁，力量无穷。这一形象同时也是古代张飞一样的英雄形象，当然更可能是力量

---

[1] 杨伯达.《中国玉器全集》[M].石家庄：河北美术出版社，2005年，第65页。

巨大、变化无穷的神龙的形象。

　　商周青铜器的云雷纹与良渚玉器上的胡须样的回纹形态上基本一致，这与李学勤先生所说的二里头与良渚文化的密切联系的观点可以相互印证。在良渚玉器上云雷纹所表现的神兽、神龙的面部的胡须，到了商周青铜器则用来表达中华主神的面部及周身的毛发，因此我们现在所看到的商周青铜器的主纹样大致勾勒出中华主神的头部特别是上颚以上的大致轮廓，而剩下的区域则用繁饰的云雷纹，用以表达面部的毛发和胡须。殷墟出土的"兽面纹鼎"（中国青铜器全集编辑委员会：《中国青铜器全集》2，文物出版社，1997年，第3页）和"兽面纹"拓片（中国青铜器全集编辑委员会：《中国青铜器全集》2，文物出版社，1997年，第33页），与前面的良渚玉琮纹样相比，两者纹样造型的相似度还是很高的，只是殷商青铜器的纹样更为规整，主纹样由良渚玉琮的老人或者神兽的形象成了牛头像，"兽面纹鼎"的主纹样成为了似牛似虎的形象，但是两者更为接近的则是云雷纹，即整体上的回纹。相比之下，良渚玉琮的云雷纹在回纹主调之上更具有形象的意味，在某些方面更具有立体性的侧面表现，而殷商青铜器的回纹更是铺满了整个画面，是名副其实的地纹。多亏了良渚玉琮神兽纹样的具体性，才能够让我们有可能还原云雷纹、回纹的原始指向。

　　这一神龙、神兽的胡须和毛发的细腻、回旋，在工艺上与人的手指指纹的单向性的回旋十分相似，在触觉、视觉的运用上则是触觉Ⅰ型和触觉Ⅱ型（视觉Ⅰ型和视觉Ⅱ型）的交错。商周青铜器的云雷纹在内容上为中华主神的胡须和毛发，这样的表现可以使神龙更为具象，更有神灵意味。同时在形式上也形成鲜明的对比，即将主纹样的粗壮和云雷纹的细腻、优美形成对照，即一方面是主题的意义的表达，同时也是触觉Ⅰ型和触觉Ⅱ型手法上的交替，而这样的交替同时也必然是意味性的，从其中所能看到的所谓的交替也不是一种完完全全的抽象的形式的交错，它总是和具体事物的具体形状联系在一起的，这一联系点即是创造者创造过程中的具体的触觉性的意识状态。就是说，在触觉状态下，在创作者的心中、手中所形成一个特定的单元情景，对象的特征、传统的观念和手法，集合到这一触觉状态的单元里，然后才有具体的交错，商周青铜器纹样的辉煌繁彩，就是这些创作工匠的触觉状态凝聚的固定化和痕迹。

三、云雷纹的宽窄度调和

商周青铜器云雷纹的另一个特征是它的纹样之间的宽度，绝大多数的纹样，包括部分主纹样和云雷纹，它们的纹样之间的宽窄度基本上类似和接近，所不同的只是这些纹样范围内有各自的内容，如主纹样是双层的、三层的，而云雷纹中是单层的回纹。云雷纹纹样之间有这样的宽窄度，我们认为主要有两个方面的成因：

第一，主纹样的影响。商周青铜器中，虽然主纹样和云雷纹均属于主要的表现手段，但这一区分是依据我们当下的标准。商周时期青铜器的核心纹样依然是主纹样，主纹样所体现出来的是具有意蕴性的，自秦汉以来人们一直探寻其意蕴的具体性，有饕餮纹、兽面纹等不同观点，认为商周青铜器主纹样是中华主神倒是具有相当的合理性，至于主神的具体名号是什么，无论是田野调查还是文化的传承均可以佐证。这一点上，认为主纹样是饕餮纹的观点与认为是中华主神的龙的观点还接近一些，至少饕餮也是多变的龙形系统中的一个。至于龙形多样和多变，应该是中华多个区域龙崇拜中的一致和多样的结果。商周青铜器的主纹样是中华龙文化的具体表达，因而具有相当的威严、神圣，同时也具有相应的话语权力，是当时权威文化的一个标志。因其具有统治意味和权威性，纹样的主导作用也同

样存在，使得别的纹样必须以它为模范，以它为标准。商周青铜器中云雷纹的地位和作用是衬托主纹样的，在衬托之中，必须服从主纹样的基本规范和基本准则，那么，主纹样的宽窄度也就是云雷纹所应遵循的标准，这是云雷纹的宽窄度的成因之一。

第二，调节主纹样的过于粗壮。商周青铜器的主纹样是中华文化中的主神，则必然体现神所具有的威严，威严感不能用过于纤细的线条表现，否则会伤及威严感。遵循着良渚文化、二里头文化的传统，以及人类手指触觉的最大值，商周青铜器主纹样的宽窄度在一厘米左右，这样的主纹样如果单独显现，则显得过于粗壮而近乎野蛮，这里需要进一步的调节，即在维持主纹样的粗壮、神秘和威严的前提下，尽可能地调和其蛮性因素，云雷纹的细腻、柔靡基本上较为成功地达到了调节的目的。商周青铜器纹样有两个基准线，一个是主纹样的基本线条，另外一个即是云雷纹纹样的基准线，两个线条的交互协调映衬，各展其所长，各补其所短，相互映衬，得到如旅爵（中国青铜器全集编辑委员会：《中国青铜器全集》3，文物出版社，1997年，第22页）等一类纹样的主体突出而又馥彩满篇的华美效果。

商代青铜器，尤其是殷商青铜器纹样的发展中同时还存在着一个值得注意的现象，即纹样的主要面积从以主神纹样为主发展到以云雷纹为主。早商时期的青铜器主纹样居于显著的地位，即以神龙为主纹样辅以简单点缀的云雷纹。此时期青铜器纹样的覆盖不是全面积的，而是在重点部位，而且纹样较为简单粗糙。另外，云雷纹的覆盖面积较少，主神纹样占据着青铜器主要的面积，尤其是占据了青铜器的正面。晚商时期某些青铜器依然是这种风格，如商代晚期的亚弜鼎，主体是粗壮的兽面纹，主纹样密集攒簇，鼻、眼、角紧贴在一起，集中成面。而它的云雷纹所占面积较小，且明显处于次要的地位。与此同时，不少青铜器的主纹样与云雷纹的比例大致相当，甚至在相当数量的青铜礼器上，云雷纹所占据的面积远大于主纹样，"子韦爵"（中国青铜器全集编辑委员会：《中国青铜器全集》3，文物出版社，1997年，第27页）以及"彝方尊""史方尊"等，云雷纹已经超出主纹样所占的面积。此时的主纹样也不是一个兽面具象，而是被打散的状态，即兽面纹的整体性不复存在。青铜器主纹样被打散所透露出来的信息应该是主纹样的宗教的权威性和意味的降低，代之而起的是观赏性和娱乐性。如同古代希腊的宗教意识与享乐意识并存，商周社会也存在着两大思想倾向：一个是浓重的鬼神祭祀，另一个是强烈的现实享乐，商周大量的青铜礼器和大量的青铜酒器甚至酒器也成为礼器就是明证。两者之间本身是矛盾的，但是商周社会却将两者结合起来。晚商时期青铜器特别是青铜礼器以愉悦性的云雷纹为主体，表明人们的现实的享乐倾向的上升，同时也表明青铜器纹样由宗教的威严走向了世俗的狂欢，在狂欢背后，青铜器美的因素也悄然占据上风，青铜器主纹样被打散，云雷纹的秀雅占据主要地位，所表明的是狂欢和审美的意味的渐趋渐浓。

  基于以上的观点和推论，我们基本上能够对青铜器云雷纹的构成形成以下的结论：青铜器尤其是成熟时期的商周青铜器的云雷纹的线条间距基本上在一毫米左右，它和现代认知科学的视触统一下人的适宜值类为一毫米左右的结论基本上是暗合的。而这一暗合所基于的是人的脑内机制以及由此而返回的触觉状态。这一机制的主要调节区域应该在人的中脑，在这一区域中，人基于感觉形成了一个较为固定的、适宜于其自身的模式，这一模式接近康德的形式和皮亚杰的图式，所不同的是康德的形式是假设性的，而基于脑认知的感觉综合是实证性的。脑认知模式应该是人类对世界的认识，是人的世界观的根源。如果回到西方哲学的老话题上，人类认知的根源既不是自然外在世界，也不完全是先天赋予的，而是在脑认知基础上所形成的"中间物"，或者说是"中间图式"，这一"中间图式"是人

类与外界协调、平衡的结果,人们认识的不是外在对象,也不是天赋和心灵,而是已经构造好的处于脑中的"中间图式"。远古中国人正是依据人类的"中间图式"的适宜性通过返回并借助于触觉状态而创造出青铜器云雷纹样,云雷纹也正因此而具有人类的普遍性的愉悦感和审美感,这其中所依据的是人类普遍性的适宜性,正是这些线条中融入了人类普遍的适宜性,进而形成普遍图式,并在返回中在云雷纹上得以显现,中国古代青铜器尤其是商周青铜器因此而具有较浓的审美意蕴,其永恒魅力的原因之一即在于此。

四、纹样交替的意味性

云雷纹是对主纹样的装饰、修饰、衬托乃至于说明,它的修饰性是商周青铜器纹样中最强的,也是最能体现商周时期人的审美心理和一定意味的,考察商周青铜器的文化、审美意象,商周青铜器的云雷纹恐怕是无论如何也绕不过去的。如果有意无意地忽略这方面的内涵,则是考察商周青铜器文化意象、审美意象方面的一个缺憾,甚至是根本的缺憾。

与商周青铜器主纹样的粗壮雄厚相比,商周青铜器云雷纹的一个显著特征即是线条的细腻。从工艺上讲,云雷纹的细腻应该是当时最高的工艺水准的体现,这一水准在青铜器纹样方面几乎达到了顶峰。这一顶峰和令人赞叹的甲骨文细腻刻字相互辉映,共同体现出那个时代文化的辉煌和灿烂,这一青铜文化的高度是后人整体上难以企及的。商周青铜器主纹样所侧重的是雄壮,云雷纹所侧重的则是繁缛和秀雅,而这一繁缛和秀雅应是商周审美风尚的主要体现,或者是最高表现。一方面要衬托、烘托神的神圣,另一方面也是以其自身的美感来烘托,这一美感是基于人类本能性的适宜性和愉悦性。商周青铜器云雷纹的审美愉悦性与身体的一般快感相吻合,或者说既是调动了人类的本能快感同时又融入了特定的意味。

就其意味性上,与我们的考察相反的,数十年来商周青铜器纹样研究中的威严、恐怖、狞厉之象始终是主论调，甚至在初学者那里几乎成了定论。而事实是，商周青铜器繁缛的纹饰、精湛的工艺所体现出的是与身体的一般快感相吻合的审美愉悦性，或者在某些方面强化、美化了当时社会中占主导地位的祭祀的情怀，因而在这一美化的纹样和细腻的优美的基础上再谈商周青铜器纹样的"狞厉的美"就不大适合了。同时如果这一研究结论成立，如果纹样的意味性得到人们的肯定，商周青铜器的审美风格必将得到重新审视。殷人崇尚祭祀，对天敬仰，对人尚武，勇武、崇高应是当时殷人的一般社会心理，商周青铜器的粗壮和大器型是殷人尚武的具体表现。从青铜器主纹样的宽窄度、器形，特别某些极端的造型中，的确具有恐怖、狞厉的一面，李泽厚所概括的"狞厉"之美在某些方面是正确的，但同时也不甚全面。商周青铜器在具有恐怖、狞厉的同时，还有与身体图式适宜性相应的温和、秀雅的一面，青铜器主纹样具有宗教性的内涵，侧重于庄重和崇高；商周青铜器云雷纹本身的细腻秀雅、对主纹样的有效调节等，体现出商周青铜器审美风范的另一个重要的侧面，即是殷人的温情和雅致。商周青铜器既恢宏大度，又精秀雅致。整体上的神秘与威严是殷人天神观念以及盛世帝国的国运的体现；而云雷纹的精致细腻则是殷人先进工艺以及雅致的审美追求的呈现，同时其中包含有对俗世的某种认可，而对世俗情感的认可在某种程度上也是一种人文精神，后世认为商代社会只有神的崇拜而没有人文意味是不合适的表达，至少是不准确的。整体来看，商周青铜器，主要是殷商青铜器的纹样是具有一定的审美意味和意识内涵的纹样，是当时的昌盛的国势、文雅的气度以及国家意识形态的表现。从当时的社会心理、纹样的人类普遍感受等综合因素来看，殷商青铜器纹样所透露出的是当时盛世的辉煌、胸怀的博大和文明的灿烂，"辉煌大度"是商周青铜器，尤其是殷商青铜器纹样最为合适的风格概括。

殷商为当时强国之一，强盛时期辉煌的艺术、工艺仅仅用"狞厉"概括，从历史、社会和审美的角度来看均有失偏颇。殷商青铜器纹样的"狞厉的美"提出之后，曾得到学术界的广泛认同，如李泽厚、刘纲纪主编的《中国美学史》，陈炎主编的《中国审美文化史·先秦卷》，朱志荣著的《商代审美意识研究》，王朝闻、邓福兴主编的《中国美术史》等均将"狞厉的美"作为殷商审美意识的主要特征而加以肯定。但是这么一个概括是八十年代的研究结论，随着时代的变化，已经显出它的不足和偏颇，"狞厉的美"未能从内在的、完整的角度还原出殷商青铜器文化的真正特质，已经影响到了对商代审美文化的整体把握和进一步的探讨，进而影响对商代一系列的社会的思想意识的研究。这一影响表现在一方面认可商周青铜器文化的辉煌和灿烂，一方面又要极力贬低其意义和内涵，比如朱凤瀚《古代中国青铜器》一方面高度肯定了殷商青铜器的高超的工艺和极高的器物美感："殷代中期至西周早期……明显地与其他阶段相区别，皆表明了这一阶段纹饰类别的丰富。这是与此阶段为中国青铜器发展的第一个高峰的地位相符合的。自二里岗上层偏晚始，纹饰出现繁缛作风，至殷代中期更发展为以'三层花'为代表的繁丽、精细的风格，一直延续至西周早期。""纹样与造型相协调，相融合，从而增加了器物的美感""其主题纹饰完全服从于完善、美化鸟兽形象的需要，因此没有固定的格式，而是随造型而异，更充分地表现出青铜器造型与纹样完美的统一"，而另一方面则认可"饕餮纹的凶悍"。[1] 其他诸如陈炎《中国审美文化史·先秦卷》、朱志荣《商代审美意识研究》等多为如此。这些成为殷商文化研究的普遍结论和进一步研究的前提。之所以如此，在某种程度上应是受制于、受限于李泽厚的"狞厉"之美的观点，即是：从直观上看到了殷商青铜器折射出的文化的辉煌，而从观念的继承上，先入为主的"狞厉的美"的观点影响了人们对殷商青

---

[1] 朱凤瀚.《古代中国青铜器》[M].天津：南开大学出版社，1995年，第409-413页。

铜器的整体把握以及真正的审美的、文化的、意识的还原。

其实民国时期的研究者就有了较为切实的概括，郭沫若认为是"高古"："在这一时期中的器物最为高古，向来为古董家所重视，气制多凝重结实，绝无轻巧的倾向，也无取巧的用意。"[1]鲁迅则称之为"热烈"："鼎在周朝，恰如碗之在现代，我们的碗无不整年不洗之理，所以鼎在当时，一定是干干净净、金光灿然的，换了术语来说，就是它并不'肃穆'，倒是有些热烈。"[2]从郭沫若的研究和鲁迅的感悟中均看不出"狞厉"的色彩，倒是很具有正面的肯定，民国时期的研究并不深入，概括性的文化感悟并未形成一定的学术结论。当今的诸多研究者一方面承继了李泽厚的思路和观点，同时也有新的感悟和新的概括，朱凤瀚《古代中国青铜器》认为"纹样与造型相协调，相融合，从而增加了器物的美感"[3]，陈炎《中国审美文化史》称之为"厚重、富丽"，王朝闻、邓福星《中国美术史》认为"瑰丽、精严"，朱志荣《商代审美意识研究》称之为"神圣庄严"："龙纹同样是由多种动物的特征组合而成的虚幻的动物纹饰，它同样奇特、神秘，富有威严和力量。"[4]"厚重、富丽""瑰丽、精严""神圣庄严""富有威严和力量"等充满着溢美之词，也是对商周特别是殷商青铜器文化、审美意象的概括。在这一基础之上，结合着对殷商青铜器主纹样及云雷纹的分析，我们可以继续推论，殷商青铜器的文化意象不是"狞厉"而是雄厚大度。"商代后期青铜器虽然继续传承着陶器的某些造型特色，有如有的浑圆的腹部，丰满的袋足等，但已自成一家。它们更加厚重稳健，往往胎壁较厚，纹饰繁多，

---

[1] 郭沫若.《青铜时代·彝器形象学试探》[M].北京：科学出版社，1957年，第304页。
[2] 鲁迅.《鲁迅全集第六卷·题"未定"草六》[M].北京：人民文学出版社，1981年，第343页。
[3] 朱凤瀚.《古代中国青铜器》[M].天津：南开大学出版社，1995年，第413页。
[4] 朱志荣.《商代审美意识研究》[M].北京：人民出版社，2002年，第258页。

体积增大,繁缛夺目的纹饰常常使得投向青铜器的视线被分割、阻断,商代后期青铜器造型因此具有了鲜明的层次感……即使造型朴素,形体较小,质地的厚重,仍使得青铜器常常呈现出稳固庄严之事,人们发现这与祭祀场合的威严肃穆十分合拍。"[1] 殷商青铜器的"厚重"体现出其意象的"稳健""稳固"和"庄严",这一文化意象与青铜器的功用,即祭祀者内心的崇敬、仪式的庄严、场面的肃穆等也相一致,器形的宏大、金属的贵重、主纹样的粗壮厚重、云雷纹的繁缛和精美,这一切无不昭示着一个国家盛世,尤其是殷商鼎盛时期的雄厚的壮美之象。

殷商青铜器以厚重的外形及纹样体现出盛世之象,同时在更深一层的内涵上,体现出当时人们在人神沟通、交流之中的对宇宙的体认,即既有金属的金贵和"厚",又有精骛八极式的"大",王朝闻认为是"大壮之美":"在商代艺术中,体量的意义通过庄严的造型而得到充分的体现,大致建筑、小吃、工艺品多采取对称的造型,在制作过程中,不仅着眼于体积和重量,更善于通过体型比例的改变和细部结构的有意夸张一次,利用观赏者的错觉,是造型的体量感远远超过物体的实际体量,并扩展着它的感觉空间正大而天地之情可见也,体量之巨大和造型庄严的建筑干所体现的乃是天地之情。"[2] 朱志荣认为:"青铜器处处透出权力与地位意识,形制也不例外。庞大的鼎象征的浩瀚坚稳的王权,这表现在青铜器大为贵的价值尺度和审美趣尚中。"[3] 青铜器纹饰一般为三层,上中下均体现出一种超越的飞跃景象,这一景象体现出自下而上的超越和对宇宙世界的把握方式,这与商代音乐上《大濩》相互印证,体现出商代盛世的博大之象。殷商时

---

[1] 朱志荣.《商代审美意识研究》[M].北京:人民出版社,2002年,第239页。
[2] 王朝闻,邓福星.《中国美术史》(第二卷)[M].济南:齐鲁出版社2000年,第20页。
[3] 朱志荣.《商代审美意识研究》[M].北京:人民出版社,2002年,第240页。

期的青铜器造型和纹样是以国家的强盛、神的威严和王权的稳固等为前提的，或者说是以上这些条件所要求的，因而考察殷商时期的青铜器不得不与这些社会历史意识条件联系起来，其中尤其是对天神的祭祀、对先祖的追思之情，作为形而上学的一种思想境界，以返回性的具体的情景的方式，而不是以由低向高的直接超越的方式体现到青铜器的外形和青铜器的纹样之上。从返回性上来看殷商青铜器的器形和纹样具有了一定的形而上学的确定意义和内涵，这些意义和内涵都和政治批判意义上的狞厉之美似乎相去甚远。

通过对殷商青铜器纹样雄厚、大度的审美意象和通天敬祖意识的考察，一方面代替了"狞厉的美"对殷商文化的片面概括，同时所引发的是如何正确地看待殷商以及更大范围的商周文化的诸多问题，改变周以来对商文化的偏见，正确地认识、评价、概括商周文化。不仅仅是针对商周文化，对相当多的古代器物的遗存，通过返回性的触觉状态、触觉状态的情景性和意味性去研究，则不失为一个有益的尝试。

第四章
触觉状态的分割

作为返回性的具体的活动着的身体关系场和意识单元，触觉状态的内在构成是返回性的，它的外在展现则是将已经构成的东西表现到对象之上，形成内容的、形式的外向型外形性侵入，无论是历史还是当下，人们往往是一厢情愿地、理直气壮地将纯粹意识以有形的无形的方式侵入到所有的对象之上，甚至包括自身。当我们把握一个人造物或者人的选择物时，实际上是在把握自我的一部分，特别是自我身体直接触及的某些对象，于是触觉状态的返回和选择就是一种身体触觉方式上的意识侵入。由于侵入，人们部分地甚至完全地改变外在的陌生的对象，并将自我以一种公然又隐秘的返回方式置入其中，因此其外在的是固定的痕迹，内在的是人自身，而其具体的表现就是造型和分割。这一造型和分割不同于事物本身的自然分割，自然物本是自然的自在的，触觉状态的造型分割既不是自然的自在，也不是自然的感受性的触觉问题。不是自然的问题，它就是非客体的；不是自然的感受性的触觉的问题，那么它就是显现出来的意识的问题，是返回的身体扩展以及意识的置入性的产物。触觉状态的分割造型是一种意识的特别是作为意识手段侵入的结果，它既是向外的也是向内的。

第一节 触觉状态的"视觉化"

触觉状态意义上的触及是一种侵入活动，这一侵入是人的肉体的侵入，也是人的意识的侵入及其实现，即返回的意识、意义下的触及活动以及触及指向。任何触摸都是对对方的侵入，这其中包括了人对人的触摸，特别是男子对女人的主动性的触及，这些触及往往是最初的活动，同时也是某种禁忌和规则所禁止的，自然触觉的自身矛盾也就在这里。由于禁忌，触觉的侵入更具有某种反向的欲求，禁忌和侵入之间形成巨大的张力，而禁忌和侵入之间的张力除去内在的意识因素之外，还必然地留下这一张力活动的痕迹，这一痕迹是固定的、可感觉的、物化的，他人、器具，包括造型艺术即是这一痕迹的典型显现，这一显现既是在触觉状态的意义上的显现，同时因为意识的因素，特别是意识的返回性活动的因素，因而也是涉及任何感觉的，其中也必然包含着视觉的，这一视觉的因素不是西方纯自然意义上的自然感觉意义上的视觉，而是借助于返回的触觉状态的"视觉化"，是在意识活动的前提下具有身体、意识的意味的视觉，是触觉在触觉状态的意义上的延伸了的意识的视觉。

就我们的研究而言，"视觉化"主要是触觉状态的"视觉化"，当然这一"视觉化"就其根据而言也是科学性的，当我们使用它的时候，科学只是根据之一，意识的意义的显现才是主要的。所谓的"视觉化"是"触觉的形状、大小知觉同视觉的形状、大小知觉有着密切联系，特别突出的是触觉的信息常转换为视觉的，这个现象称作'视觉化'（Revesz, Worchel），它同人的视觉表象极其丰富、视觉在人的感觉中所占的重要地位是分不开的。当具有视觉的人只用触觉去知觉形状和大小时，除构成触觉形象以外，触觉信息还常常转化成比较鲜明的视觉形象，甚至触觉形象本身有时反而不甚清晰，但是这种视觉化对触觉空间知觉是有益的。它使触觉空间信息可以同丰富的视觉信息联系起来，得到更精细的加工，也可以说触觉信息因而得到触觉通道和视觉通道的双重加工"[1]。与之紧密相关的观点是肤/视先天联系，肤/视先天联系是美国心理学家托马斯 L. 贝纳特在总结了鲍沃的实验（Bower, 1971）的实验成果上提出的观点。他们"用投影器将影像呈现给婴儿，两只装有极化滤器的光投射器，每一只在屏幕的背面投射一个物体的影像。婴儿坐在屏幕前，通过使每一只眼只能看到一种影像的极化镜片来看双重影像。正常的双眼视觉过程是，两眼

---

[1] 郝葆源.《实验心理学》[M]. 北京：北京大学出版社，1983 年，第 296 页。

网膜映像联合起来使婴儿想到他们所看到的是映在屏幕上的、立体的、三度的物体……鲍沃的仪器造成了一种印象，在屏幕前有一物体存在，当婴儿尝试去抓这个物体，他们什么也抓不到。实验者在这连续的事态中观察婴儿的行为。如婴儿在看到这种物体的影像时，表现一种惊奇的反应，则可以肯定地假设婴儿希望去触摸所看到的东西……在鲍沃的一个实验中，年龄16周到24周的婴儿坐在屏幕前……将物体的影子或真的物体呈现给他们，物体的影子总是首先呈现。所有的婴儿在摸不到物体时，表现出明显的惊奇。相反，当将真实的物体放在婴儿面前时，他们就用手接触它，没有一个婴儿有惊奇的表现"。"这些结果支持这种观点：触/视联系不是学习得来的""触/视联系是与生俱来的"[1]。我们这里是重复引用，由此而得出的触/视密切关联乃至于触觉是视觉的内在根据的结论，是为触觉状态的论述中可能涉及视觉方面的内容做一个铺垫，以避免那些依然执着于亚里士多德的自然感觉观点的人们的近乎机械而又十分自信的质疑。在状态之中，触觉的因素和视觉的因素不可避免地同时存在、同时出现、交融一体，在个别方面视觉的因素可能还会占主导，因为触觉状态说到底是一个活动的意识的展现单元，它的展开是以触觉因素为主的，在"视觉化"和人们与生俱来的触/视联系的背景下有一定的视觉因素的参与，我们认为是可以接受的，毕竟我们不是研究纯粹触觉，而研究的是触觉为主的触觉状态的意识活动构成和展开状态。

　　触觉状态对他者尤其是他人的侵入首先是通过选择达到的，就是说，侵入是一种选择的结果，侵入的点和方式的确定，所造成一定的结果，并进而形成一连串的痕迹，并由痕迹形成传统造型，这些传统造型既是触觉型的，也是视觉型的。就是说，触觉的侵入，在返回状态下所达到的是触觉、

---

[1] [美]托马斯L.贝纳特.《感觉世界》[M].北京：科学出版社，1983年，第234-236页。

视觉的联合效果。一个玉石雕刻大师亲手所做的作品,到了欣赏者手里,除去部分直接接触者外,大多情况下是视觉的欣赏,尤其是当今光电传媒十分发达的网络社会,复制与图片在某种程度上替代了原作与直接接触,这也可以称之为另一个意义上的"视觉化",我们以"看"代替触摸行为,或者说,触摸行为和标准延展并融入了视觉之中。触觉的状态包容了所有以上这些因素,触觉视觉的混合看似不科学,这种不科学恰恰是在于西方自古而今的科学的不科学,当今的意识基本上是建立在西方的不科学的基础上,也就在这"不科学"的分类中诸种意味才得以建立并以意识的方式显现出来,感觉也同样如此。

触觉状态的"视觉化"的扩展关联着触觉状态侵入的动力问题。人们为什么要对外在物及他人侵入?这个或许涉及人类活动的根本性问题,人类活动的主要方面在于其扩展性,是对物以及对他人的不间断的、无休止的、无穷无尽的侵入,侵入的结果也就是我们所谓的文明的结果,无论是这个结果本身,还是它的动力,还是它的轨迹,都是文明的各个方面的展现,同时也是人类人性的根本性的展现。人类不断地向外侵入的动力所依据的就是人类自身,是人类身体的内在性的展现,这一内在性有西方传统的自然类的、弗洛伊德称之为的潜意识、尼采称之为的酒神精神等,其中有自然的原因,也有身体的原因,更主要的是返回的原因,如果我们就此追问下去,所追寻到的即是其终极意义,即全部身体的展现是一种形而上学境界的显现,对对象而言则是形而上学意味上的侵入,返回的根源的形而上学既是原因又是动力。

第二节 人对人的分割

我们把触觉状态的侵入分为两个方面,一个是对人的侵入,另一个

方面是对物的侵入。我们首先考察人对他人的触觉侵入尤其是异性之间的侵入。

人对人的侵入情况极为复杂，或者说人性有多复杂，具体的侵入行为就有多繁杂。人对人的侵入是基于自身的快乐原则，对他人尤其是对异性的身体的碰触、抚摸、挤压甚至是伤害，侵入是一个现实行为，或者是行为的现实化。这一现实化的行为，无论是爱的意义上的碰触、抚摸，还是恨的意义上的肉体伤害，就其范围来讲都是一种分割行为。人的手掌面积有限，它对人体的碰触总是局部的，即便是综合上视觉，其局部的特质依然不会改变。局部的触摸分割集中在个别身体部位，比如男女夫妻之间的相互触摸——当然主要是丈夫主动性的对妻子的触摸——主要集中在身体的几个特定部位，触摸所依据的生命快乐原则决定了触摸的特定位置，以至于这些特定的部位在一种强化的态度下竟然可以取代整个对方。比如一个整体的女子在触摸分割之下只剩下了个别生理部位，而这个女子的整体性几乎丧失殆尽，遑论其情感、思想和人格了。当今人的主体自我的增强，触摸的外在扩展随之强化，这些强化的痕迹即是当今的世俗的传媒。

对人的侵入同时引发的是对侵入的阻止，即通过规则性的禁忌进行反触及。与人对人的侵入不同的是，人对外物的侵入是单方向的，外物有所阻止然而只是被动性的阻止，而人的阻止却是主动而强烈的，人们触摸分割的部位，大多带有触觉的、躯体的、性的信息。这些具有侵略性的触摸外向展现及其现实化，相应地出现了触觉禁忌，在禁忌的基础上形成了人类特有的阻挡和遮掩，因此人们通过衣物把容易被触及的部位遮掩起来、包裹起来。但是包裹的阻挡在一定程度上又刺激了触摸的欲望，并结合视线进行复合型的侵入。视线本是人的各种信息特别是身体信息的自由交流和传递，人不能随意触摸外在对象，特别是他人，但人却可以比较随意地看对象、看他人。社会视觉禁忌是有一定的规则性限度，但触及对象的愿望却由于本能的驱使而难以完全压制，这一压制不住的欲望在触觉化了的视觉那里找到了发泄口。科学的调查显示，人们的目光，特别是男子的目光，大多投向异性的肩、胸、腹、脸部位，即异性的性特征之处。女子的目光虽然没有男子那么明显，但对男子的形体的坚强的力度的感受却是普遍的，最新的一些心理学、社会学研究成果也揭示了女子目光不自觉、无意识地对男子肩部及性部位的投射。视线的部位投射往往体现为对他人、对异性的整体人格的忽视以及对躯体局部的看重，而对局部的过于看重则造成对他人、对异性躯体的割裂和分割，就是说，一方面的强化导致的是其他部分乃至全部的弱化。

与人们对外物的侵入相比，人对人的分割更为活跃，更为多样，更具有情景性和状态性，人类生存状态的复杂性以及相应而生的文明的多样性固然有多种成因，其中一个重要的方面，即是与触觉状态的情景性和这一情景的视觉化密不可分。唯其活泼的、多变的乃至于转瞬即逝的，人们也试图将之固定化，这些痕迹的固定即是表现在摄影和服装中。

一、对他人的分割与服装分割

我们之所以把服装列入对分割分析的对象之一，主要是由于服装的关联的多样性。首先，它关联着人体，对服装的分割实质上是人对人的分割，是人基于自身的尤其是触觉状态而对他人人体的一种态度和方式。其次，就服装本身，它是一种质料，是依据穿着者和观看者的要求而重新改变、重新创造的质料。再次，它是活动的、情景式的独立单元，具有较浓的实践因素。最后，服装具有一定的社会心理和社会意识因素。就触觉状态的分析角度方面来说，服装是最佳的也是具有讨论空间的一个对象，它满足了触觉状态所有的要素和所有的关系，实质上，服装分析透彻了，触觉状态的某些内在的方面也就被揭示出来了。

罗兰·巴特是从他的结构主义符号学关注服装的，同时也是对他人的身体的关注，服装的分析是罗兰·巴特符号学的一部分，身体—符号—意蕴是罗兰·巴特的主要分析线索和思路，罗兰·巴特是结构主义符号学家，也是解构主义者，而解构所依据的即是身体—符号—意蕴的两端即身体的碎片化的意蕴，也就是说，罗兰·巴特符号学的进一步扩展导致的是符号学的解构，而不扩展符号学本身也就死亡了，无论是发展还是不发展，罗兰·巴特都面临着一个十分尴尬的境地，相比之下，发展终究强似不发展，毕竟罗兰·巴特否定自己，扩展的是思想的领域。扩展了的罗兰·巴特在一定意义上是在情景的、状态的单元内研究的，他对时尚杂志封面的黑人法国士兵的分析即是典型的一例，虽然罗兰·巴特还没有明确地意识到。

从触觉状态分析服装，特别是服装的分割和造型，在一定意义上既符合触觉状态的特性，也符合服装的特性，毕竟，服装的造型主要的依据手段是服装的分割。服装有其自身特有的分割法则和规律，它的分割大致可以分为功能性的和欲望性的，功能性分割主要是关乎人自身的，是基于自身的生命生存需要而进行的分割，比如躯干、四肢、脖子等。欲望性分割则主要是来自他人的触摸和视线。人体本是一个整体，人对人的身体本身就是带着诸多的态度和角度来对待的，人对人的碰触的选择性而使眼光随之具有一定的选择性。这一选择性并不因为服装的遮掩而消失，某些方面则是对这一所谓的整体的破坏，以及对这一破坏的强化和再建构。一般情况下，他者意义上的人体往往被分解为各个相对独立的部分，如他者的脸部、脖颈、手臂、胸部、腹部、臀部、腿部等，这些对他者碰触侵入概率较高的区域，同时也是服饰所着重表现、烘托的部位。女装的领子部分是对女子脸部和胸部的突出、凸显，即将这一部分与身体的其他部分分割开来，比如圆领对脸部的烘托强调多一些，Ｖ字领尤其是女礼服的大Ｖ字花领对脸部、胸部的强调；露脐装对腰部的裸露、分割表现；裙子对腿部的展现性分割表现等。其中迷你裙和旗袍是对腿部分割的极端，旗袍侧重于女子腿部侧面的动态表现，迷你裙则造成大部分腿部的分割式的裸露，这一裸露导引人们的视线并由裙边有意识地突然将之斩断，这一有意识的突然阻挡、中断视线，所形成的是较为强烈的视觉跌宕，并在跌宕中形成突变和期待的审美效果。

  对人体覆盖物的装饰自其行使其功能之时就已经开始了，这样的装饰除去原始宗教等因素外，单就服装本身来说，即是对特定部位的装饰，进而形成服装分割。人体本身凸凹有致，这些能够引发较多的身体触觉感受的凸凹部分，最能成为服装表现的集中点。在神学时代，为避开人对人的身体意味的诱惑，服装的整体性成为当时的主要体现形式，即服装主要是上下一贯，这样的服装就其意图来讲是避免人体部分的突出，分割也就成了次要的，当然也保留了一定的必需的功能性分割。神学结束后的古典时代，人的肉体也就逐步显露，基于人体的服装本身的分割也就被重视起来，如公主线的人体分割，X型的服装造型等，即是借助于面料对人体的有限的分割和突出，这样的分割加之多样的工业面料和独特丰富的服饰语言，服装分割显得十分精微、细致，具有较高的审美手段和乐而不淫的含蓄的审美效果。

  凡是人的触摸和视线的集中部位即是人对他人侵入的部位，也是服装的装饰重点，同时也是分割的重点部位和重点装饰部位。人类躯体被衣物缠绕包裹之后，人对他人身体的分裂式的侵入依然没有停止，相反在某种程度上更为强化，这一强化了的侵入转化为服装分割，借助于服装装饰，尤其是重点部位的装饰完成对他人身躯的分割，或者说，服装装饰就是对他人侵入分割的遗留的痕迹。人们通常从外在的根据来寻求服装的分割准则，特别是利用所谓的自然法则来比附，这其中黄金分割就是作为科学的准则运用到造型分割特别是服装分割上,事实上,所谓的法则和规律,常常被人理解为外在的客观规律,就其根本上是依据人体对自身的、对他人身体的特定要求,并由此而形成的特定的共识,因其为共识,往往被人误解为外在的规则,所谓的客观法则诸如黄金分割不过是主体的感觉的固定化,是触觉的、视觉的、状态的痕迹的遗留。

二、对他人的分割与人格拆解

触觉状态以及状态的"视觉化"对他人的分割关联着人自身及他人的身份认定问题以及人的交流价值问题,这些问题自古而今皆有,但是在现代、后现代状况下日益凸显,或者说,由于身体因素的强化,身体的对象诸因素也随之加强,古典意义上的某种和谐被打破,一个后现代意义上的破碎的身体观随之出现。

首先,分割形成对他人的整体的破坏,对局部的反复渲染而忽视整个人体乃至于他人的人格。分割具有选择性的,而一旦具有选择,整体便会被忽略,甚至整体就不再存在。碰触必然是局部的,碰触的痕迹也是局部的,而这一局部在现代主体性、反主体的背景下逐步被放大,乃至于到了极端的地步。现代流行艺术即是这一放大的痕迹,所谓的对象只是人的欲望的痕迹,而借助于艺术而展现。这一欲望的典型为男子的碰触行为和视线投射。女子的视觉内容比较容易转化为一定的触觉感受[1],同时具有较强的信息搜集,男子则更侧重于触觉感受,更多地偏重于异性的外在的、皮肤躯体的、性的信息因素,所容易忽视的则是对方的性格、意图、目的等信息性因素,即男子极易通过触觉感受及触觉的视觉化而对女子躯体的肢解和分割。男性的触觉感受、欲望的视觉化对异性躯体的肢解、分割,

---

[1] [英]霭里士.《性心理学》[M].北京:商务印书馆,1997年,第87页。

并以局部代替其整体，这是一般的现实状况，这一状况借助于文艺作品，特别是在绘画、摄影、影视作品中得到更多的强调，于是这些现象就成了"被男眼分割的女人体"，女人体通过"写实主义的片断性"描绘而被片面化、局部化。日本女摄影家笠原美智子认为局部化和片断性是"人们开始框取躯体的局部形态，强调躯体的某一部分以作片断性描绘"。[1]在男子触觉权力的局部化和片断性的分割中，作为整体的平等的具体的活的人的女子已荡然无存。

男女的性差别造成触觉及视线分割的不平等，男子的触觉及视觉权力使其成为男女关系的主动者，这一关系中，男子对女子的分割所形成的几乎是固定性的现象即是对他人尤其是对女子的匿名分割，这种匿名分割几乎是常态性的固定化了的。女子之于男子在一定程度上仅仅是一块块分离了的皮肤或者是一定的衣物掩饰的部位。"在以追求艺术为目的的绘画主义摄影中，从女性被描绘的方式中可以发现一个近乎惊人的共同点。……描绘方也好，欣赏方也罢，他们从一开始就不在乎被描绘的女子究竟是什么人。"[2]在这样的触觉权力的观看中，女子失去名字，同时也就意味着失去了一个人内在的、精神的方面的内涵，失去了作为整体的人的存在。"对人体进行所谓的片断化和抽象化，也就是从人体中撕掉人格，完全将它当作被动的物品=素材来处理。"[3]女子被肢解、剥离为一片皮肤、局部器官乃至于供他人观赏的没有精神的躯壳。

---

[1] [日]笠原美智子.《招摇——另类人体宣言》[M].北京：华夏出版社，2004年，第129-130页。

[2] [日]笠原美智子.《招摇——另类人体宣言》[M].北京：华夏出版社，2004年，第128-129页。

[3] [日]笠原美智子.《招摇——另类人体宣言》[M].北京：华夏出版社，2004年，第131页。

在对男子触觉权力的默认、固化的同时，所出现的则是对这一分割的顺从和迎合，这里主要指的是女子一方面拒斥男性触觉权力，另一方面是在长期的权力约束下女子的顺从、迎合并进而从中得到某种程度上的快感。男子触觉权力的力量的强大，以至于女子在顺从和迎合的同时形成了自觉。"女为悦己者容"，自古而今女子拿出自己的皮肤、躯体迎合男子的要求。女子追求皮肤、形体所符合的是男子的触觉的躯体的标准和规范，进而以男子的标准为自己的标准，以自己的局部换来整体自我的确认，由此固定成为自我确认的准则。这是一种畸形的自我确认和畸形的自恋，所谓的女性的自我欣赏和自恋，只是变相地表达了男子的权力和权威。这里是两个潜在的自我的相恋，是触觉权力压抑而通过无意识的方式演变为自觉的一个自我对另一个真实自我的爱恋，而不是从真正的自我出发对自我的肯定和欣赏。女子的顺从和迎合的一个表现是女子裸露和紧身，裸露和紧身者未必不知道自己的躯体尤其是特征性部位的形状显著地突出于男子面前，她们有意识地顺从男子的标准，有意追求且引以为豪。特别是紧身再加上部分的裸露，既符合了一定的社会道德规范，同时又强调了视线中的触觉感受的意味。因此紧身是安全的情况下的裸露，合乎规则地迎合、吸引男子的目光，强化人的触觉的视觉化，在表面得到男性的视线认可的自恋中，最终所强调的是男子的权力和视角。女子的自我装扮即是女子自身身体的"战场"，也是男女包含了欲望和规则的共同的"战场"。

视线的分割与迎合同样发生在女子对男子的观看中，只是程度较弱，表现较隐秘，如此，那么每个人都处在通过触觉分割他人而自身也被他人分割之中。在后现代风潮尤甚的情况下，这一分割关联到人的身份、人格乃至于思想的维度的问题，人人均在肢解之中，在肢解中将他人毁灭，同时自我也难以生存，肢解毁灭了古典以来的人性固有的价值，将人降低到现实欲望以及现实欲望的满足的层次上，由此建构的文化模式的价值度尚待思考。分割导致碎片化，碎片化所能够带来的只是有限的潜在满足，后现代艺术的极端分割则是碎片化的时代的暂时填补。分割的极端化，是人类自轴心时代以来文明衰落至低谷的现实表现，是一种无可弥补的情况下的欲望性填补。

第三节　器物的造型分割

如果说整个生物界都是持续的对外侵入，而人类侵入的范围和程度则是既广且高的。各个生物物种均有各物种本身的限制性，而人则由于思想的意识而使侵入变得更为广泛，它的侵入深度也达到前所未有。就是说世界就在其全部意义上均在人的侵入范围之中，中国道禅哲学和西方本体哲学则是这一侵入的哲学支撑。

侵入就广义而言是全面的，但侵入的行为往往是意识的、具体的、返回状态上的感觉的活动。在这一意义上的具体感觉尤其是具体情境的感觉，是一种意识保持状态，或者说是意识的显现状态。每一个这样的感觉背后都有庞大的意识背景的支撑，感觉不是一个自然的被动的感受而是一个个庞大复杂的感觉系统，其表现如同海明威的"冰山原则"，露出海面的冰山虽然只是一角，而更庞大的意识系统则存在于水下。当一个年轻的男子终于鼓足勇气，下定决心去碰触心仪的女孩的手的时候，这个碰触的背后就隐藏着许多的犹豫、矛盾、挣扎、期盼、恐惧和不安，以及获准碰触之后的狂喜与甜蜜。一个母亲温柔地怀抱着自己的婴儿，这一温柔的动作里包蕴着无限的柔情、自豪以及美好的向往。人们对待一个器物、一个自然物也是同样。一个老匠人长久地酝酿，然后付诸材料，最终雕刻一个符合自己预期的作品，在工作的过程中以及此后打磨的时候，他的皮肤感受到的那种光滑和圆润以及触觉阻力的快感，与他的构思交织在一起形成不尽

的自我愉悦感。我们看到的一个普通的工具和器物,它的背后却是一个匠人的数年甚至是终生的心血、感情以及意识化了的返回的触觉感受。

  与人对人的触觉及视线分割不同,人对器物的侵入分割既显得十分直观,同时又极为隐秘。我们这里称之为直观,它不是一个直接性的接触或者观看,同时又是一种直接接触和观看,这一直观类似于显现的同时的不显现。直观不是一个直接性的接触或者观看同时又是一种直接接触和观看,自然主义者必定迷惑又费解,在他们看来,物象即是物象本身,人们触及的就是一种事物,或者事物触及了我,他们实在难以理解为什么一个直观的物象是一个人的侵入活动和侵入痕迹,尤其是意识的侵入痕迹。事实上我们直观一个器物时,关键在于我们的直观,一个器物指向于我们自身,我们自身的最高点是关于我们的概念和意识,这一概念和意识以隐秘的方式存在于物象背后,特别是造型意味的工艺品、艺术品。一个器物非为简单的手或者身体其他部分的简单接触,它是思想意识侵入的一个结果,而且是极为典型的侵入的结果,这一结果就是工艺品、艺术品。艺术品的独立性本身即是一个系统,这一系统的形成根源是隐藏于其后的活的、状态性的意识系统。

  触觉状态的活动对物的侵入基本上表现在造型,而造型主要是在器物的表面和边缘。表面从另外一个角度也是一种边缘,因此它们实质上是一个问题。边缘线也就是触及对象的界线,触及动作总是发生在界线上的。界线是自己区别于其他的限定,界线即是分割。触及也是一种分割,它往往为触觉和视觉分别所把握,或者是两者的重叠性把握,或者是各有侧重点的把握。分割在某些方面与交替有一点的共同性,它也是一种触觉的手段的意识性的运用,但是分割又不是交替,交替有对比的对象,而分割是一种独立的运用手段。触觉状态的分割具有一定的力度和力度范围,由于力度的运用,才有一定的深浅高低。有了力度范围,才有了分割和手的运动的关系，手的运动幅度决定了分割的范围、长度和一定的节律，决定了单个手指运动和手掌运动，因而出现了间隔、力度、范围等各自不同的分割形态。因此相比于触觉状态的交替，分割相对更为丰富。王朝闻将我国原始陶器装饰主要手法归结为以下几个方面：

粗面：保持手制过程中的粗糙表面或用手拍平磨光；

缠戳：用绳或编织物缠压器表产生绳纹、编织纹或以指甲、木棒等物戳出纹样来；

刻画：以木棒、骨锥及其他硬质材料的尖锋刻画表面，产生图案或纹样；

剔刻：将器表不同部分分别拉毛磨光或剔雕，造成凹凸不平或明暗有致的纹样；

镂空：将器壁的某些部分刻透，造成各种透孔的图案；

印压：用木模与陶拍印压器物表面，形成规则整齐的纹饰；

压磨：用石块压磨器表使其紧密光滑；

施衣：以细陶土或其他原料制浆涂刷于器表，烧成后呈红、棕、白等色，称之为陶衣；

彩绘：用特殊原料在陶坯上绘出纹饰，然后焙烧而成为彩陶器物；或者用颜料在烧成的陶器上刻出纹饰，是为彩绘陶器；

镶贴：用泥条或泥丸等镶贴器表，形成各种凸起装饰；

堆塑：将器物附属部分如足、柄、耳、系、流等部位做加固或特定的造型处理；

拟形：将器物局部或全部以模仿手法做成人或动植物以及其他物体形象。[1]

---

[1] 王朝闻主编.《中国美术史》（第一卷）[M].济南：齐鲁书社，2000年，第96页。

原始器物由于多为实用器物且由于制造工具的不发达，基本上为手工制作，手的感觉以及手的标准，自然体现在制作的器物上。在制作中，器物是以整体三维空间展现在手的面前，对器物的具体的三维处理，远大于对器物的平面的、线条的处理，那么器物的分割则以触觉的块形分割为主，由此而来的制作方法和评判的准则也以触觉为主，于是触觉的面的、块形的分割也就成为原始器物分割的一个重要方面和尺度。王朝闻先生所总结的缠戳、刻画、剔刻、镂空、印压、压磨、镶贴、堆塑、拟形等手法的丰富所体现的是触觉状态的多样、复杂，以及多样复杂背后存在的人的触觉的、身体的尺度，同时也是手的具体活动的固定化和痕迹化，这些固定与痕迹的传承成了一个民族文化乃至人类文化的造型分割方面的传统。

触觉状态的分割基本上分为：形、面、线的分割；规则分割和不规则分割；简单规则分割和复杂规则分割；触觉的力度的凸出与凹进的分割；深浅分割；触觉面与视觉面的分割等。我们将之分为线状分割、片状分割、条状分割、立体状分割。与其他的形式分析不同的是，我们不仅将分割作为一般的纯粹的形式方法，同时，也是最主要的，是把分割作为返回意识的表达的方式。

一、线状分割

线状分割是通过凹进的或凸起的线将一个平整的面分成几个区域，或者分割成相应的形状，通过这些凹进的或凸起的线，可以打破一个面的单调或者使立体有一定的节律、节奏和触觉上的变化感。图11的良渚文化出土的黑陶豆底座手柄部分，用纹样刻画出四个圆环，就实用方面来讲可以增加阻力，增加手的可触感。这些圆环对手持部分直至底座部分的面起着调节作用，四个圆与豆的最上部分的圆边相互呼应，由上部的边缘的大圆到手柄处的四个小圆，再延展到底座的中圆。整个黑陶豆的造型就是由这几个圆的分割以及相互呼应而成的,从黑陶豆的整体上来看,既有它的庄重、稳重,同时也有它的变化而具有一定的活泼感。

图 11

图 12

图 12 是新石器时代的黑陶杯亦是如此。如果换成别的质地的杯子,人们不一定会认为这是史前时代的器物。这个黑陶杯的造型非常具有现代性,主体被三组凹线分割,每组各有三条细线,三组凹线将素面、单调的杯子的表面分割为四个部分。底部一组凹线和手柄的下部、底部结合,增加了杯子底部的坚实感,上面一组凹线与杯子把手的上半部分结合,中间一组凹线使上下两部分均分开来,分割之后的杯子的造型和线条简洁大方,细线部分与面的部分相互协调映衬,整体造型具有很强的现代感。"弦纹鼎"(中国青铜器全集编辑委员会:《中国青铜器全集》1,文物出版社,1997年,第 24 页)为凸起的线纹,顾名思义,弦纹鼎是以弦纹作为主要装饰的爵,在鼎的腹部有三条阳纹纹样,由此而对无纹饰的鼎的主体腹部进行触觉的、视觉的分割与调节,同时三条弦纹以圆的方式强化了弦纹鼎向两侧的伸展,具有视觉的变化、张力和稳固。

线状分割所强调的是器物的光滑的面和细小的单线或者一组线之间的分离、映衬和协调。线分割出的面基本上是光滑的，触觉阻力相对比较小。分割线尤其是细线，略有一定的触觉阻力，因其细小，为了强加大触觉的阻力，就增为两条线或者三条线，组成一组，组合起来的线形成基本对等的分割，无论是面积的量还是触觉的值，之间的差距都不是很大。面积的协调和触觉值的接近是造成线状分割整体和谐的主要原因。

二、片状分割

片状分割在某种程度上是面与面的结合，与其他分割形式相比，片状分割具有很强的自然性，片状某种程度上是对自然物的接近或者是模仿。如雕塑《小儿戏瓜》是在南瓜基本造型上突出、夸张了南瓜的瓜瓣，形成一个一个半独立性的突出片状，南瓜的造型基本上是依据事物本身的自然的形状，某种程度上加以适当的夸张，如此造型从表现上讲可能是突破南瓜造型分割的平实和整体的笨重，自然形态的南瓜会有一些分割线，微微的阴纹也不甚十分抢眼，但是到了《小儿戏瓜》，阴纹线就相对变深，瓜瓣外凸，并在光线的作用下形成明显的高光，图形分割的意味也就更强。同时借助小儿和动物使得南瓜的造型形体更为夸张，夸张之下加上外凸与高光，把触觉意义上的饱满表现出来，也就有了相对的触觉满足感和愉悦感。这些突出夸张的瓜瓣一方面是具体的形象表达，同时也有很强的生命意义上的节奏和节律性，这一节律就是身体的、触觉的，也是处在状态中的活的生命的节奏，它体现出触觉分割的出发点和基础点：所有分割均是基于触觉的有限力度，即触摸的动力、触摸的长度，就是说，人只能摸到一定的范围和限度，在这一限度内，所形成的触觉分割的距离，这样的发力的表达如同书法线条的胳膊和腕力的发力，只是一个一个的手指力量上的短距。

在诸种分割方式中，片状分割在某些方面是一种冒险，片状具有较强的厚重、饱满和一定的冲击力，它体现生命的丰盈和波动，同时也只是如此而容易引起厚重和笨拙之感。如古代埃及祭祀用的黄金碗（邹文：《中国工艺美术经典》，人民美术出版社，2000年，第41页），是由六个大的花瓣状组合而成，器形显得饱满而丰足，同时在饱满之中又有一定的细腻优雅的欠缺。因其为祭祀用的器具，在相当程度上具有颂神的意味，因此基调上的饱满、丰盈、具足与器具的功能包括使用中周边的环境融为一体，可以促使人们呼应上苍的全部精神和全部力量，在如此的活动中引发应有的崇高感。另一方面，由于器形由六个大的花瓣状组合而丰厚有余，因此就通过面的刻画进行一定的调节，形成一定的节律变化，这一节律变化在一定的光影的对比中造成有起有伏、明暗相间的效果。器具是人们的无声语言，也是状态的意味性表现，唯有回到状态中，意义的东西才能显示出来。

三、条状分割

条状分割，其分割面小于片状分割而大于线状分割，正是因为是条形形状，它的人造的、人为的因素与片状分割相比要浓一些，片状分割的面具有较强的仿生的因素而条形形状则相对弱些。因此条状的风格介乎于线条分割的抽象与片状分割的自然模仿之间，兼具有线条的抽象性，也具有实物性的块状、片状分割的仿生性。线状分割偏于细弱、秀雅，而片状分割过于粗壮而易流于野，正是由于它的自然性太强而难以形成更多的造型。条状分割抛弃了两者的缺陷，以一种既抽象也不纤细、有力也不粗野的风格作为造型、分割的手段。条形分割与线状分割和片状分割相比，具有较强的综合性和中间色彩，因而运用也最为广泛，其表现也更为丰富。

条状分割的风格既雄壮且又古拙，之所以如此，与它大多用于远古时期的器物有一定的关系。远古的器物大多造型厚重笨重，条状分割也与之相互呼应，与器物的整体风格保持着一致，这里可能是由于工艺的因素，也可能是文化心理的要求，远古许多的器物为祭祀器具，作为祭祀器具，就应保持庄严的格调，而庄严的最佳造型表现即是厚重，如果是纤细的线条，在表现力度上就会大打折扣，与远古人的图腾崇拜的心理也不甚相符，远古祭祀器物的造型强调的是崇高，通过器物而达到"神人以和"的壮美的审美意识，所有这些因素和要求聚集一起，能够达到这一要求的合适的手段即是条状构成，这也是为什么商周青铜器的主纹样也是条状的。就是说，触觉状态意义上的条状分割不唯是一个纯粹的手段和工艺的问题，而是与意识融通之后的意蕴单元的要求问题，也只是在这样的图腾崇拜的前提下，也就是在这样的条状构成的工艺基础上，相关的意识、思想、情感才能够借助于这样的条状而得以表现。让我们看几个相关的事例。

藏于上海博物馆的崧泽文化的"绞索纹彩绘陶豆"（王朝闻主编：《中国美术史》，北京师范大学出版社，2011年，第258页），彩绘陶豆可以分为上部实用、中部手持部分和底部底座部分，上部近似一个直筒略鼓的圆体，圆体的上边缘和下边缘相对凸出，上下边缘之间是直筒的彩绘。直筒的上下边缘的凸出，是对整个直筒的直边的调节，使之触觉上产生变化，加之彩绘而形成视觉上的交织。彩绘陶豆的中部手持部分的凸起的圆和直筒的边缘相呼应，同时与圆的底座构成一个整体。"绞索纹彩绘陶豆"既然是彩陶，日常实用的可能性不大，很大的可能是作为祭祀使用的，于是整个器物显得朴素、庄重，与之相应的是触觉条状也是宽窄合适，手段上的宽与器物的庄严相得益彰。马家窑文化的"折纹彩陶壶"（王朝闻主编：《中国美术史》第一卷，北京师范大学出版社，2011年，第206页），壶口边缘是卷折起来的，既有一种触觉的变化，又使边缘显得较为厚重，有一种坚实耐磨之感。

颈部与底部的两组圆圈明显是依照壶口的边缘的缘线而进行的分割，

是壶口边缘的模仿和线条上的放大。从这里也能看得出，即便是视觉意义上的线状、条状分割在某些方面也是基于、参照触觉的分割而成的。在实物模仿性的造型中，块形占据主要的地位。线条的抽象性在当时并没有充分发展开来，或是受工具的限制，或者是受到意识的适应性的影响，或者两者兼而有之。原始器物中线条并不是造型的主体，这也为我们提供一个可以作出结论的根据，由于具体的写实倾向，块形的造型为主而使得手的触摸成为主要的造型手段和标准。在这一基础之上，而后才有一定的线条的装饰。

青海出土的齐家文化"鸮面陶罐"（王朝闻主编：《中国美术史》第一卷，北京师范大学出版社，2011年，第339页），陶罐的造型以条状纹样的堆积拼接为主，通过手压、嵌贴、堆积而成粗糙的条形并组合成较为具体的形象，比如鸮面。这一组陶罐的共同特征，是它的分割线的组合方式、宽窄度等大致是一致的，就是说是用制作者的手指将陶泥一点儿一点儿累积连接而成的，起初是用手指堆成的一个一个的方状体，然后联合形成条状，它的宽度大概与手指指面的宽度相当。在某些陶器上还能够看得到手指按压、挤压的痕迹。这一条状的宽窄度与商周青铜器主纹样的宽窄度基本相近，反过来可以印证商周青铜器主纹样的宽度与人的手指指面的关系。由此也可以看出，这一抽象的条状装饰构成的基本要素是基于手的感觉、在触觉的状态中以手指为标准，在仿生的造型形成一种当时共同认可的协调感和美感。

齐家文化的条状纹样的分割还停留在原始的粗糙的简单分割层面上，之后其他的分割相对更加规整、更加抽象，其中的美感因素也就更为丰富。仰韶文化"鸟头陶塑"（王朝闻主编：《中国美术史》第一卷，北京师范大学出版社，2011年，第331页）造型中鸟的脖子是一叠一叠的圆环，这些圆环一方面应该表现的是鸟脖子的肉折，同时也是更加规整的、齐一的、抽象的形式表现，同时就其实用性的触觉而言也增加了手的摩擦力以加强其把握。就目测而言，这些圆环造型的宽窄度应该与人的手指有一定的联系，至少在圆环的凹陷部分，也可以猜测制作者的手指在陶器制作中起到一定的作用。如果这一猜测能够进一步被证实，那么这一陶器制作的直接工具和衡量标准以及其中的视觉愉悦感的成因也就能明了。

早期的条块分割无论是材料还是方式都较为简单粗陋，就中国工艺器物发展的方面来看，进入夏商周三代之后条块的分割变化逐渐多样，表现力也更为丰富，如商代青铜器"车簋"（中国青铜器全集编辑委员会：《中国青铜器全集》2，文物出版社，1997年，第94页）的主体是以竖条线为主的纹样，器物的底部和上部有被简化了的商周主纹样的正面侧面结合图。到现在为止，我们并不清楚这些竖条纹样的具体内蕴如何，它指代的是什么，为什么以这些条纹为主反而商周青铜器主纹样被安排在相对次要的位置，或者说，主要强调单纯的基于触觉感受的条形的抽象形式的美，或许更进一步的推论，这是对当时那个年代而言就已经是十分原始的远古纹样、造型的记忆和回顾，并且在当时的人的身体感觉适宜性的前提下，进而要求的整齐划一的纯形式的美感，如果后者的推想得以成立，那么商周时期的人们在崇拜神灵的同时也在认可人自身的感官感觉，人的标准和神的崇敬是并存的。

四、直棱纹的分割

一般的条形分割大致保持在写实和抽象两种形态上，除去画面变化之外，其他的意蕴性的因素并不明显，在返回性的触觉状态上，即便是一般器具的线条也是有意味的，何况特殊的器具和特殊的装饰。因此我们就选取直棱纹作为考察对象，以分析特殊器具诸如祭祀器物上的线条的意味性，这些线条一方面与祭祀相连，一方面又与器具的制造者的身体衡量相连，同时还关联着祭祀观看和祭祀活动。在这一类的条形纹样中我们选取了商周青铜器上的直棱纹作为分析对象，商周青铜器直棱纹的特殊之处在于，它不仅是写实的而且是抽象的，更是多样象征的。这些意味性的分析关联着商周青铜器直棱纹的分割造型的某些特性，另一方面也基于这样的造型探寻直棱纹的称谓、意义和内涵，特别是与返回性的触觉的单元要素结合性的隐而不表的意味。

第一，直棱纹的称谓。

直棱纹的称谓比较复杂，除"直棱纹"外，还有"直条纹""竖棱纹""直条沟纹""竖条纹""直线纹""竖道纹""扉棱""沟纹""蓖纹"等称谓，从称谓的纷乱就可以看出直棱纹的研究还是很不充分的，至少还停留在各说各的状态。直棱纹称谓的复杂表现出它至今为止还没有基本的共识，人们的称谓也只是随意的，根据它的形状给它一个简单的直观的称呼。从直棱纹称谓的杂乱和简单的直观方面来看，直棱纹的研究还有很大的拓展空间。

从名称上可以看出，直棱纹是一个直的竖棱，以凸出的样式装饰在青铜器的主纹样的正面正中或两侧，关于其特征梁彦民总结为三个方面："一是竖条的，不论是宽条纹还是细条纹；二是成组的，即这些竖条成组排列；三是线条有明显的两端，即是一种线段。这种纹饰在商末至西周的青铜器上装饰比较普遍，但由于图案单调、变化规律不明显而为人所忽视，研究上几乎是空白。"[1] 从单纯的纹样造型的角度来解释，梁彦民的这三种特征的概括是比较准确而全面的。但是这样的概括和总结也只是在外表的形象的直观的层面，其中所包含的意蕴或许更为深厚。直棱纹的外形样式较

---

[1] 梁彦民.《浅析商周青铜器上的直棱纹》[J].文博，2002年，第3页。

为简单,然而再简单的纹饰,必定有其一定的返回性意义和内涵,特别是古代工艺技术不很发达的情况下,频繁而普遍地出现此类纹样,尤其是在祭器上出现这样的纹样,必然是庄重的、庄严的,且有一定的宗教的、国家意识的意味和内涵的。

直棱纹是商周青铜器上的一种立体几何形纹饰,也是当时青铜器的主要纹样之一,就其普遍性和重要性而言,直棱纹是与主纹样(龙首纹)、云雷纹(回纹)、神目纹居于同等重要地位的。直棱纹在商周青铜器特别是商代晚期和西周时期的青铜器上较为普遍,大多装在簋、盉等器物上。殷商前期器物上的直棱纹并不多,装饰直棱纹的器物的数量也不很多,较多的是商代晚期的青铜器特别是妇好墓出土的诸多的圆鼎上。妇好墓出土的圆鼎上大多装饰有直棱纹,而且装饰在器物的中部正面,或者器物的中部侧面。这表明直棱纹在当时的装饰地位比较高,是殷商青铜器的一个重要纹饰纹样。

与殷商晚期相比,西周早期直棱纹的装饰范围有所扩大。"西周早期是直棱纹装饰的兴盛期,在这一时期直棱纹成为青铜器装饰的重要花纹之一,并且形成了一些独特的装饰形式,如商代晚期已经形成,这一时期成为流行装饰的双耳簋腹部图案;方座簋方座侧面及方鼎腹部,直棱纹居中呈长方形,周围配以鸟纹、龙纹、夔纹、乳丁纹等花纹而形成的图案;卣的盖面及腹部直棱纹装饰,这种装饰直棱纹虽然处于辅助地位,但由于增加了器物的活泼感而成为流行装饰形式;等等。另外西周早期直棱纹装饰范围较商代晚期有所扩大,除簋、觯、卣、盉、斗之外,直棱纹还在鼎、觥、罍、尊等器物上出现。但这时期尚未出现只使用直棱纹为装饰题材的青铜器。""西周中期直棱纹装饰范围缩小,逐渐成为簋形器特有的装饰纹样,方座簋除方座装饰较前有所变化外,在器盖及器腹上也出现直棱纹,这种盖、腹、方座同饰直棱纹的方座簋一直延续至西周晚期。西周中期是爵消失的时期，爵为较晚的青铜爵标本，这一时期的爵上出现直棱纹说明直棱纹已开始衰落。西周中期装饰直棱纹的青铜器数量锐减，这一时期开始出现装饰着单一直棱纹的青铜簋，至晚期仍有存在，但数量很少。""西周晚期的直棱纹只装饰在为数很少的几件青铜簋上，装饰形式延续中期的风格。只有厉王时期的胡簋，仍保有一些兴盛期直棱纹的余绪。"[1] 直棱纹在商周时期较多的运用，表明当时的人们对它的普遍的认可态度。这一态度体现出当时社会的、宗教的、政治的、心理共同性，并且将这些共同的社会心理体现到一定的感觉层面，即在返回的触觉状态方面形成一定的认可态度，进而在视觉方面形成一定的适宜性，最终形成一定的审美态度。在触觉状态的意义上，直棱纹是具有意义的直棱纹并与其他纹样构成要素形成一定的意义单元。与单纯的触觉感受相比，触觉状态的情景性更强，具有较多的时代的、历史的色彩，其中所涵盖的意义更为丰富。商周时期的人们如此普遍地运用直棱纹，并且是在十分庄重的祭器之上及庄严的国家祭祀背景下，那么直棱纹所赋予的应是宗教的、国家意识形态的意义和内涵，直棱纹与这一时期所有的国家祭器之上的所有纹样一样，应是国家意志的表达和表现。如此说来，直棱纹就不仅仅是外观上的直棱纹，而是有一定状态的、单元的意义和内涵。

直棱纹具体的意指至今仍无确切的结论，有人认为直棱纹是鸟纹，张明华和冯卓慧持的就是这样的看法。张明华以为，扉棱的作用应该是喻鸟示天："是特权阶级享用有扉棱与钼牙的产物，是奢望倚天而为，甚而为所欲为。"[2] 冯卓慧所论及的扉棱即是直棱纹，而主要的研究对象是非中华文化核心区的青铜器，而且所关注的对象的时间也晚于商周时期。冯卓

---

[1] 梁彦民.《浅析商周青铜器上的直棱纹》[J]. 文博, 2002年, 第3页.
[2] 张明华.《扉棱、钼牙的关联、起源与意义》[J]. 上海博物馆集刊, 2002年, 第12页.

慧认为:"发现于湘赣地区的青铜镈呈现了其鲜明的地域特色。除了横截面接近于椭圆形或圆角方形的腔体之外,在早期镈的腔体两侧,以及腔体兽面的正中,大多设有繁复精致的扉棱。这些扉棱形态各异、繁简不一,但基本上都以虎纹或鸟纹为饰,或为这两种纹饰的变体。"[1]冯卓慧认为扉棱(即直棱纹)基本上是鸟纹纹饰:"美国萨克勒(Sackler)博物馆藏有一件鸟形玉器(F1940.2),其尾部形式与镈扉棱的羽勾纹如出一辙。所以,结合舞部的鸟形特点,将扉棱的勾形视为鸟尾的羽勾更加合理。"[2]冯卓慧将扉棱(直棱纹)视为鸟纹,基本思路是正确的。商周青铜器上的许多纹样是有特定的所指和内涵的,简单的否定的态度不可取,比如有一些文章认为的直棱纹(扉棱)没有任何意义,如此的结论是草率的,这些文章既然认为直棱纹没有任何意义,作者写这样的文章本身就没有意义。冯卓慧的思路固然可取,具体的观点却与我们不同,的确,冯卓慧所分析的这一鸟形玉器的嘴、头部、冠部以及尾部,尤其是鸟的冠部的间隔以及钩形,具有明显的直棱纹(扉棱)的特征,也可以由此推断直棱纹(扉棱)与鸟纹存在一定的关联,但其中的问题在于,作者选取的不是典型的直棱纹,这一鸟形玉器是作者为了证明自己的观点刻意选取的一个材料,就是说在论据的典型性、代表性方面,这个鸟形玉器的选取是存在一定的问题的。另一个方面,从冯卓慧的文章分析中我们还是可以看出一点,即直棱纹可能跟鸟的羽毛、动物的毛发存在一定的关联。按照这一思路,我们可以继续推想、推论,即直棱纹所表现的是动物的毛发,不仅仅是毛发,还兼有鼻子、鬓发、耳朵等意味,所采用的是一体多喻即复喻的表现手段,也就是使一个有限的直棱纹具有多种意指表达功能:正面中间部分为神龙的鼻

---

[1] 冯卓慧.《论早期镈扉棱的演变》[J].南方文物,2011年12月,第74页。
[2] 冯卓慧.《论早期镈扉棱的演变》[J].南方文物,2011年12月,第76-77页。

子，侧面的为神龙的鬓发和耳朵，而神龙的鬓发冉冉，意在其威武雄壮，如果是云中的神龙，侧面的直棱纹则表现了神龙飞行中的飞动。

第二，直棱纹类型和内涵。

直棱纹应该是触觉状态的凝聚物和体现者，不是自然性的触觉感觉的产物，因其为状态的、情景的体现而具备当时的心绪、思想、情感，因而具有一定的意义和内涵，这些意义和内涵与商周青铜器的其他纹样组合在一起，就组成具有一定的明确的意义主题。商周青铜器的纹样所组成的是一个完整的意义图画，如同文章一样，是一个具有一定的主题意义的纹样结构体。这样的直棱纹探讨就超出了以往研究者的单纯的纹样本身，或者是自然感觉本身的研究，进入更为丰富的意义层次，或者是意义的单元构成层次。

直棱纹的外在形状、在器物上的位置等具体运用的不同，即纹样单元的组合结构不同，其意味也有一定的区别。

第一种直棱纹，短而突出的直棱，而且没有任何的花纹和刻画。这类直棱纹不单独出现，往往和眉毛、眼珠和眼睛组合成一定的面目，结合我们以前的考察，这一面目应是中华主神，而长时间的华夏早期文明中，无论是文献记载还是图像刻画，中华主神应只有一个，即中华龙以及中华龙系。直棱纹与这一神龙形象中的其他形象如眉、眼等组合在一起，那么它应该表现的是神龙的鼻子，且是龙的鼻子的简化。或者说，此类直棱纹是最为简化的神龙的鼻子。商代晚期的"带盖鼎"（中国青铜器全集编辑委员会：《中国青铜器全集》2，文物出版社，1997年，第14页）和"温鼎"（中国青铜器全集编辑委员会：《中国青铜器全集》2，文物出版社，1997年，第15页）上的直棱纹就是这一类。"带盖鼎"装饰极为简单，整个鼎的纹样很少，只有上部两个横线，中间一个直棱纹，直棱纹的两侧有两个圆点，两个圆点应该是眼睛，中间的直棱应该是鼻子。"带盖鼎"虽然是殷商晚期的器物，但其极为简单装饰风格迥异于殷商晚期纹样装饰的繁复与浪漫，在众多的殷商晚期的青铜器中显得极为另类，"带盖鼎"对神龙的鼻子的塑造也就一个简单的凸起的竖棱，余则通体皆素，也正是由于极为简化的风格，因而很是具有现代抽象艺术的风格。

"温鼎"整体的纹样更少，装饰手段上更为极端，全鼎通体只有靠近颈部有一个微微的凸起的竖棱，表现面目的花纹等皆无。但是即便如此，我们依然可以借助于其他的鼎的造型以及此温鼎的整体的面，想象得出这应是神龙的正面的脸，那个凸起的竖棱即是神龙的鼻子。就这么一个简单的竖棱，整体的面目就有了。如此的简略，其中的原因尚不清楚，就其艺术表现而言，倒是很有后来中国画的留白的意味。

"妇好鼎"（中国青铜器全集编辑委员会：《中国青铜器全集》2，文物出版社，1997年，第7页）的纹样较"带盖鼎"和"温鼎"多一些。"妇好鼎"主体纹样分为上下两层，上层为神龙的正面形象，下一层为蝉翅纹。整体纹样为神龙的面目加蝉翅，含义应为神龙如蝉一样翱翔于高天。上层纹样主要表现的是神龙的面目以及神龙的全身侧面像，这是一个正面形象加身体侧面的造型手法，也是殷商青铜器主纹样的典型的表现手法。神龙的正面形象由一个直棱纹的鼻子和两侧的眼眉组成，眼睛为一个略带扁圆的圆圈，眼眉和神龙的侧面至尾部连成一个整体，突出的神龙的鼻子十分醒目。与之类似的造型有"亚盟鼎"（中国青铜器全集编辑委员会：《中国青铜器全集》2，文物出版社，1997年，第22页）、"父乙鼎"（中国青铜器全集编辑委员会：《中国青铜器全集》2，文物出版社，1997年，第25页）、"父丁鬲"（中国青铜器全集编辑委员会：《中国青铜器全集》2，文物出版社，1997年，第70页）、"爰簋"（中国青铜器全集编辑委员会：《中国青铜器全集》2，文物出版社，1997年，第98页）等。

第二种直棱纹是有均匀刻画、分割的短而直的竖条，这些刻画在竖条上刻成一个一个的近似于方格的形状，这些方格是连在一起的，没有断裂。"好甗"（中国青铜器全集编辑委员会：《中国青铜器全集》2，文物出版社，1997年，第76页）上的直棱纹是这一类型的代表。

"好甗"的纹样主要集中在器物的上部，呈现出一个环形的带状纹样，之中装饰的神龙的正面像，主要由鼻子、眼睛和眉毛组成。与上面第一种的纹样相比，它们的区别点主要在鼻子的造型上，第一种直棱纹饰短且素，没有任何刻画和分割，而这一类的直棱纹则有所刻画和分割，一般情况下有2到3个刻画而将直棱纹分为3个到4个方格，但是直棱的整体还保留着。神龙的正面向上，眉毛和凸出的眼球、立体的鼻子攒合在一起，显得目光炯炯，很有神采。

"妇好鼎"（中国青铜器全集编辑委员会：《中国青铜器全集》2，文物出版社，1997年，第54页）也同样属于这样的类型。这一类型的直棱纹从一个具象的鼻子转向为一个直的竖条的分割，但就意象上依然是鼻子的造型。此类直棱纹的两侧依然是神龙的眼睛和眉毛，它的单元构成和第一种直棱纹基本上一样，周围没有任何的纹样装饰，可以认定是由鼻子、眼睛和眉毛组成的神龙的面目。

第三种直棱纹是处在器物边缘，尤其是四边，有较为均匀刻画分割的、比上面两种较长甚至长至通体的竖条。此类型直棱纹与上两种类型除去造型上的长短之别以外，各自的所指也不尽相同，前两种直棱纹由于位置和长短指代的仅仅是神龙的鼻子，除此之外再没有其他方面的所指，就其功能而言较为单一。第三种直棱纹则有两种所指：一种依然是指代神龙的鼻子，另一种则位于神龙面部两侧的耳朵旁的位置，就其位置而言，此处的直棱纹所指代的就不再是鼻子而应是神龙的鬓发。

直棱纹是神兽毛发的直接证据就是"司母辛觥"（中国青铜器全集编辑委员会：《中国青铜器全集》3，文物出版社，1997年，第150页）"司

"母辛觥"应是以犀牛为基础的神牛的形象,可能是中国远古时期对远方的犀牛感到新奇,逐步将之神奇化并作为神兽之一来崇拜。"司母辛觥"的背部有一列未隔断的直棱纹,直观上即可以看出它的背部上不隔断直棱纹所指代的是神牛的鬃毛,我们可以以此推论,其他器物上的与之类似的长的不隔断直棱纹与隔断了的直棱纹所指代的都是动物的鬃毛、鬓毛。

"子韦爵"(中国青铜器全集编辑委员会:《中国青铜器全集》3,文物出版社,1997年,第27页)也能说明这一类直棱纹的特征。"子韦爵"刻画的是一个神龙的正面像,神龙面部的两旁各有一个直棱纹,从正面看"子韦爵"的把手的环可以视为鼻子,围绕着眼睛的云雷纹可以视为神龙面部较为细腻的毛发、眉毛等在其他青铜器中大肆夸张的部分,在这里则与云雷纹融为一体,在某种意义上是淡化了。面部上部的蝉翅纹向上,象征着神龙的飞翔。与其他青铜器上的直棱纹大不相同,其他青铜器直棱纹的刻画密度比较宽,而"子韦爵"两侧的直棱纹刻画异乎寻常地细密,如此细密的刻画与面部组成一个整体形象,就其所指而言,这一细密的长的直棱纹应是与面部一体的,对应于古人的外貌,此处一个是鬓毛、头发之类,具体地说,"子韦爵"的直棱纹表现的应是神龙面部两侧的鬓发。现代人对鬓发已经是比较陌生了,尤其是对毛发丛生的人物,现代社会基本上视为杂乱和粗野,但在古代乃至更为远古的时期,鬓发丛生应该是强壮、勇猛的象征,就像张飞、李逵那样扎煞着胡子,在古代基本上是勇士才有的,而这样的勇士恰是人们敬畏、敬佩的英雄。神龙的神力无边的外在表现是什么?或许只有狮子般的雄壮的毛发、勇士的毛丛丛的鬓发才能配得上神龙的神勇。如此,鬓发的茂密及怒发冲冠的气势成为神龙形象塑造上必不可少的元素,青铜器是通过这些来表现神龙身上具有的非人的、超人的神力,而这恰恰是远古时代人们崇拜外物、崇拜神灵所必需的,基于与神灵的交互感应,神龙的勇猛是可以给现实的人们带来护佑感、福祉乃至于交感到自己身上的，如此一来，自己和本族内所有的人就有可能，而且也至少部分拥有超自然的神力。"子韦爵"直棱纹之类表现方法和指代意味在其他青铜爵上也有所表现，如果有区别也只是微小的局部的，比如说，在鼎、簋上的直棱纹的刻画间隔较疏，而在爵上的直棱纹的刻画相对细密，我们认为，这样的情况可能与对象的大小以及可否触摸有一定的关联。鼎、簋等手触摸的概率相对比较小，而爵则是属于手可以把握的，为了手把的细腻舒适，爵上的直棱纹处理得相对细腻些，鼎、簋等器形较大，处理得相对粗疏一些。

"妇好方尊"（中国青铜器全集编辑委员会：《中国青铜器全集》3，文物出版社，1997年，第65页）的造型为四面八棱，四面八棱尤其是八棱的突出，可能与远古天地祭祀以及象数有关，也可能表现的是天地神灵的共为一体，如果这些相关性能够成立，直棱纹在其中所起到的作用就非常重要了。"妇好方尊"四角的棱为四面共用，每面中间的竖棱为神龙的鼻子。四个棱为不隔断的直棱纹，其用意大概都是表达神龙的毛发猎猎。在"妇好方尊"中，直棱纹大概有两个指代，正面中间的直棱纹表现的是神龙的鼻子，它一直延伸到神龙的上颚部，两侧的直棱纹主要指的是毛发、鬓发，以表现其威武雄壮。由此可知商周青铜器上的直棱纹有多重意义的指代，至于指代的具体是什么，则主要是服从对象表现的需要。无论怎么说，在商周青铜器纹样中，直棱纹具有多重含义，在艺术手法上可以称之为复喻或者一体多意，而复喻或者一体多意都是以一当十的艺术表现的基本原则。

第四种直棱纹与第三种形态上基本上相同，也是一个较长的边缘竖条，所不同的是第三种直棱纹是不间断的方格刻画，而此种直棱纹是断开的，类似于城墙上的一个一个的垛口，只是直棱纹上的豁口的间隔要小得多，应该说是一个一个的缝隙，而且不是很规整齐一。我们称这一类的直棱纹为隔断直棱纹。隔断直棱纹也存在两种情况：一种是简单的隔断，类似于城头的一个一个的城垛。另外一种是直棱纹的隔断是钩状的，类似于动物的尾巴，是一个个回钩儿形的窃曲纹模样，可以称之为窃曲纹的隔断直棱纹。简单的隔断直棱纹、窃曲纹的隔断直棱纹表现的意味基本上一致，只是外形上一个是隔断的垛口，一个是隔断的窃曲纹形状。它们之间的内涵区别应该是，窃曲纹的隔断直棱纹象征着神兽的毛发、鬃发更浓密、力度更强，效果上高于前者。

"妇好觥"（中国青铜器全集编辑委员会：《中国青铜器全集》3，文物出版社，1997年，第155页）可以视为简单的隔断直棱纹，它的盖子的两端部分分别为一高一低两个神兽的兽头，两个兽头之间的脊背相连的部分为一般简单的隔断直棱纹，所象征的是神兽的鬃毛竖立，威武雄壮。如果没有这一纹样，神兽的造型必然显得温顺、驯服，没有生气，更不用说神兽所具有的神灵之气了，没有这一纹样的造型，那么与神兽满身锦绣的壮美也就不般配。另外，作为鬃毛的简单的隔断直棱纹与作为细毛发满地的云雷纹相互辉映，所表现的是整身锦毛华彩的神牛形象。

一般器物造型所遵循的是触觉的光滑和视觉的整一的要求，除去特殊时代的特定的要求如现代艺术之外，一般器物的制作都会如此，但在商周青铜器却故意装饰着回钩儿的直棱纹，给人较强的扎煞、不安的感觉，当今一部分人据此，再加上青铜器深色的锈斑，就得出怪异、扭曲、狞厉的感觉。今人的感觉是今人的感觉，未必能够体现出远古人的追求和用意。我们把此类纹样称之为隔断的窃曲纹的直棱纹。此类直棱纹在商周青铜器中数量还不在少数。"兽面纹牛首尊"（中国青铜器全集编辑委员会：《中国青铜器全集》1，文物出版社，1997年，第112、113页）既不是不隔断的，也不是完全隔断的直棱纹，而是形象化了半隔断的直棱纹，正是这一较形象的未规范的状态，倒是可以从中看出直棱纹原初的含义。这个尊的直棱纹在神龙面部的两侧，上面刻画着云雷纹，整个直棱纹如云一般自下而上堆积，这应该是非常形象地表现了神龙的鬓发的发卷，同时也说明了所谓的云雷纹与毛发的紧密关系。从窃曲纹的直棱纹的形状、位置，尤其是从"兽面纹牛首尊"的过渡纹样中，我们基本上可以认定窃曲纹的直棱纹即是象征着神龙、神兽的鬃毛、髭毛、鬓发，由于有了毛发，神龙、神兽更加形象，当然更重要的是形象的飞动和飘逸，这样的神龙、神兽，硕大雄壮，孔武威猛，毛发旺盛，鬃毛猎猎，富有动感和力度，这可能是远古社会所崇尚的形象和审美标准。更为重要的是，窃曲纹的直棱纹所表现的应该是长而浓密的毛发在快速移动中或者飞行中的状态，也只有在快速移动和飞行中，动物的鬃毛是一丛一丛波动着、抖动着的，这一形象在不隔断的直棱纹中有类似的表现，即用钩状纹样的刻画，但是变为隔断了的、带钩儿的直棱纹，形象和气韵更加鲜明和生动。

"右方盉"（中国青铜器全集编辑委员会：《中国青铜器全集》3，文物出版社，1997年，第142页）与其他青铜器纹样不同之处在于，它通身馥彩纹样且大多是凸出的，除此之外，直棱纹更多、更突出，而且大多是窃曲纹的直棱纹，除了阳刻的眼球和眉毛之外，"右方盉"上部的主纹样以具象的形式表现出来，它和眉毛及直棱纹等向外伸出，独立于器形之外，给观看者以强烈的身体的冲击感和触觉的凸出感。"右方盉"四边的直棱纹，依照"右方盉"的外形而略有弯曲，直棱纹间隔断开，间隔开来的基本上为独立的窃曲纹型的，有较大的空隙和弯曲。突出的主纹样和窃曲纹的直棱纹以如此的方式结合起来，表现出作为主神的神龙威武雄壮、猎猎翱翔的姿态，虽然是笨重的青铜器，由于如此的直棱纹而使得"右方盉"有强烈的飞动之感。总的来说，窃曲纹的直棱纹所表现的就是神龙、神兽移动和飞行中的状态，后世人们表现的神龙飞翔的状态，其顶部的鬃毛也是波动、抖动着的，这既可以增加神龙形象的动态感，也显示其力量

更强劲。力量巨大的神龙，毛发更重，更有威严，因而地位也就更高。当然，与之相对应的，也是更主要的，这一器物的规格也应该更高。如前所述，直棱纹存在着长短的问题，一般来说，长至通体的直棱纹比短的更为庄重，"四条通体扉棱的爵，往往出现在规格极高的商王室成员墓或高级贵族墓中"[1]。由此可以推论，四条通体的带钩儿的直棱纹，制作更困难，工艺要求更高。它的规格可能会更高。"宁方斝"（中国青铜器全集编辑委员会：《中国青铜器全集》3，文物出版社，1997年，第59页）上下通体为直棱纹，甚至蝉翅纹上也有直棱纹。蝉翅上是不应有鬃毛、鬣毛状的东西的，之所以如此装饰，大概所强调的是蝉翅的飞翔，而蝉翅上再有直棱纹，其飞翔的意味会加倍，意味着比一般蝉翅飞得更高。因此蝉翅纹上加有直棱纹，应该具有双重的飞翔的含义。如果上下通体都是直棱纹而且窃曲纹的，其级别更高，器形更威严。

  具体的器物中出现的如此多的类型，表明直棱纹并非可有可无的简单装饰物，也不是一个依据自然触觉的简单的竖棱，它同时具有多种意味，在正面它指代鼻子，在侧面指代鬓发、毛发，顶部指代鬃毛，具有造型上的威武雄壮，同时也有动态的飞翔的意味，所谓的"飞龙在天"在当时人们的心中是如此的神圣，以至于在当时的器物上也有所体现。所有的这些简单的感觉触觉、比喻意味、文化意义乃至于宗教态度，都存在于一个活的、具体的情景状态和意识单元中。在有些人看来，直棱纹的多重意义只是一个工艺手段，并由一定的想象附加上去的。如此的质疑可能会很多，可能将来也不在少数，只要有人坚持简单的自然主义立场，这样的质疑就不会停止。我们可以设想一下，如果我们把上面我们分析的直棱纹的任何一个单独拿出来，即让其脱离它的具体的情景和意识单元，这些纹样是否

---

[1] 岳洪彬.《殷墟青铜礼器研究》[M]. 北京：中国社会科学出版社，2006年，第98页。

还具备如此丰富的内涵？如果脱离其情景和状态，这些直棱甚至连一般的内涵都不具备。直棱纹的分析给了我们一个坚实的根据，也就是说它是一个代表和典型，它可以说明几乎所有的触觉类纹样，甚至是视觉纹样，唯有在一定的活动的情景的意识单元中才有意义，单纯的自然感觉如视觉、触觉等剥除了根据和单元，那么它们什么都不是。

第三，直棱纹的变形。

商周青铜器直棱纹中还有一个特殊的情况即其变形问题。一般直棱纹的纹样是直的，而在某些圆鼎，尤其在妇好墓出土的圆鼎中，直棱纹则是弯曲的。这样的直棱纹就不能叫它直棱纹，而是可以称之为曲棱纹了。纹样变化、变形在纹样发展演变中属于正常现象，或许我们不应该对直棱纹的演化、变形感到大惊小怪，但是直棱纹这一变形之所以引起我们的关注，是因为直棱纹的变形所透露出的是触觉的某些根本之处，就是说，直棱纹是作为意识表现的一个手段，是当时的制作者处在一定的返回性的意识的支配下以触觉的状态的方式的显现，如此这么一个简单的直棱纹的变形弯曲可能就会有多个寓意：一个是感觉的意味，一个是直棱纹本身的寓意，另一个则可能是超出了直棱纹本身的社会的政治的国家意识的意味。

弯曲形状的直棱纹在一般直棱纹中是较为特殊的，除去商中期有部分的写实性的略弯曲外，其余的主要集中在商周晚期的妇好墓群出土的一些器物上，其中典型的即是"子渔尊"。

"子渔尊"（中国青铜器全集编辑委员会：《中国青铜器全集》3，文物出版社，1997年，第98页）上大而下小，以此递减，有很强的压迫感，所强调的应该是它压迫中的肃穆与庄严。"子渔尊"大致由尊口、底座以及尊的中部核心三个部分组成，三个部分共同构成一个独特的意义单元。上半部分侈口折肩，宽大的尊口有着一种向往上天、对天敞开的感觉。尊口的边沿下面是宽大的蝉翅纹（有人认为是由龙组成的蕉叶纹，就其形状和意义而言，蝉翅纹的可能性比较大一些，与整个"子渔尊"的意味较为吻合），蝉翅纹之所以处在子鱼尊的上部，大概具有提升、飞升、升天的含义，越是靠近上部，飞升的意味就可能愈浓，强度可能会更大，它的作用大概类似直升机的螺旋桨，起着引领性的作用，无论是意味性的还是视觉性的均是如此。蝉翅纹之下的应为尊的主体部分，肩部装饰三组龙纹，浮雕的三个兽头应该是神龙之首，之间点缀直棱纹和神目纹（乳钉纹）。"子渔尊"的中心腹部是三组大型的"兽面纹"，我们认为这三组"兽面纹"不应该是神兽、神龙，更不是无名的"兽"，在某种程度上，"子渔尊"的主体的相貌是神与女子的合一。从直观上看，"子鱼尊"的主体部分的面目显得十分姣好妩媚，没有商周时期其他青铜器神龙面目的男性化的雄壮与庄严，倒是像个魅力十足的女子，正面面对时这样的视觉感受十分强烈。从造型上看，眼球相对较小，直棱纹也相对轻柔些，而且直棱纹相对弯曲一些，直棱纹的这一弯曲大概是要符合某种要求，确切地说是为了符合对一个女性形象的表现。直棱纹由直棱变为弯曲的棱纹，其意蕴即由原来所表现的神龙的动物性毛发、鬓发，转而象征为女子脸庞、耳朵和鬓发，尤其是鬓发，进而由鬓发而勾勒出女子脸庞的圆润。直棱纹弯曲这一手段的细微的变化使得整个造型发生很大的变化，这一变化即是由男性神向女性形象的转变，这也是"子渔尊"之所以受到我们重视的原因之一。

那么由此而来的问题即是，如果"子渔尊"所表现的是一个女子，这个女子是谁？能够把一个世俗女子的形象浇筑、固定到当时最为神圣的用来敬神的礼器之上，表明这个女子的地位绝不一般，问题是在男性、男性神为主导的远古社会，怎么可能会有近似于女性神的崇拜？

"子渔尊"出土于妇好墓附近，应该与妇好有一定的关系，或许，它是妇好的祭祀墓，是妇好的子女或者其他部臣祭祀妇好之地，其中的主题意义是对妇好的颂扬、怀念和追思，因此"子渔尊"与妇好存在着一定的必然的联系。而为了弄清这一联系，还要弄清妇好的身份和地位。

到目前为止，学术界共同认可的是妇好墓主人的身份是妇好，但是对妇好具体的身份却有不同的看法。有人认为妇好不是商王的配偶，而是神职人员巫觋，如张素凤在《也谈"妇好墓"》中的看法。大多数学者认可妇好为商王配偶的观点，李学勤认为："由这一点可以导出两点推论：第一，'妇好'既是冠以称谓的名，它只能是指具体的个人，而不能像许多商代一两个字的铭文那样理解为族氏。我国古代有以'子某'为氏的，即所谓以王父之字为氏，没有以'妇某'为氏的。第二，'妇好'是王的妃偶的称谓，所以铭有'妇好'的青铜器应该是她生前使用的器物，多数大约是她所使用的祭器。"[1]《殷墟妇好墓》认为："她是武丁的配偶，生前曾参与国家大事，从事征战、主持祭祀等等。地位相当显赫。"[2] 相比较来说，张素凤认为妇好是巫觋的支撑材料相对单薄一些。但是张素凤对妇好与祭祀的关系的关注却是有意义的。诸多的观点共同认可的是妇好在当时地位显赫，在某种程度上相当于商王。中国古代文化是巫政合一，妇好作为一个女子能够主持国家祭祀表明：第一，妇好的政治地位很高，在某种程度上近似于商王；第二，妇好的宗教地位很高，在某种程度上妇好是被视为神的，这一方面在某种意义上是超出了男性商王的地位的。正是妇好的宗教地位，才使得类似于她的形象的青铜器得以出现。商周青铜器特别是殷商青铜器的主纹样所表现的是当时的主神，即神龙，妇好是形象能够被浇筑到青铜器上，可能是被当作主神来祭祀的，至少应该是与神龙比肩并列的。

"子渔尊"整体形象为一个妩媚的女子，就其形象的指向来讲应该是

---

[1] 李学勤.《论"妇好"墓的年代及有关问题》[J].文物，1977年11期，第34页。
[2] 中国社会科学院考古研究所.《殷墟妇好墓》[M].北京：文物出版社，1980年，第226页。

妇好，之所以如此塑造妇好的形象，应该是其子孙、母氏宗族和其他贵族、诸侯献贡的祭品，用来颂扬妇好的事功和美德，为了这一颂扬，就把妇好的形象与神龙的形象合二为一，就是说本应是用来颂扬神龙的鼎，变成了对人间人物的颂扬，而且是非君主女性。颂扬神与颂扬人在"子渔尊"上结合，这一结合所体现出来的是对礼的僭越和破坏，对现实的人的重视以及体现出当时由神向人的过渡的发展趋势。思想史上多数人认可这样的观点，即殷商重鬼神而西周重人文，周代是"郁郁乎文哉"，是以人文精神蔚然成风的朝代，似乎人文风范只是从西周才开始的。从"子渔尊"所体现出来的对礼的僭越和破坏来看，以人文替代鬼神在殷商时期就有了一定的萌芽和苗头。这样我们也就能理解周代重视人文的思想发展的渊源了，就是说，周代的人文思想并非空穴来风，他们的思想在商代就已经具备一定的萌芽，甚至在殷商时期就已经具备了人神并列，甚至是人高于天的思想基础。

  "子渔尊"造型的背后所体现的是当时对神的观念大胆的挑战与反叛，而弯曲的直棱纹是通过一个直观的形象表达了当时划时代的革新思想。在敬鬼事天的大背景下，对祖制的变革本身就是一种背叛，这种背叛应该不是个人的，而是一个群体，而且这一群体是统治阶级的核心群体。统治阶级的思想即是统治思想，统治阶级的核心圈的态度必然成为社会普遍思想，乃至于成为社会思潮的主流，这个过程应是一个长久的、累积的，周代的大张旗鼓的人文思想，其萌芽就是殷商的礼器的造型，其中包括这一造型的弯曲的直棱纹的运用，视觉的、造型的、纹样的本身具有一定的意义的潜在性，它不像语言文字那样是思想的直接现实，但是纹样却通过隐含的意味，隐晦地传达了有关新时代的一定的信息。纹样具有的潜在的意识性，通过"子渔尊"的意象表达出了这一思想意识的发展趋势。直棱纹是这一思想传达的隐晦的表征，在某些方面也是思想发展的过渡环节，对祭祀器具造型的改变以及由此而展现出来的新的内涵，所赋予的新的意蕴，在意识的具体状态关系中，特别是在触觉状态的具体关系中得以显现，离开这一具体的意识关系和触觉状态，它几乎没有什么意义。以"子渔尊"为代表的直棱纹的弯曲变化，所体现出的由颂扬神灵到颂扬君主到颂扬人，直棱纹也从表现身体神圣和无限性，也随之演变为装饰，其中的神圣意味淡化，而装饰性的美的内涵逐渐加强，直棱纹便由神圣的、雄壮的装饰，进而成为优美的表征。

第四，直棱纹的符号性。

直棱纹是一种凸出的纹样，凸出是对平面的改变，也是将纹样的位置从平等面的提前，这一提前形成一种从对象而来的侵犯，这一侵犯与侵入有所不同，它具有一定的外在的方面对人迫近和压迫的意味，因为凸出和侵犯而具有某种鲜明感，因而在造型上也多为人们强调的重点，礼仪上、舞台位置的布局、画面的布局上均是如此。凸出的直棱纹的布局要么是器物正面的正中，要么是分割成段后处在正面形象的两侧，位置方面、视觉方面是十分醒目的，且是凸出的造型，强化的是人的强烈的触觉感受，进而引发的视觉冲击。相比起商周青铜器的其他平面纹样来说，直棱纹是一个立体纹样，直棱纹的这一立体性所强调的是器物表面上的凸出，这一凸出同时也是一种典型的触觉的视觉强化，或者说是触觉视觉的联合作用。

同时，直棱纹的创造不仅仅是依据纯粹触觉感受，更核心更主要的是依据返回性的触觉状态。直棱纹具有较强的主体创造色彩，是主体意识在一定的触觉情境中的显现，这一意识的触觉体现即是触觉状态。就直棱纹本身来讲，它首先具备的是触觉状态上的一定的意义单元，即有其深厚的宗教意蕴、国家意识，而后才有艺术上的触觉的视觉的审美性。触觉状态是一种后来的表现性的，也是具有符合意味性的。

直棱纹的符号的表征性体现在以下两个方面。

首先,直棱纹是抽象性表现性的。直棱纹有一定的写实因素,从其发展、演变的分析中可以看出,直棱纹是在其写实基础之上简化而成的,直棱纹简化成为一个竖条应该与神兽的鼻子、鬃发有关,或者说是几个表现对象共同妥协、协调的结果,以期用有限的材料尽可能地表现更多的对象,有更多的涵盖面和寓意。愈是抽象,其连接面就愈多,涵盖意义就愈丰富,它的表现性也更强。具体事物的写实,它的意义和内涵是具体的、是固定化局限化的,抽象则脱离具体事物的形状,在此基础上注入更多的意味,疏离甚至完全脱离了和具体事物的关联是一种事实上的解放,这一解放即是抽象,同时也是一种表现,或者说是更多意味的表现,直棱纹即属于抽象性的、表现性的符号纹样。

直棱纹脱离写实走向表现所依据的是主体的返回性的触觉感受、意识单元和意识情景。器物的一般造型和纹样,所从属的是人的身体的感觉,是与身体触觉感觉的适宜性相吻合的。尽量地减少触觉阻力,增加身体适宜快感,是一般器物和纹样塑造的原则,但就殷商青铜器直棱纹而言,似乎是反其道而行之。直棱纹是一种突出的纹样,这一突出对人的身体来讲具有阻力和侵犯,给人较强烈的触觉感受,因而在诸多纹样中直棱纹显得十分抢眼而特殊。这也是青铜器及其他远古器物为了起到强调作用而有意为之的造型手段。殷商青铜器直棱纹的造型整体上是在增加触觉阻力,倒是到了周以后器形上突出的装饰部分开始减少,直棱纹变小乃至于消失、神目纹不再突出,而相对地变得扁平,装饰纹样开始走向平实。与周以后的青铜器相比较,殷商青铜器装饰纹样有意识地强化这一反向的触觉感受力,并由于这一反向触觉感受,加大其内在的阻力,进而由这些阻力形成较强的身体的内在张力。这一触觉的张力可以理解为原始宗教的崇敬感,或者说,殷商青铜器的神圣之感或许就来自于直棱纹、神目纹以及主纹样的冲击力，而地纹则是柔性的调和，这样主纹样、直棱纹的冲击力和张力就被控制在一定的范围内而不至于失衡，在黄亮亮的质地上的有限的冲击力，经过了地纹的调和，就不再是狞厉、粗野，而是一方面威严地拉开人神的距离，另一方面却让你感到温和和亲近。这些纹样内在的张力通过"视觉化"固化到了青铜器的造型和纹样上，并在情景中与意识联结起来，在身体层面上体现当时的国家意志和宗教意味。

这些奇特的身体的、触觉的符号组合具有浓厚的浪漫色彩。远古器物造型上，一方面具有一定的写实性，另一方面也具有浓厚的原始图腾崇拜色彩，这一原始宗教的狂热信仰和多重仪式，包含了远古人丰富而瑰丽的想象，商周青铜器就是这一原始宗教信念和全部想象的产物，特异而诡奇的想象，体现在商周青铜器的造型和纹饰上即是其丰富的浪漫性。商周青铜器上的直棱纹看似再简单不过，但同时也具有丰富的写实性的想象色彩，面对现实与浪漫，商周青铜器直棱纹将这两种特性兼容在了一起。直棱纹的这一意义和内涵，表现出触觉的感性的身体的愉悦性，在具体的内涵上则象征着神龙的飞升，在审美内蕴上则具有较浓的想象和浪漫。

其次，一体三意。商周青铜器上的直棱纹构成十分简单，有时是一个竖的突出于器物表面的直棱，有时是长而被阴刻的凹槽分隔开来的直棱，造型微有变化同时区别也不大，造型的简单并非意味着含义全无或者单纯，有些人就是如此认为而轻视甚至忽视了直棱纹。与直棱纹的含义的简单或者全无意味相反的，直棱纹不可缺少，在单独纹样尤其是整体纹样中具有很强的表征性和意味性。单独来看，我们很难将这一直棱与天神或龙首的鼻子、鬓发、鬃毛和飞翔等联系在一起，只有与眼睛、眉毛等联系起来，在天神或者龙首的整体形象构成的前提下，我们才能猜测性地推论直棱纹是什么。

商周青铜器直棱纹有三个内涵：一个是鼻子，一个是鬓发，一个是龙鬣的飞翔。在有些青铜器中三者同时存在，就是说一个直棱纹，既是神龙的鼻子又是神龙的鬓发，同时又是飞翔中的神龙的鬣毛。它们之间的区分主要看直棱纹的位置如何，处于形象的正面位置的一般是鼻子，处于脸的两侧的一般是鬓发，而处于器物的侧面的或者器物的偏上方的则为飞行的鬣毛。因此直棱纹在商周铜器纹样装饰中具有独特的三重作用，即一个纹样有三个指代意象。一个直棱纹同时有三种寓意，即是直棱纹在商周青铜器所有纹样装饰中的独特之处，这在古今器形纹样中还不多见。

商周时期的人们之所以要将直棱纹处理成这样一个分割成一块一块的直条形的纹样，主要原因可能与直棱纹所承担的多重意义有关联，直棱纹所要表达的既是天神的鼻子和鬓发，也是神龙的飞翔的鬣毛，直棱纹的这一多重功能、多重意味的指向性，使得它不能局限于任何一个具体的形状。一个具体的鼻子的形状无法表达一个具体的鬓发，同样，一个具体的鬓发的形状也无法表达鼻子或者鬣毛。造型的具体性会影响天神或者龙首的整体形象的表现，甚至会破坏天神形象的完整，进而也会使天神的威严丧失殆尽，在一定意义上，一个有意识的抽象的模糊可能是最恰当的。

直棱纹和其他纹样、器形结合在一起所组成的是一个有意义的结构单元，商周青铜器的造型就如同一篇敷陈华彩的汉大赋，看似华丽多样，实则有主题、有意蕴、有结构，它们是一个个有意味的有序的排列。如司母戊大方鼎，它的中间是一个龙头，两侧为眼睛的拉开和平面展开，下面呈U字形三面包围的天目纹，四个边角为直棱纹，组合而形成一个神的正面像。这里的直棱纹从正面看可以作为神的鬓发，也可以作为鬣毛，所表现的是神在天空的飞行和飞翔，而这和"飞龙在天"恰恰是吻合的。同时，在外观风格上，这一鬣毛的飞翔也是作为粗笨器形的一种协调方法。方鼎上的直棱纹的作用基本上与圆鼎相同，只是由于器形的限制而没有圆鼎那样灵活，方鼎，尤其是大方鼎基本上都有直棱纹，之所以如此，一方面方鼎是最正式的、规格最高的礼器，另一方面方鼎器形自身的笨重也需要用直棱纹来调和，在庄严、沉着之中有一定的飞动感和轻盈感，并使之具有翱翔九天的想象色彩，神龙的神圣性以及几近幸福的崇拜感油然而生，于是，一篇大文完成，诸多的目的也都实现了。

五、神目纹的分割

与直棱纹较为相似，神目纹（旧说为"乳钉纹"）同样是处在一定的触觉状态中才能称其为神目纹，除去这一场域，神目纹只是一个一个的没有意味的凸起的圆点。我们考察了直棱纹的分割之后继续考察商周青铜器上的另外一个非常重要但却被忽视的纹样及其分割——神目纹，这样的考察是基于触觉状态的意味性的考察，即在这一基础上探讨神目纹应该具有的名称、具体内涵以及它在商周青铜器纹样中的分割作用，这样的工作有三个目的：第一，廓清神目纹的内涵，纠正以往我们对神目纹的片面甚至是全面的不理解；第二，借助于神目纹的触觉特性，由此深入触觉状态的场域中，探讨此一场域中的感觉材料是如何赋予其内涵以及如何呈现的；第三，直棱纹虽然是"一体三意"，但与神目纹相比，神目纹却是主纹样，而直棱纹是辅助纹样。主纹样的意味更为明确和深厚，对商周青铜器纹样的意味说明更为清晰和有力。因此我们就从神目纹的名称入手，在排除当今人们对之流于表皮的命名和某种敷衍的态度之后，探讨与今人的轻视不同的是，古人在制作中为什么那么重视神目纹，在神目纹中赋予了什么样的神圣因素，以及这一神圣因素在触觉状态域的显现，即典型的返回性显现。唯有在触觉的场域中，神目纹的神性才能成立，触觉状态域不仅仅是一个简单的表现手段，且是与神圣、神性密不可分的，就是说唯有在这一场域中，商周时期的神性的某些因素才能与身体联结并融合为一体。

触觉美学研究 | CHUJUE MEIXUE YANJIU

　　人们习惯上称神目纹为"乳钉纹",甚至在有些人那里"乳钉纹"的名称几乎就成了定论。相比起其他青铜纹样的繁缛与华彩,"乳钉纹"显得简单而质朴,但同时又工整、圆润且有神采。或许正是因其外形的简单而没有引起人们足够的重视,对这一类纹样大多略而述之,甚至是忽略而不论。"乳钉纹"在中国上古纹样中出现最早、使用也最为普遍,这一纹样存在于多种类型的器物上,古代白陶、玉器、青铜器等器物上均有显现,在生产工艺十分不发达的上古时期,这一类型的纹样出现最早而又普遍使用,体现出古人对它的重视,而绝非是偶然性行为或者是游戏之作,尤其是呈现在国之重器如青铜礼器之上,它必然地与当时的原始图腾崇拜存在着深层的关联。如果"乳钉纹"与原始图腾崇拜,特别是原始图腾崇拜之中所包含的国家宗教、国家意识密切相关,那么"乳钉纹"这一命名就难以涵盖其意蕴,再称之为"乳钉纹"就不贴切,也不准确。上古时期的华夏核心区域的图腾主要表现为龙——先祖的崇拜,而这一崇拜的外在造型即是神龙,即内在的先祖与外在的神龙为一体,所有的宗教仪轨、思想特征以及造型形式,均围绕这一核心而展开,"乳钉纹"也不会脱离这一崇拜而具有独立的意义。综合"乳钉纹"的造型、与神龙的联系等,"乳钉纹"很有可能象征着上古祭祀崇拜的神龙之眼,突出的圆点应是神龙的眼珠。之所以出现独立的圆点,应该是古人的一种简化的表现方法,以神龙的一个眼球指代其整个面目,这样的点带面式的表现手段所表现的神龙的面目则是可以写实性的显露的,也可以是不显露的,所体现的是神龙半隐半藏、见首不见尾的神秘性。这样,"乳钉纹"的内涵应是神龙之眼,"乳钉纹"就应该命名为神目纹。

　　第一,"乳钉纹"的命名。

　　最早将古代器物上圆而突凸的造型解释为"乳"的应是东汉的郑司农,

郑玄在注《周礼·考工记·凫氏》"篆间谓之枚"时引郑司农话说："枚，钟乳也。"这一解释应是东汉时期人们对圆而突凸的造型的通俗看法。但圆而突出者大概有两种：一种是尖而圆者，一种是扁而圆者，郑司农理解为"枚"大概指的是前者。尖而圆的"枚"与扁而圆者显然有所区别，但是很多人包括后来者基本上把它们混淆了。宋代吕大临的《考古图》将凡是突出的方点、圆点均称之为"圆乳""方乳"，如"父乙虎彝"上的"虎头腹方文圆乳"，"鸟铜尊"上的"圆乳方文"以及"方乳曲文"有时则把钟钮当作"钟乳"，反而对有的较为明显的"乳钉纹"如"父癸方彝""细足爵"等则基本上忽略不论。从中可以看出当时的"乳钉纹"的认定标准与当今有所不同，但是"乳"造型的名称则基本上定下来了。随后的宋代王黼的《宣和博古图》同样承继了这一命名，如"周百乳方鼎""汉百乳鼎""周麟凤百乳罍""周百乳彝"等。其中对"周百乳彝"的解释为："乳所以养人者也，犹瓜之保子，著之于器，以示其永保用之意。"《宣和博古图》对"乳钉纹"的命名大多是"百乳"，除去把个别的尖而突出者视为"乳钉纹"外，基本造型的判定和命名与当今相似。

　　宋人的造型确认和命名基本上是后来的蓝本，后人几乎没有突破宋人的观点。容庚在《商周彝器通考》"斜方格雷乳纹"中认为："其状作斜方格，填以雷纹，中有乳突起，通行于商代。"[1]"乳纹，其状突起如乳，有尖者，有平者，通行于商，春秋战国尚沿用之。"[2] 马承源《中国青铜器》中有"几何纹大致有连珠纹\弦纹……百乳雷纹……菱形雷纹、网纹等"的表述，没有明确称为乳钉纹。《中国青铜器全集》对夏代青铜器纹样的表述十分谨慎："夏代青铜礼器的装饰除了圆点、圆块和几何纹以外，

---

[1] 容庚.《商周彝器通考》[M].上海：上海人民出版社，2008年，第119页。
[2] 容庚.《商周彝器通考》[M].上海：上海人民出版社，2008年，第122页。

还没有其他具体的资料，但是传世和出土的多件由绿松石镶嵌而成的动物头部的牌饰，似乎已经形成了基本的模式。牌上的动物头部除两眼之外，其他部分是抽象的而不是写实的。"[1] 杜迺松认为"乳钉纹"是"青铜器上最简单的纹饰之一。纹形为凸起的乳突排成单行或方阵。另有一种，乳钉各置于斜方格中，称为斜方格乳钉纹"[2]。

宋人的造型确认和命名是否准确，是否揭示了商周时期青铜器圆而突出这一造型的本源的意义和内涵，应该是值得商榷的事情。宋人距离商周时期已是时间久远，况且宋人的学术态度不能说是严谨的。将圆而突凸的造型比拟为乳，以及"养人""保子"的生殖崇拜观念在时间上应不早于两汉。《宣和博古图》造型名称上只提乳，而且只提繁多型的"百乳方鼎""百乳钟"，明显地具有当时的思想色彩，这与商周时期的本源意味应该有一定的距离。"乳钉纹"这类造型纹饰的命名主要还是汉以后的事情，直至宋代才最终确定下来。

这一突出的圆点的"乳钉纹"在早期陶器、玉器、青铜器均有所体现，在远古时代纹样不十分丰富的情况下，出现如此频繁的纹样，表明它的地位是相当重要的，是一种貌似简单而运用广泛，同时寓意深刻的符号。当今人们就其意蕴上来谈"乳钉纹"。张国硕试图从图腾崇拜上解释"乳钉纹"，他认为"乳钉纹"起源于商代玄鸟崇拜："商代常见的乳钉纹即是表现商族对玄鸟崇拜的代表性抽象纹饰。"[3] 张国硕试图从当时的意识形态的角度而不是根据纹样形状简单揣测，思路上是正确的。在工艺条件极

---

[1] 中国青铜器全集编辑委员会.《中国青铜器全集》(第一卷)[M].北京：文物出版社，2007年，第10页。
[2] 杜迺松.《中国青铜器发展史》[M].北京：紫禁城出版社，1995年，第159页。
[3] 张国硕.《青铜方鼎研究——兼谈乳钉纹与玄鸟崇拜之关系》[J].中原文物，1994年4月，第85页。

不发达的条件下，在国之重器上施以这样的纹样，绝不是无关痛痒的游戏之物或者纯粹的装饰品。但是张国硕的观点中有一点是难以自圆其说的，就是其他"乳钉纹"如龙山文化的黄陶鬶"乳钉纹"与商代玄鸟崇拜存在什么样的关系？洛阳博物馆藏的"二里头文化期"的青铜爵上的"乳钉纹"，应是目前为止发现最早的出现在青铜器上的"乳钉纹"，它所处的时代应在商之前，这样的"乳钉纹"与商代玄鸟崇拜存在什么样的联系？"乳钉纹"是一个长久传承的纹样，为什么单单在商代和玄鸟发生了联系呢？解释不了商代青铜器上的"乳钉纹"与龙山文化乳钉纹橙黄陶鬶的关联，解释不了商代青铜器上的"乳钉纹"与"二里头文化期"的青铜爵上的"乳钉纹"的联系，"乳钉纹"源于商代玄鸟崇拜的观点就难以成立。

另外一种观点持乳钉星星说。有人认为明代以后的玉璧上的"乳钉纹"有可能是由谷纹变化而来的，通常代表天上的星星。持这一观点的人把明代玉璧上的近似谷纹称为"乳钉纹"，明代玉璧和远古的"乳钉纹"相距甚远，或者说它们不完全是一个系统的事，对象上就混淆了，结论自然难以站住脚。不过持这一观点的人认为"乳钉"是星星，还是有一定的启发意义的，至少这一观点比起单纯的"乳钉纹"来讲，是向一定的意味方面的努力。

从"乳钉纹"名称的发展流变和意蕴的探讨中可以看出，"乳钉纹"这一名称似乎没有揭示出该造型的真正的、原初性的意蕴，当时给它这样一个命名有依形随意想象的嫌疑，其理由有：

其一，名称上，许慎在《说文解字》中对"乳"字的解释是："人及鸟生子曰乳，兽曰产。"就是说至少在汉代人们对"乳"字的理解还主要是一种行为动作，而非一种形状。三代青铜器同时的甲骨文中也有乳字，写作𠃉，"象母抱子以哺乳之形，为乳之初文"（徐钟舒《甲骨文字典》）。该字表达的是哺乳的行为，也不是乳房本身。将"乳"名词化即称为乳房应在汉之后。这一问题距离"乳钉纹"本身的讨论较远，也就不深究了。

其二，退一步讲，如果"乳钉纹"的"乳"为人体器官尤其是女子身体器官的假设成立，那么随之而来的就必然涉及中国远古生殖崇拜问题。"乳钉纹"的大量出现是在商周时期，这一时期的华夏各部族是否存在生殖崇拜特别是女性生殖崇拜问题？《周易》卷八《系辞下》："黄帝、尧、舜，垂衣裳而天下治，盖取诸乾坤。"唐·孔颖达疏："垂衣裳者，以前衣皮，其制短小，今衣丝麻布帛，所作衣裳其制长大，故云垂衣裳也。"抛开"垂衣裳"的政治意义，通过衣服的穿着而体现出人伦规范，就已经意味着当时的人们开始遮蔽肉体，生殖崇拜的意味就已经极少了。西安半坡出土的陶纺轮、河姆渡文化的"踞织机"所体现的是中国远古时期发达的纺织业，纺织的发达意味着衣着的普遍，同时也意味着人们回避、遮蔽肉体的倾向。殷墟妇好墓出土的玉人服装严谨，也体现不出对生殖，尤其是女性生殖部位的强调和狂热。

其三，再退一步讲，即便当时有一定的生殖崇拜，是不是当时社会的主潮？如果是生殖崇拜，那么，生殖崇拜应该是一个思想系统和符号系统，除去乳头之外，应该还有乳房、生殖器、臀部、怀孕的妇女等的崇拜。远古文明最主要强调的是女人的乳房、腹部、臀部和生殖器，女人乳头的形象甚为模糊。古人会不会舍弃主要的功能性的而关注次要的如乳头？而且，如果确实是强调乳头的"乳钉纹"，为什么只表现乳头而没有其他文明的生殖崇拜那样对乳房的夸大、夸张？中国三代时期及以前时期，除了部分的所谓的"乳头"之外，极少看到乳房、生殖器、臀部、孕妇等形象，极少有像两河流域的生殖崇拜那样的大胆而热烈的女性生殖崇拜。在没有其他的足够多的生殖崇拜的佐证的情况下，只是将一个圆点称为乳头并冠以生殖崇拜，其观点是难以服人的。

其四，中国文化的特征之一是雄性文化，《周易》以及儒家思想为其代表，所强调的是"天行健"和君臣父兄的纲常，道家思想的"守雌"应是次要的且时间较晚。夏商周三代及以前诸多文化类型中大多是雄性神特别是复合型的神龙的崇拜，这也体现了中国文化自远古以来是以男性为主体的阳刚文化模式，女性崇拜非为主流。一个文化类型的构成主体少有女性崇拜，而在造型上却有了崇拜女性乳房、乳头的文化特征，这在文化系统、文化模式上似乎说不通。

其五，青铜器在古代属于国之重器，大多为礼器和神器，其作用为敬神和敬先祖，因此作为国之重器的青铜器所体现的必然是当时的国家意识形态。在敬神和敬先祖的神器之上器物上装饰乳头，特别可能为地位偏低的女子的乳头，与当时的崇祖敬龙的国家宗教、国家意识是否符合？如果符合当时的国家意识，那么这一意识的具体内容是什么？就是说，如果将乳头作为表征，在其表征的背后必定有强大而完整的思想系统，在当时是否存在这样的意识系统？

其六，青铜器纹样大多是动物，人物极少，即便是人物，大概也是人首，几乎没有人体具体的器官。如果说"乳钉纹"是人体的乳头形状，这和青铜器纹样构成的总的原则有一定的出入，甚至是相互矛盾。远古青铜器器形和纹样以动物为主，而这一动物带有浓重的原始图腾崇拜，中国远古图腾崇拜主要是以龙为主的动物崇拜系统，几不存在人体自身崇拜的现象和意味。这在纹样系统的整体性上是有一定的矛盾的。

按照贝尔的"有意味的形式"的观点来解释，任何形式都潜藏着一定的意义内涵。中国早期器物上的突出的圆点是较为典型的纹样形式，其中必定具有一定的意蕴积淀。由于"乳钉纹"出现得最早，也折射出中华先祖们对这一纹样的异乎寻常的重视。如果"乳钉纹"没有严肃的宗教内涵和社会意义，或者与宗教、社会意义相去甚远，远古先祖不会在材料极度缺乏、工艺极为落后的情况下大量地做这种无意义无价值的纯粹游戏。这其中必然有一种内在的力量驱动着他们，迫使他们不得不去做，而且是由

于其十分重要,即便费力也要首先去做。这一内在的驱动力量在远古时期,只能是意识的力量、宗教的力量。就是说,这一意蕴应该与原始社会的整体意识形态特征存在着密切的关联,或者说应是原始社会意识形态的外在形式的表现之一。李公麟认为古器物是古人用以载道之物:"圣人制器尚像,载道垂戒,寓不传之妙于器用之间,以遗后人,使宏识之士,即器以求像,即像以求意,心悟目击命物之旨,晓礼乐法,而不说之秘,朝夕鉴观,罔有逸德,此唐虞画衣冠以为记,而能使民不犯于有司,岂徒眩美贪玩,为悦目之具哉。"[1] 由此看来,"乳钉纹"的命名的确存在许多不妥之处,或者说仅仅是根据纹样的外形做出的简单命名。"乳钉纹"的名称没有揭示涵盖这一古老符号应有的内涵。而对"乳钉纹"名称的界定主要还应从当时国家宗教、政治、意识形态方面来综合界定。

第二,眼球的触觉凸出。

如果从神人交流等巫祝角度进行考察,器物上的圆点称为"乳钉纹"就有难以成立。张光直认为:"商代艺术品本身,或其动物纹样本身,是不是有一定的宗教力量与政治力量,或是说,它们本身便是直接达成某种宗教目的、政治目的的工具呢?""商周时代的动物纹样,实际上是当时巫觋通天的一项工具。"[2] 按照张光直的思路继续推论,这一圆点的"乳钉纹"也是"动物纹样",也是当时"巫觋通天的一项工具",那么它必然有一定的具体的内含,才能通天、实现神人交流。

我们认为,"乳钉纹"是作为天眼达到神人交流的,乳钉的圆钉是天

---

[1](宋)翟耆年.《籀史》上卷"李公麟《考古图》五卷"[M].北京:中华书局,1985年,第49页。

[2]张光直.《中国青铜时代(二集)》[M].上海:生活·读书·新知三联书店,1990年,第104页。

神的眼球。

神人交流是原始宗教的终极目标，在这一交流中，人与神面对面、眼对眼的交流与神人的意识交流相互交织，达到神人共和的境界。而其中双方眼睛的交流是最直观、最易达到交流效果的。朱大可认为："眼睛是实施政治巫术的核心器官"[1]，"假如从更大的全球范围观察，眼睛从来就是一种极其重要的宗教器官，它代表了伟大的日神，它是日神的标志物。而这种眼睛，出现在商人发明的甲骨文'日'字里"[2]，"但更为诡异的是，眼睛并非日神的标志物，作为洞察和照耀一切的器官，它还要从日神那里分离出来，成为近乎独立的巫术器官，那就是眼睛偶像（Eyes Idols）"[3]。朱大可接着具体分析了眼睛在原始宗教中的交流作用，他称之为原始祭祀中眼睛的活动为"瞠视的艺术"："在与神的对视中，众巫的眼睛也变得大而明亮起来，世俗的眼睛，就此从神祇那里获取了类似的权力。'瞠视'即一种夸大的凝视，也就是要展示权能移交的过程。眼睛巫术似乎是一种静穆的巫术，它无须声音的赞助，而跟人们此前所熟知的聒噪式巫术——祈祷、念咒、诵诗和歌舞，有着非常显著的差别。这种瞠视的独特仪式推动了神力的传递，将太阳神的宏大力量，转移到祭司、国王乃至贵族身上。他们是神拣选的群体。"[4] "瞠视"是一种夸张、强化了的凝视，即是一种神化性的交流，这一交流的固化、外化的手段就是把眼球从平面造型中突出出来，形成凸出的浮雕感，也就是感觉上强化凸出的触觉感，视觉上的凝视强化，意识上的融合感，进而有某种神圣之感、神秘力量的获得。

---

[1] 朱大可.《华夏上古神系》[M]. 北京：东方出版社，2014年，第384页。
[2] 朱大可.《华夏上古神系》[M]. 北京：东方出版社，2014年，第384页。
[3] 朱大可.《华夏上古神系》[M]. 北京：东方出版社，2014年，第385页。
[4] 朱大可.《华夏上古神系》[M]. 北京：东方出版社，2014年，第387页。

远古器物上的凸出的眼球的"瞪视""凝视"既符合人类的感觉本性，也与原始图腾崇拜神人交流的要求相一致，这样我们也就能够理解为什么良渚文化玉器、三星堆文化把雕像的眼睛造得那么大而突出。马承源先生说："这些动物纹样巨睛凝视，阔口怒张，在静止的状态下积聚着紧张的力，好像在一瞬间就会迸发出凶野的咆哮"。[1] 除去意识形态的倾向，马承源先生的对眼球的造型的把握是准确的，巨睛的凝视确实积蕴着巨大的张力，这一张力在彼此的凝视中，使凝视者遗弃世俗现实，达到更高层次的神人共和，并由此得到巨大的满足和愉悦。

或许有人会质疑，以上所论及的是古代器物上的具象的眼睛，有眼、眉、耳、鼻等器官，是一个形象性的具体的面目，这样的眼睛有其具体的意义，至于纯粹的圆而凸出的点，周围没有任何器官刻画，只是一个孤零零的圆点，它也是天神的眼球吗？

我们之所以认为古代器物上独立的、凸出的圆点儿也是神的眼睛，主要有这样的根据：

首先，具体的工艺的限制。远古时期，工具比较简陋，工艺比较落后，尤其是在质地坚硬的材料上，比如玉石、金属等材料上的刻画是相当困难的。由于困难，于是古人就把最主要的、突出的东西表现出来，其他的不重要的则有意识地省略了。

其次，与古代器物造型原则有关。远古器物的纹饰造型基本上分为两种：一个是象形纹饰，另一个是抽象的几何形纹饰。这种区分也只是为了便于理解纹样，实际上象形和几何是同时并存的，只是在个别纹样上有不同的侧重。远古器物上的眼球造型，既有象形的因素，又有几何形的因素，眼球的造型是具象的，周围其他元素的省略则应是抽象几何

---

[1] 马承源.《中国古代青铜器》[M].上海：上海人民出版社，1982年，第34页。

形的，由此而形成眼球造型的具象——简化兼具的艺术手法。眼睛造型的突出，起到的是"以一带十"的作用，即用眼球代替整个脸部刻画。王朝闻认为这些圆点是象形、抽象、情感的聚合体："圆圈与点组成的眼睛图像在纹饰构成中的广泛出现说明，即使没有动物纹样，那种圆圈、圆点、半圆或月牙形的各种组合方式已作为人们感兴趣的视觉对象普遍地被保留或沿用，仿佛点和圈已凝聚着相当的情感和生命。后来马家窑文化与庙底沟类型彩陶纹饰中许多对点和圆圈的处理方式，不是很容易使人想起某些动物的眼睛和羽毛吗？"[1]具体到"乳钉纹"意义上的眼球，王朝闻已明确地指出了"乳钉纹"即是动物的眼睛："到了新石器时代中晚期，在许多鬲、盉等器物上，则更经常用泥条与泥丸，贴堆出条纹、乳钉等各种有趣的装饰来；仿佛是某些动物的眼睛或禽鸟的羽翼，勾起人们相关的联想。"[2]王朝闻所说的条纹所对应的应是禽鸟的羽翼，而"乳钉"所对应的则是动物的眼睛。

既然称作"乳钉"的圆点应为动物的眼睛，"乳钉纹"的意义、内含就发生了根本变化，"乳钉纹"这一命名就成了过去。

第三，凸出的意蕴。

"乳钉纹"不再与乳头相关而是动物的眼睛，那么随之而来的问题是，它们是哪一种动物的眼睛？远古器物主要表现的是图腾崇拜，所有的主纹样包括"乳钉纹"必然从属于这一崇拜或与之相关联。华夏各部族的共同图腾崇拜对象中，具有超能力，同时又认为与本部族祖先有一定的血缘联系的，只有龙图腾符合条件。那么，"乳钉纹"必定与龙图腾有一定的关联，

---

[1] 王朝闻.《中国美术史》[M].北京：北京师范大学出版社，2011年，第134页。
[2] 王朝闻.《中国美术史》[M].北京：北京师范大学出版社，2011年，第97页。

"乳钉纹"实质上是超能力的动物的眼睛，如此一综合，远古器物特别是商周青铜器的突出的圆点就应是神龙之眼。如果这一推论成立，那么这一圆点就不应称为"乳钉纹"，应该称为神目纹，即神龙眼睛的纹样表达。

从感知形态上看，神目纹应是视觉和触觉的联合感知物，而与之相关的理论则是梅洛-庞蒂的知觉观点。梅洛-庞蒂的知觉理论之一是身体图式观点，在梅洛-庞蒂看来，身体图式是童年时期人的触觉、运动觉和视觉的联合，"人们最初把'身体图式'理解为我们的身体体验的概括，能把一种解释和一种意义给予当前的内感受性和本体感受性。身体图示应该能向我提供我的身体的某一个部分在做一个运动时其各个部分的位置变化，每一个局部刺激在整个身体中的位置，一个复杂动作在每一个时刻所完成的运动的总和，以及最后，当前的运动觉和关节觉印象在视觉语言中的连续表达。在谈到身体图式时，人们认为应首先引入一个方便的名称来表示大量的表象联合，人们只是想说明这些联合是牢固地建立起来的，能随时发生作用"[1]。身体图式是一个系统，在这一系统内诸因素构成一个系统单元。神龙之眼即神目纹是通过造型的系统性而显现的，就是说，神目纹不是单独的独立之物，它与周围的其他纹样造型必然构成一定的联系，即形成一定的返回性的意义单元，通过这些意义单元的分析，就可以印证这一圆点在这一系统中的地位、用意，以及作为神龙之眼的理论依据。重视个别分解了的纹样而忽视纹样的整体意义，是商周青铜器纹样研究的一个缺憾，唯有放入一定的身体图式中，才能弄清楚该纹样的意蕴。

神目纹大概有三种类型，对应的是三种意义单元。

---

[1] [法]莫里斯·梅洛-庞蒂.《知觉现象学》[M].姜志辉译.北京：商务印书馆，2001年，第136页。

首先，双睛型。

此类神目纹最为直观，也极具有代表性，它基本上是一对凸出的眼球造型，周围或有繁缛或有简单的纹饰或者无纹饰。眼球周围的纹样具有某些写实性眉毛、眼睛的基本轮廓等，整体上还是可以看出神龙的大致面目。在某些简化了的纹饰之中，需要细察和分析才能看得出来。此类纹饰类型中既有繁缛也有简单，所显现的应是神目纹从具体造型到抽象，从繁饰到简化，从有纹饰到无纹饰的独立的神目纹的过渡。虽然达到并显现为抽象、简化和无纹饰，但是其具象以及具象的意义依然存在，即便过渡到无纹饰，所省略形成的空白中依然能够显现其意蕴单元。

我们从具体的例证分析中试图体现出这一过渡过程。

第一个是眼球凸出，面目淡化，以"母己簋"（中国青铜器全集编辑委员会：《中国青铜器全集》2，文物出版社，1997年，第101页）为代表。"母己簋"的纹样有两组，一组在足部，一组在上部，两组以及把手共同组成一个意义单元。上部纹样靠近器物的边缘，为带状，中间有类似兽面的纹样，两侧则是拉开的眉眼纹样，兽面两侧是突出纹饰应该为眼球。殷商时期青铜器的眼睛中间有一个小凹，表明眼珠的高光点，这是殷商青铜器眼睛造型的特征。此处的中间有凹，为眼球无疑。除去面部的两只眼外，另有四个分两组的凸出的眼球，可以理解为双重的神目纹，也可能是对眉眼的强调，为的是强化其神性。面部具有一定的写实风格，眉眼部分成为表现的重点，尤其是眉成为地纹意义上的衬托。"母己簋"的两侧有两个龙形的把手，表现的是神龙的身躯，上部纹样表现的是神龙的正面，且是夸张了的神目形象，整体上的"母己簋"是侧面为体正面为脸部的立体造型方法。"母己簋"应是祭祀神龙的祭器，纹样所显示的是夸张了的神龙的眼睛，以及多个神龙之眼，且眼球凸出，神龙面目退隐，从中可以看出具象的眼睛向独立的神目纹的过渡。

第二个是眼球半独立，面目形象消失，以"兽面纹卣"（中国青铜器全集编辑委员会：《中国青铜器全集》3，文物出版社，1997年，第117页）为代表。与上面的"母己簋"相比，"兽面纹卣"的纹饰最为繁缛，花纹遍地、满眼锦绣，十分富丽堂皇。该器物遍身锦绣上有多处突出的神目，其中靠上部的一组眼球纹饰，中间有一个小的立棱纹，可以解读为鼻子的造型，与两侧的眼球组合在一起，好像是一个极为秀雅、精神十足的鸟。其他大部分为细腻的地纹，形状与其他青铜器的眉的造型较为接近。地纹之上有几组对称的眼球，十分醒目。这几组眼球应该也是神目的扩展，以眼睛的数量的多表明人们对眼睛的重视，或者眼睛的神圣之力的重视。"兽面纹卣"这一器物眼球突出而醒目，失去了面目的含义，只剩下眼球，面目铺散开来成为地纹，形象性消失，装饰性增强。它的神圣之处就在强化眼睛的凝视，达到与心中的天神、神龙的交流。

"青铜刀"（中国青铜器全集编辑委员会：《中国青铜器全集》3，文物出版社，1997年，第200页）应为神目纹的半独立。此纹样与地纹拉开距离，分离开来，成为各自一个部分。"青铜刀"两面靠近刀棱处各装饰龙纹，在龙纹和柄之间装饰有十个圆钉，《中国青铜器全集》认为是十个乳钉，我们认为应该视为眼球向乳钉纹的过渡，龙纹为眼眉，十个乳钉为眼球，它们之间分离，也由于器物造型的要求而简化，成为各自独立的纹样，同时眼球增加，眼眉简化。此后眼眉更加简化乃至于取消，而眼球则保留下来，成为一个独立的装饰纹样。

第三是眼球的独立，以"带盖鼎"为代表。

"带盖鼎"的神目纹造型应该是殷商青铜器神目纹简化方面的极致，之所以这样认为，主要是因为殷商青铜器基本上是纹饰繁缛的，这样的简化纹样不多见，如此一类的神目纹纹样更不多见。"带盖鼎"纹饰极为简朴，器物的其他纹样皆省去，只剩下两个横隔线、一个竖线及竖线旁边的两个突出的圆点。大致造型为凸出的眼球和一道鼻梁。然后是上下两道横线，作为面部造型的上下界线，类似于"母己簋"的横向的条形装饰，只是殷商青铜器常见的繁缛装饰的面孔、眉毛等造型尽皆省去，只简化为上下两条横线。"带盖鼎"基本上没有任何其他纹饰的配合，类似于龙山文化和二里头的神目纹，可以认为是这些纹样的回归和呼应。

其次，独立型。

此类型的神目纹基本上是一个或数个突出而单独的眼球造型，周围基本上没有装饰纹样，或者有而极少。这样的神目纹大多出现在早期器物之上。新石器时代龙山文化"乳钉纹"橙黄陶鬶系列，全身遍布突出的大圆点，分布大多在嘴角，一部分则在身上。其中一个"龙山文化红陶锥足鬶"（山东博物馆藏）鸟嘴向上，嘴下方有一个突出的圆点，大而突出，应该是鸟的眼睛。这一眼睛与在"橙黄陶乳钉纹鬶"身上的圆点有一定的关联，可以解释为是鸟的眼睛向身体，尤其是背部的移位，进而成为独立的装饰纹样，从出土情况来看，"橙黄陶乳钉纹鬶"出土的墓葬的规格较高，不是一般百姓所能够持有的，从这个方面也能证明满身神眼的"橙黄陶乳钉纹鬶"为神圣之物。整体造型上，应该是东夷鸟文化的神圣图腾。该系列神鸟身姿雄壮，遍身神眼，啸叫向天，一副激情昂扬的豪情。尤其是全身遍布神目纹，更使之具有神圣的意味，意即天神之眼遍布全身，既可上通于天，又可以下察尘世，至少，它应该是一个沟通天地人的神圣之物。

独立型神目纹的出现应该与远古器物的材料和工艺有关，玉器的大圆点基本上是圆圈，可能是由于当时工艺的限制，极难做出突出的浮雕状。有个别的玉器，主要是兽面纹的眼睛的处理上，为突出的圆点，如良渚文化的兽面纹玉钺做成浮雕状。"二里头文化期"的青铜爵（洛阳博物馆藏）应是目前发现的最早的青铜酒器，它没有别的纹饰，只在有的爵的杯体正面腰部有一排或二排突出的圆点，上下各有一条稍突出的线。就其形态上，

这些青铜器的"乳钉"纹饰与龙山文化乳钉纹橙黄陶鬶上的"乳钉"基本上属于同一类型，也可以推断，该青铜爵上的圆点即是具有神圣意味的天神、神龙之眼。能够与之相呼应的是三星堆的神人的眼睛的凸出，只是华夏区域的眼球相对温和含蓄。

其三，繁星型。

繁星型神目纹应是其典型的造型，它的器形更大，器物满身神目纹，纹饰复杂，且纹饰具有一定的系统性，纹饰符号构成一个层次明确的意义单位，具有一定的较为清晰的意识内涵，在意义的表达方面类似一篇颂神的文章，这样的极有意味的器物应该是当时的重器。繁星式神目纹从外在的器形上可分为圆鼎和方鼎两种，圆鼎器形较为圆润柔，神目纹整体是一个复合的意义单位，如"乳钉纹簋"（中国青铜器全集编辑委员会：《中国青铜器全集》2，文物出版社，1997年，第86页）全部纹饰分为三个层次：上层有三个符号，龙首、太阳纹和蝉翅纹。龙首为正面，居中，是具有标志性和引领性的，应该是"乳钉纹簋"整体纹样的主眼或者主旨，表明该纹饰表现的，或者颂扬的是神龙。然后神龙的各个身体侧面、特性和功能分类分层次展开。与龙首同一个层次的是太阳纹和蝉翅纹，两者围绕着龙首交替展开，三者的组合表明飞龙在天，与日月同辉，或者是龙与太阳本来就为一体。"乳钉纹簋"的底部为侧体龙纹，表现的是神龙侧面的形象。"乳钉纹簋"的中间部分为其主体层次，在斜纹格内遍布眼球，周围围绕云雷纹，眼睛与云雷相配，表明其为神目，斜纹格内眼球遍布表明满天神眼，神龙的眼睛如同繁星，可以遍视一切、遍照一切、关照一切。"乳钉纹簋"完整地表现了神龙的形象，上层为首，中部为眼，底部为侧面全身像，在完整的形象展现的同时又集中且夸张地突出了神龙之眼，"乳钉纹簋"如同一篇文章，既有整体又有重点的突出和强化，这一夸张性的强化在当时的思想心理中可能是人们极度渴望的。其他诸如"宁鼎""黄篮"等大致与之相似，只是在上层部分的某些细节上有一定的区别。如"黄篮"上层为龙首、蝉翅纹和鸟纹，象征神龙可以如同鸟、蝉一样遨游天上，主体均为斜纹格的神目纹，它们的基本寓意应该是相同的。

神目纹方鼎的基本寓意和神目纹圆鼎相似，在外形上似乎更为严肃、更庄重，应该是诸多的祭祀祭器当中的主鼎。"父戊方鼎"（中国青铜器全集编辑委员会：《中国青铜器全集》2，文物出版社，1997年，第49页）中间主要位置为一个龙首，两侧各两个共四个小鸟，为鸟铺开的侧面形象，鸟的眼睛大而突出，同时也可以作为龙的眼睛，是两者的眼睛重合。龙首面下方为斜纹地纹，三面为神目纹，共三排，呈U字形，神目纹为天眼，为伟大的宇宙之神的眼睛，照耀、洞察人间，也表现了对祭祀者的世间的惠顾。

独立型的神目纹因其过于简单，可能其中的意义还不是十分明了，到了繁星型的神目纹则就有了系统的、结构性的构成，其意义相对明晰一些，这些明晰的意义与当时的文献相呼应，共同构成一个时代的国家意识的整体表达，这些意义单元的表达，"乳钉纹"的名称是难以表达的，只有神目纹的名称才能揭示其内涵。

神目纹的内涵的揭示与神目纹所处的场域密不可分，在这一场域之外，所谓的神目纹只是一个圆圆的凸出的点，是一般的触觉的感受物，甚至在现象学看来，它连个物都不是，它是意识的现象的投射。但是在状态之中，它也不是现象学的意识的单向性的现象投射，因为在触觉状态的场域中，是没有主客之分，它处在一定的状态之中，只是这一状态是借助于触觉为主要显现方式，触觉背后的是返回性的意识循环。就神目纹本身而言，一个圆的凸出和神圣的神的眼睛的意义之所以能够联结起来，触觉的手段是必不可少的，但是触觉作为手段本身太过简单，于是在意识的力量的参与之下，与神的眼睛形成比喻性联系，并将之置入

这一场域中，于是几方面的意味都得到了实现和显现，而在具体的图腾崇拜活动中，它们又不是几个因素的简单的拼接，它是活的形象和一个流动不居的、不尽的循环的意识。

第五章
触觉状态的少思无思

触觉状态是返回性意识的展开状态，因其为返回的、自身在他物之上展开的，其中所包含的意识则是间接的、不明晰的。与人们的展开观点所不同的是，返回性的展开因其返回而保存了返回前的全部意识，具有纯粹意识的所有内涵，纯粹意识是处在意识的完全的无的超形而上学层次上，而返回性的意识则处在不同的展开阶段。意识无论处在纯粹意识阶段还是展开阶段，所具有的思想内核是一致的，这一一致性是一种全然性的赋予，如此的展开不是发生学意义上的渐次的减弱，或者说，发生学不是独立的，而且从来没有独立过，它也是另外一种赋予。返回性展开和纯粹意识之间的不同是显隐的区别，是返回性的微状态。返回性的微意识状态不是借助于理性的反思得到的，而是通过赋予以及反观，即在状态中又回到之前的纯粹意识方有可能。返回性的触觉的微意识状态因其展现在具体的情景中而有其隐的特征，这一特征具体表现为少思和无思。少思和无思既是返回性的展开状态的特性，同时也是一种社会思潮，知识的负重使得当今人们有意无意地追求少思和无思，现代艺术即是当今少思无思思潮的体现。

第一节　展开中的潜在性

触觉的微意识状态不是经验性的，虽然两者外在表现上极为相似，微意识状态是返回到具体层面的，它与经验的根本区别在于，一般经验是单纯的，来自感官的，自下而上地为形式所规范，返回性的微意识状态则是来自于纯粹意识，是自上而下的展现，是自觉意识的完全展开的结果而非自然主义态度的产物。对这一类的状态，自然主义往往将之归结为一般感觉经验，将上下不同的路径以及各层次混为一谈，这也是自然主义最拿手的，唯有混淆才能够显得出一般感觉的基础性和实在性，才能在表象上使人信服。事实上人类的生存、思想、意识绝大多数是处在返回中的，只是

第五章 触觉状态的少思无思

由于没有反观而不自觉之,即便是原始社会的一个一般人面对极度困苦时的哭嚎,也是经过了返回的,更不用说他们有意识的祈祷。李尔王在旷野中的呼号,如果没有之前的真诚被欺骗的经历,也不会有其呼号的意味,也不会引起我们如此强烈的共鸣,如果李尔王的呼号是一般经验的表达,那么李尔王的痛苦只是他个人的即时的感受,他人则不可能构成共鸣,唯有处在共同意识的返回状态,共鸣才有可能。

返回性的微意识状态不同于弗洛伊德的潜在意识和前意识,弗洛伊德的潜意识与叔本华、尼采的意志论模式相同,各自的角度却不尽相同,表达也有所区别。叔本华的意志更多地侧重于对黑格尔理念的一个反动,是以生命意志代替逻辑理念。弗洛伊德的潜意识则是存在于一般社会行为之下的生命本能,是被人类文明规则排斥在外的自然意味的冲动,在某些程度上,弗洛伊德的潜意识与纯粹意识处在截然对立的两个立足点上。返回性的微意识状态则是纯粹意识展开的不同阶段、不同层次和不同的状态,就其内核上,返回性的微意识状态和纯粹意识完全相同,没有质的分别,它们之间的区别仅仅在于显与隐的不同。纯粹意识和返回性的微意识状态一个是意识的直接性,一个是意识的返回。意识可以分为三个阶段:上升性的超越性的意识、纯粹意识和返回性意识。上升性的意识是一种否定的意识,通过否定而达到纯粹意识;纯粹意识是赋予性的完全;而返回性的意识则是纯粹意识的展开和显现,经过了形而上学洗礼之后而不失形而上学内涵的活生生的意识,或者说是真正的意识。纯粹意识和返回性意识都处在形而上学状态中,它们均是形而上学,只是阶段不同。

很多人混淆了两者,主要的原因在于将纯粹意识固定化,同时将返回性意识发生学化、经验化和行为实践化。将纯粹意识固定为一个概念,它们或者是道,或者是理念,如此的观点将概念的纯粹与概念所指的纯粹混为一谈,并与实在性的终极性合并为一。事实上这几个方面都不是一回事。

如果说它们之间的一致性，即这四个方面都是赋予性的，合二为一只能增加它的复杂和难解，合并越多，遮掩的东西就越多。除去赋予性，纯粹意识并不纯粹。如果赋予是这几个方面一致性之处，那么返回性的意识和纯粹意识也没有什么区别。纯粹意识是赋予性的一个瞬间即过的环节，不是终极的、就此固定不动了的。人类意识中少不了纯粹的概念的，但是不能就此固定不变。

轴心时代以来人类思想创造的重心在于之上所述的纯粹意识的建构，并由此构想出恢宏而多姿的纯粹意识大厦。这些意识大厦可以以返回为标志分为前后期，就其整体而言人类思想基本上侧重于返回的前期，返回本身有佛教、基督教等宗教教义和宗教活动，思想史上明确的则有老子、康德等，这些思想往往又被逻辑主义、科学主义所遮掩。近代以来，西方思想大多还是停留在前期的绝对概念的阶段，似乎只用一个形而上学理念以及达到理念的几个阶段就解决了世界上所有的问题，黑格尔之前的思想基本上如此。黑格尔之后的西方哲学试图并努力改变这一状况，叔本华、尼采的生命意志、弗洛伊德的微意识、荣格的集体无意识、海德格尔的此在与存在等均是从内容方面的探讨；柏格森的直觉、胡塞尔的现象学则是从方法论方面的探讨。这些探讨固然很有益，但似乎总是未能透彻和究竟，反而留下更多的神秘，如后期海德格尔和维特根斯坦。梅洛－庞蒂也在向着这个方向努力，应该说某种程度上努力到了，所缺乏的是一种更为明晰的路径。康德、海德格尔及维特根斯坦所努力之处应该是一种超形而上学境界，即超越了一般形而上学的返回境界，这一境界基于逻辑主义和科学主义几乎是不可能的，只有东方的超一般形而上学思想能够给我们提供依据和源泉。西方形而上学基本上属于一般形而上学，它是有关实体的最高概念，达到这一最高概念即是全部的目的，所有的价值和目标均在于此，达到这一阶段基本上止步不前了（康德的实践论是对一般形而上学的克服，由于实在性的吸引力太大，以至于一个纯粹理性有了返回的苗头，则迅速被实在化、现实化，即从一个概念的实在直接作用到一个现实的实在性上，如此返回往往由于实在性的影响而变得较为简单，而返回的简单就使之失去了很多的东西）。道禅思想则是超越一般形而上学，是在一般形而上学之上向前再迈一步，经过全部精神的虚灵化而全部显现出来。在虚灵化的无的境界中，所有的界限全部消失，所有事物都是具足的无界限无分别的，所有事物必然因其各自具足而各自完全地、完满地展现。显现与无的虚灵是超形而上学的境界不可分割的两个侧面。这一境界的观念因其完全完满和全部，任何意识均难以把握，只有在设定性的完全中以及显现物中体悟，完全的设定在显现物上的呈现即是其微意识状态。

　　返回的前期即超越的过程经过千百年来人们的努力构想而相对较为清晰，而返回则是较为模糊的，甚至某些方面将返回之前和返回本身混为一谈，本来应有的两种感觉、两种社会，但人们往往视为一个，这也是许多年来诸多思想混乱的一个原因。返回的过程不仅仅是模糊，而且大阶段以及诸多的内部因素相互纠缠，成为一团难以理清的乱麻。以往对这混乱一团的最佳处置方式是采取的应该的方式，使之公式化、简单化和理所应当化。理清的工作之所以较为困难，主要还是由于人们把主要的精力放在了返回的前期诸过程而草草处理了返回，甚至认为这是水到渠成的应当。返回的模糊还有一个原因，即是与返回本身的特性有关，返回是一个复杂的层次性活动，它经历了纯意识、艺术意识、语言、行动和感觉等，这数个层次的变化存在一个共同的特性，即意识逐渐由显至隐，意识内涵不会减少，但是材料会使它渐次隐藏，以一种潜在的方式存在，以至于一般人忽略甚至否定了这些层次中的意识因素，现实的、自然的态度就是在这种忽略和否定中建立起来的。意识的渐隐到了感觉和质料之上达到顶点，当然同时也是意识的最低点。这里的意识的最低点不是内容的最低点，而是显现方式的最低点，我们称之为微意识特性。

后现代西方思想也试图克服一般形而上学的局限，基本上有两个克服思路：一个是德里达的彻底的否定，一个是海德格尔的将一般形而上学向前推进一个阶段。福柯则通过对微观意识的关注达到对一般形而上学的忽略，福柯除去他的后期试图建立新主体外，否定的思路是基本的、主要的。以福柯为主的后现代的微观意识是与宏观意识相对应，它的主要目的在于对一般形而上学的解构，显现为对宏大叙事的回避和否定。后现代的微观意识走的是尼采、福柯和德里达一线的路子，它通过对微观世界的关注达到对形而上学的转移和否定，因而它所侧重的是具体的现象，进而如果可能，则通过具体的现象透出形而上学来，这在后现代那里也不是完全一致的，德里达是彻底的形而上学的否定，而福柯则是借助于微观如权力等得到类似于形而上学的某些结论，当然这也是对旧的形而上学的否定，只是否定的途径有一定的区别。返回性的微意识是形而上学的，又不是一般形而上学的，它是从旧的形而上学基础上向前走一步，一方面抛弃了，一方面又保留了。正因为如此，返回性的微意识是状态性、复合性的，甚至可以说，世界展开之后的各个方面都是复合与组合，返回之后再没有纯粹的东西。返回的意识状态包含有意识、艺术意识、语言、社会、感官以及质料。质料等只有与人的意识和手发生关联，才能成为对象，才有对象意义的显露或意义的灌注。质料和对象的区别就在于是否和人的意识、人的身体发生关联，这一关联同时也以一定的方式参与了进来，于是人的意识的投射和注入也同时变成了一定的组合，质料不再是自在的材料，而成了人的纯粹意识的关系物和延伸物，尤其是具有某种内涵的关系物和延伸物。如此一个组合状态也具有对象、感官本身的某些特性，因而表现为人的身体的潜在的组合构成和对象的展开。返回则是经历了形而上学的洗礼，尤其是"无"的否定性的洗礼而得到的真正纯粹的，没有功利性支配性因素的，在这一意义上，它即是自由，返回即是源于自由的漫展性的活动。

第二节　触及动作及其中的意识

触觉状态的微意识是意识返回到触觉阶段显现出的意识特性，或者说是借助于触觉表现出的意识，只是借助，因而它不是一般身体和一般触觉意义上的，这里所说的一般，即是经验一般，非经验一般的触觉状态的具体行为即是触及。

梅洛－庞蒂注意到了一般触觉和触及的区别，一般触觉基本上是在自然的经验的层次上的，而触及则是完全主动的，是返回的意识的结果。梅洛－庞蒂将触及归结为一定的形式，而将一切意识无意识归为一定的形式是西方思想惯常的模式，这一模式和核心以及展现本身是完全性的无的层次分别，西方思想中的一个形式概念包含不了如此的内容。西方思想者将所有这些归结为一定的形式，即是西方特有的逻辑设定的结果，这样归结既自然，又简单便捷，但是在简单之中可能失去了许多有意味的东西。逻辑的要求满足了，真正的东西反而远离了。

触及不是自然的、被动的、经验性的触觉，触及是主动的、为意识所支配，每一个主动性的触摸、触及动作，就主体而言都有一个明确的目的，目的背后有明确的意义和意识系统。如此一来，触及就包含两个方面：触及动作以及触及的意识，触及的意识包括触及前的意识以及触及中的意识。触及是动作，具有触觉模糊的、潜在的特性，但是动作前以及动作中的意识却是明确的，两方面结合即为触及，即是有意识的、有目的的微状态的触及。几乎人类绝大部分触觉感受和行为基本上就是如此的触及。

作为返回的触及也具有一般意义上的触觉的特性。就一般触觉而言，与视觉、听觉等相比，触觉的感受相对比较含混、含糊，触觉动作只能给人们带来有关对象大致的质地、轮廓和形状，在精微细微等方面要远逊于视觉，因而康德认为触觉是"最粗糙的感官"[1]，霭里士认为触觉"既散漫，又模糊"[2]。在人的生命器官、一般动物器官的演变史上，触觉器官在诸种感官的孕化过程中出现得最早。一个生命体往往是先有一个较为混沌的肉体，之后基于其内在的生命需求，才演化出眼、耳等其他感觉器官。皮肤与肉体相伴相生，触觉也随着肉体的出现而出现，它是诸种感觉器官中最为基础性的感官。随着其他感觉器官的出现和进一步的发育，触觉感官的部分功能逐步被取代，触觉感官在相当程度上作为基础的作用而保留下来，触觉感觉则以潜在的方式决定着其他感觉。触觉最为古老，但是触觉感官功能的部分被代替并不意味着触觉感觉因素的消失，而是潜在地存在于其他感觉、知觉乃至于意识之中，在感觉层面上主要存在于视听感知中。一般触觉的基本特性是粗糙的、散漫的、模糊而又基础性的，同时这也是触觉微状态的基本特性，触觉状态的意识之微，主要源于这些基本特性。

触觉状态与一般触觉所不同之处在于，一般触觉是自然的，本性是粗糙的、散漫的、模糊的，其表达也是如此；触觉状态是返回的，表面上远离纯粹意识，表现为粗糙模糊的微状态，而背后实则为完全，是完全的微意识表达。一般触觉是简单的感觉活动，从头至尾都是一个简单刺激，这一简单刺激无须反思也不能反思。触觉微状态则是层层表达，立足点为纯粹的完全，经过不同的阶段而用触及表达出来，正是由于其层层表达，对它的把握才可以层层上溯，即可反思可反观。

触及中的意识包括触及前的意识和触及中的意识，触及前的意识存在一个明确的意味、目的和意识系统，触及中的则是模糊的微意识，或者有

---

[1] 郑保华.《康德文集》[M].北京：改革出版社，1997年，第466页。
[2] [英]霭里士.《性心理学》[M].北京：商务印书馆，1997年，第50页。

意借助于模糊的微意识去表达。触及前的意识和触及中的意识之间是表达上的显与隐的区别，或者说是纯粹的直接给予和与象征性给予的区别。纯粹是给予性的全部，而象征性给予则是外显为一般感觉和质料，这样的活动仅仅是构想性的纯粹和感觉质料的不同，就其内涵而言则始终不变。西方思想善于构想出一个层次，这样做是意识的必需，但是西方思想的错误之处在于把层次的内容的多少同时也区别开来，如此就借助于层次把思想深刻化了，同时也把思想割裂开来，这就意味着把人也割裂开来。意识即是意识，意识本身始终是不变的，无论它是以纯粹的方式还是质料的方式，这一循环如同月亮一样，月有阴晴圆缺，但是月亮本身却从未改变。因此一个哲学家不必因知道了形而上学就自以为完满，而一个小儿也不必因为玩泥巴而就减少了灵性。触觉微意识只是意识的一种状态，它与纯粹意识就其赋予性上没有差别，所不同的只是表层显现的不同，或者说是各自的状态的不同，纯粹意识是一种逻辑状态，因其逻辑的抽象而显现为概念，表象上是语言的纯粹，触觉微意识状态则处在意识的返回过程中，待至身体这一阶段，意识即与身体诸因素结合、交融，由于身体本身的因素以及身体关系等方面的作用而将意识显现为潜在的微状态。所有这一系列的状态均是赋予的结果，诗是在意象方面的赋予，道和理念是在逻辑方面的赋予，一花一世界是在禅和神方面的赋予，它们都处在上升和返回的循环中，唯有循环和赋予是固定的。

　　如此触及以及返回意识构成了返回性的触觉状态。触觉状态中的意识不重在探讨世界的生成、人格神的创造以及元思想的纯粹，这一阶段中意识的纯粹自我显现的因素相对少些，但意识本身的内涵并未减少，亦不影响意识的运行和展现。与纯粹意识的全视角的、形而上学特性相比，触觉微意识状态主要表现为意识在具体中的展现，人的身体、身体关系以及身体直接延伸物是其主要展开场域，这些因素主要体现在触及的动作以及情景之中。触觉微意识状态源于意识的返回以及在显现和展开中与对象诸因素的多重组合,在组合的显现中具有诸因素的特性,这些特性只是显现的,如果只把这些显现的特性视为唯一的,表明它的意识缺乏意识的本性。

第三节　触觉微意识的少思无思

　　弗洛伊德的潜意识立足于生命本能,触觉状态意识的潜在性在于其微,微意识的表现为少思和无思,少思无思是远离纯粹意识的概念的、逻辑的、语言的清晰性而返回到身体感官的表达,貌似为一般自然的、自动的、直观的、不假思索式的表现,实际上是借助于身体因素的意识表达。触觉微意识状态的少思无思不是身体自然状态的无觉、自动和机能反射,身体自然状态的无觉、自动和机能反射是基于身体神经刺激和感觉适应的无觉,无觉是身体诸因素高度适宜的生命状态,在某种程度上是人类躯体的自然反应,即为机能性的自动。这一自动无须人力调节,无须主动把握,是在某种不自觉的情况下的自然的适宜,就是说,这一无觉、自动和机能反射是躯体的生理自然状况。

　　触觉微意识的少思和无思不同于道禅的"无念"。"无念"有两个方面的意味:圆满的无思维的境界和排除杂念的修行方式,有时是两者兼而有之。圆满的无思维的境界是最高的完全状态,思维对这一完全状态本身不可达到也不可掌握,它的存在仅仅是外在的设定性的。我们不可能知晓完全之中所有的内容,或者思考不了完全中的东西,这一不可思维者即是无,是否定性的完全。完全,我们只能外在地想象、设定而不能直达其中,它的进一步的展开方有思维。另外,"无念"也是中国道禅思想特定的修行概念,这一意义上的"无念"强调的是对世俗杂念乃至于对思维本身的取消和超越。佛教认为杂念是导致有我及我苦的根源之一,而有杂念即有我的心、意、意识，取消前七识，进入阿赖耶识，或者说进入清静的如来藏识，即进入无念、无意、无意识，就达到最终的解脱。因此，"无念"和返回性的触觉状态的少思无思之间的区别就在于，一个是佛禅最高观念和途径，一个是最高返回性的一个环节，前者重于绝对本身而后者是返回性的展现性的形态，它来自绝对和完全，它本身即是一种圆满自足，这一圆满自足本身超越了思维和语言，但同时又是在展开性的状态之中，又有展开的情景与状态。状态的少思无思使之如此，即心怀全部而被设定性地注入感觉、表象，感觉、表象的特征使之无思且少思。梅洛－庞蒂提出了相近的看法，他认为触及背后具有结构性、形式性的内涵，而其表现则为模糊性、潜在性的触及。梅洛－庞蒂重点说明触及的潜在意识中所具有的结构性、形式性，我们则认为触觉状态的少思无思依然还是意识，是返回的意识，具有所有意识的特征。

少思无思是返回性的意识状态，是意识历时流变的结果，这一历时是意识的历时而非科学性的线性时间的历时，也不是逻辑上的历时，因为相比而言逻辑毕竟只是个部分。返回性的意识与上升的意识可能是同步的，也可能是交织的。纯粹意识达到完全之后，必然的是设定性完全的掠过式返回，即既在完全中，又是对完全的掠过，如同燕子掠水一样，既是完全的全部又是完全的一部分，返回即是在完全的部分之中。以往人们说哲学观念决定着具体，或者说是实践的思想，这是以往的逻辑思路。少思无思与完全之间不是决定的关系，而是不同思想状态的区分，一定的纯粹意识经过完全的无的过滤之后，因其部分性而转化为少思无思的微意识状态，它是意识循环流变的结果。

少思无思是返回阶段的意识状态，因其是循环的返回，它本身的意识因素并未减损，具有一般意识、纯粹意识的全部的内涵性，或者说人类意识就是一条循环的不归路。所有的意识均具有赋予我、我赋予的根本特性，因其为赋予性的,从这一角度看,少思无思是一个外表为具体状态的、情景的,而实质上具有完整的意识内容和意识结构,并且由于是返回到身体的,同时也身体、身体关系,尤其是身体外延物的内涵具有多侧面、多层次、多因素构成的单元结构。某个单一的模式难以完整地揭示触觉微意识状态的多重的复合的立体的结构,这也使微意识更难把握、更具有分析性和更有趣味性,尤其是具有更为复杂且有情景性的审美趣味。

少思无思则在程度上逐层次脱离了语言,是近似于无表征的完全性的表达。这一无语言表征的思维状态或许是西方文化难以理解和难以接受的。在西方思想看来,没有概念、没有语言、没有实在性的思维即是无思维,语言是思维的承载工具,离开这一工具思维便是不可能。作为西方思想的例外,海德格尔和维特根斯坦以玄妙的方式传达了这一无表征思维,只是他们的着眼点是形而上学层次、超形而上学的。在形而上学层次、超形而上学层次上的确存在超语言无思维的东西,但同时,在现实的最隐秘之处也存在着这种思维,无思也是一种思维状态,而且相比之下这种思维更为复杂。这一复杂性表现为载体的多样、组合的多样且不像逻辑那样成为一套严谨的系统。如果站在逻辑的系统性和严密性上的确可以轻视这一复杂的思维形式,当然,人们也可以反过来,站在这种无思的隐秘和复杂的角度轻视逻辑的过于单纯。少思和无思即是这种复杂思维的一种表现,它在返回中不同的层次中展开,离开纯粹意识,愈是进入具体感官、各种状态,则愈是隐蔽,接近基因阶段就基本上完全进入隐秘的难以觉知的状态,在其中,生命周流,一种微意识在感觉和语言之外自行运转着。触觉微意识状态的少思和无思是中间环节的一个,它还没有接近于微意识的低点,而是逐层返回较低的意识状态,这是触觉状态的少思和无思的意识存在的一个方面。

同时,触觉微意识状态的少思和无思还以艺术的方式存在和显现。作为艺术的触觉表现具有艺术本身的意识,艺术意识和作为返回的触觉微意识，两者的结合即是，既是纯粹意识的又是微意识的。少思和无思表面上远离了纯粹意识，实质上由于艺术而使得它更能保证纯粹意识的内涵。一般触觉微意识和作为返回的少思无思及艺术的少思无思同而不同，后两者，特别是艺术的少思无思是返回到身体阶段的结果，它一方面是身体诸因素的参与，一方面是远离语言的纯粹意识，一方面具有纯粹意识的所有内涵，一方面具有超出纯粹意识的无的开放性。纯粹意识在意识的循环中只是一个显现阶段，是借助于语言符号把握得住的那一部分，而且是极为有限的一部分，大多数的意识是难以用语言把握甚至是无法把握的。艺术性少思无思的开启则显现出了其自身的无限意义，表征上为潜在和"微"，而实质上具有无限性，所有的艺术可能都是如此。

第四节　环节中的无思少思

无论是超越还是返回，所有环节中意识的要素是一致的，不同的是显与隐的区别，这是共时的框架构成的角度，而人类思想的发展，由于思潮的因素则是有高有低，有起有伏。同样的一个框架，在具体的历史阶段中人们会有所取舍、各有侧重。思潮是意识选择的结果，是人们依据历史的需求，从超越、返回的环节中选取一个可满足者。让处于社会冲动中的群体长期保持在固定的思想高点是过于苛刻的要求；人类思想的发展也不完全是按照黑格尔的逻辑与历史的高度契合，它的发展不是逻辑式的均匀演进，而是呈现出不规则的波浪形的演变态势。纯粹意识并非一直高居于人类意识思潮的顶端，它有时占据高峰，有时会存在"断裂"[1]，或者是意

---

[1] [法]福科.《知识考古学·绪论》[M].上海：生活·读书·新知三联书店, 2003年, 第2页。

识发展的"非连续性"[1]环节,"少数思想天才的思想未必与普遍知识水准与一般思想状况相关,故有凸起,有凹陷,有断裂,有反复"[2]。天才思想家的出现是其高峰期,意识的"断裂"和"非连续性"环节则是其发展的低谷时期,这样的低谷时期往往被称为思想的空白期。中国两汉儒学和魏晋玄学之间的汉魏时期、元代甚至整个的清代都可以视为这样的一个空白期。由于战火连绵,或者是无思想的统治者的高压,纯粹意识不再是历史的关注点,这即是意识发展的"断裂"。意识的高峰一般出现在社会变革之前,它往往是新的时代精神、社会思想和社会形态结构的奠基。思想意识的高峰之后,往往有一个适应期,而时代的大变迁,则进入思想"断裂"和"非连续性"时期,此时期人们对意识较少关注,而更重视其他的方面尤其是现实的层面的需求和满足。

当今世界范围内社会思潮哲学思潮正处于意识的"非连续性"和"断裂"的阶段,即较少关注纯粹意识的阶段,当今这一阶段思想"断裂"的特征可以称为少思或无思。近几十年来,也就是西方社会进入后工业时代、西方思想进入后现代以来,世界范围内再也没有出现杰出的思想家和突出的哲学流派,思想基本上处于沉寂状态,主要表现在世界范围内自轴心时代以来的话语趋于完成,古典思想走向终结,东方古典思想如超验层次、社会人伦层次,西方基督教文化模式的理性层次、自然思想等均成熟且衰落,海德格尔认为是诸神的逃遁、大地的毁灭和人类的群众化,美国社会学家丹尼尔·贝尔基于这样的终结提出了"意识形态终结论"[3]。当今世界范围内的思想是旧的思想终结,而为新时代的到来作铺垫的新的思想并

---

[1] 葛兆光.《中国思想史·导论》[M].上海:复旦大学出版社,2001年,第10页。
[2] 葛兆光.《中国思想史·导论》[M].上海:复旦大学出版社,2001年,第13页。
[3] 王岳川.《后现代文化研究》[M].北京:北京大学出版社,1992年,122页。

未真正形成，我们正处在过渡时代的"过渡间隙"[1]。

这一万马齐喑的意识状态，一方面是旧的话题已经说到尽处，批判和否定也达到了极端，破坏殆尽反而让人们四顾茫然。另一方面则是进入后现代，资本运作更加精致，社会机制的调节相对而言更为细致和有效，西方国家总结了两次世界大战的教训，在社会协调机制方面进行了适当的改革和改良，中产阶级成为社会的主力，尖锐的社会冲突得到缓解，突出的社会问题也在某些方面得到了有效的调节。改良了的社会体制避开了尖锐的阶级阶层矛盾，使得惯于走极端的西方思想没有了下手之处，没有了可审视可批判的对象。资本以其精致的方式编织了一个更为深密的、不露痕迹的巨网，这一巨网以文化为先锋、为主要手段，资本的剥夺变成为文化的剥夺或者教育的剥夺，人与人之间的竞争由资本竞争转而成为教育的、知识的竞争。资本竞争转而成为教育竞争，使得竞争变得相对隐秘，不再那么血腥和直接，同时，基于人口爆炸所引起的生存焦虑，也使得隐秘的教育、知识竞争显得更为广泛和深沉。于是资本主义的自由竞争进而形成人与人之间的全面的意识竞争。人与人之间全面的恶性的意识竞争更多地体现在教育上，资本借助于教育的手段达到剥夺的目的。当今的人们生活在人与人之间的全面恶性竞争中，人口膨胀、环境恶化、民族观念强烈、国家对生存空间的争夺，加剧了人与人之间的竞争。现代社会的竞争不同于农耕时代的体力竞争、工业社会的技能竞争，现代社会是凭借知识和才能对相对稀少的社会资源的争夺和占有，知识和才能成了基本的生存手段，也成为全面竞争的工具，教育科技成为其主要战场。全球性教育、科学的发展使得人们以一种意识竞争的方式生存，即以意识为生产工具和生存方式。这样的社会不再是古代的悠然的牧歌社会，而是欲望膨胀、知识恶性

---

[1] 王岳川.《后现代文化研究》[M].北京：北京大学出版社，1992年，123页。

竞争性的社会，意识的理想性、调节性消失，其工具意义增强。知识和意识既是竞争的有效手段，同时也成了异化力量，这种状态下的意识就不再是农耕生活和技能生活的有效的调节剂，不再是人们追求的自由境界，而是由于意识的工具性、竞争性、排他性而把它推到了人的对立面。这样在人们的心目中，就形成了极力摆脱知识、意识的异化和重压，崇尚简单的心灵、轻松的心情，追求少有意识甚至无意识的简单的生存境界的内在需求，这一少有意识甚至无意识的简单的心态的追求，即是对少思、无思境界的向往。

十九世纪末以来的西方思想对知识的否定、对认识论的否定就与这一思潮相关，甚至可以说是这一思潮的哲学表达，只是被反理性的宏观性话题所遮掩，转而成为次级的潜在的问题。对认识论、对知识的否定与对无思的肯定和追求在思潮上是一致的，不同的是前者更多的是在思想层面上，而与之相应的无思和少思则是在社会思潮或者在社会行为层面上。相比而言，更具有影响力的或许是无思和少思，因为这一思潮的执行者为多数人、多方面的领域。在某些方面无思和少思既是一种疏离和回避，同时也是一种反抗，与二十世纪前激进激荡的革命思潮相比，无思少思的反抗是属于微反抗。如此二十世纪的思想就具有三个层面：哲学思想的、革命的实践性的、微反抗，哲学为思想的高端，革命为激进和行动，微反抗则为普遍的大众化的，某种程度上也被哲学思想所接纳，三者实为二十世纪思潮的不同的方面，共同体现出"过渡间隙"的意识特征。

在"过渡间隙"的意识空白时期中，旧的纯粹意识退隐，而新的思想尚在未来。对这一思想空白的填补基本上有三个途径，第一是形而上层次上的对"新宗教"的呼唤，第二是对现实性实践的重视，第三是完整性的微意识状态。"新宗教"只是一种意愿和呼唤，在没有大的变故之前，"新宗教"也仅仅停留在呼唤的层次；较为便捷的是各类现实的满足，但只是现实性的；微意识的关注则是目前切实的填补。现代人们通过潜在的身体信息隐藏自己，拉近人与人之间的距离，进而形成无言潜在的新的社会纽带，自我在这一新的社会纽带中实现，同时得到一定的潜在的情感满足，这是神和纯粹理性衰退之后人类所寻找的一种可行的替代方式。

  少思无思与弗洛伊德的潜意识不同，虽然它们某些方面极为相似。弗洛伊德的潜意识侧重身体信息，借助于酒神性的内涵否定理性，它的立足点是身体内部冲动，具有极为明显的生命因素，是用身体对抗形而上学，这样，酒神性的意味即便再上升到形而上学层次，也始终是单方面的立足点，与完全相距甚远。但是酒神性的潜意识也是一种否定性力量，同时在否定中使人们得到暂时的生命满足，以及拉近人与人之间的距离，在拉近距离中实现自我交流，这一交流同样无言、潜在而强大，使人们在某种心领神会中得到一种身体意义上的默契，"作为对于社会血肉的损失和纯理性精神贫瘠的弥补，身体产生一种新的认知原则，即关注自己身上的一切反应，把这种内在反应建构成新的认知"[1]。人们在其中寻求自我，同时在身体冲动的一致性的默契达到对个体孤独感的克服，"人类最深层次的需要是克服疏离感，是逃离孤独监狱的需要。达到这一目标最根本的失败意味着疯狂……人——所有时代和所有文化之中的人——永远都面临着同一个问题和同一个方案，即：如何克服这种疏离感，如何实现与他人融合，如何超越个体的生命，如何找到同一。"[2] "这样的爱和婚姻的概念，实际上是强调寻找一个保护自己免遭不可忍受的孤独感的侵袭的避风港。最后，一个人在'爱'中找到了一个抵御孤独的港湾。找到了一种两人联合

---

[1] [法]让－克鲁德·考夫曼《女人的身体 男人的目光》[M]. 社会科学文献出版社，2001年，第17页。
[2] 弗罗姆.《爱的艺术》[M]. 国际文化出版公司，2004年。

对外的同盟,这种二人自我主义被误认为是爱和亲密。"[1]身体之爱是酒神的意识性表达,是潜在意义上的人之间的相互沟通,是借助于生命本能拉近人与人之间距离的一种手段,这是上帝退隐之后人类所能调动的一种现实的力量。

少思无思不完全是现实力量,虽然它同样潜在地存在于现实中。少思无思是完全返回性的、微状态的、在现实中具有一定的思想环节性的反抗性的,只是少思无思的反抗属于微反抗,它是当今人们思想的曲折表达,同时也不激进、不极端,在一定程度上属于不着痕迹。少思无思是在社会意识、社会规则日趋严酷、束缚日益激烈时,以其微意识的心理方式进行调节乃至于对抗和反叛。特别是在社会规则背后的文明的疏离,社会意识、社会规则的合理性受到强烈质疑时,少思无思的对抗性和反叛性内涵相应地也就增强。

少思无思的对抗和反叛体现在对理性、知识、规则单一性的否定和对完全生命的肯定。理性和规则具有较强的普遍性和群体适应性,是基于一定的抽象规则而对完全的割裂和对个体的制约,少思无思则主要着眼于完全性的生命活动的多样性,所体现的是既完全又具有生命的丰富。后现代社会人口激增,社会规范成为必然和必需,因此规则就日趋庞杂、精细,各种法律、法规、条例、约定组成无所不包的社会契约系统,且运行功能极佳,对个体的制约也达到相当的高度,从而造成对个性的压抑和泯灭。规则愈强,压抑愈大,反过来,基于完全的个体的反弹也就愈加激烈,个体的分别性的完全性的要求也就日益凸显,少思无思即在这一凸显之列,在身体对抗和反叛方面,少思无思具有一定的直接性,同时也具有较强的隐秘性。这一隐秘性潜在地消解着旧的东西,与规则的抽象、严冷、无情

---

[1] 弗罗姆.《爱的艺术》[M]. 国际文化出版公司,2004年。

第五章 触觉状态的少思无思

等相比，则具有完全性的满足和一定的生命性的温情，在相当程度上真正属于当今的人们。这是在神和理性的光彩消淡之后，人们能够利用的较为有效的手段进行的自救，这一自救通过其返回性和现实性而进行有效调节，在对文明的对抗、反叛中获得现实的快乐，并且孕育着新的憧憬和希望。

完全性、返回性、情景性、微意识状态的少思无思的充分存在方式即是艺术。我们往往把文学和艺术放在一起探讨，在其根本特性上，文学和艺术的确是一致的，文学和艺术的主要区分即在于文学是意识形态性的，而艺术则处在意识的微状态，这就是为什么理性的解析往往对文学作品有效而对艺术作品却总是束手无策，一般理论分析论及文学则洋洋洒洒，而艺术分析除去现象描绘之外，更深的研究总是少且艰难。理论的研究如此，从一般大众对文学和艺术的态度上也可以看出大众的取向，当今文学衰落而艺术却日益兴起，青年人对音乐和实用造型艺术情有独钟，甚至迷恋到难以置信的地步，这里固然是艺术本身的魅力，更主要的则是主体选择的力量。人们需要一种类似于宗教却又不是宗教、类似理性却不是纯粹抽象物的完全的、无限的又不是清晰的、明确的模糊性满足，即对完全性的少思无思境界的需求，而且正是这些需求，才使能够充分体现这一特点的简洁的艺术风格凸显出来。

现代艺术的抽象和简洁一方面是工业社会的结果，但更主要的是人们心理的思潮的结果。抽象和简洁的构成要素是造型形式，而造型形式本身即具有意味的潜在性，"开始，表现的、抽象的艺术品是一种有'意味的形式'；随着时代的变化，原来的内容渐渐模糊了，变成了一般装饰品，而人们对它的感觉很习惯了，也就忘了这里面有浓厚的意味，只能朦胧地感到它原来的某种情调"[1]。形式是从内容简化而来，简化所依据的主要

---

[1] 李泽厚.《李泽厚哲学美学文选》[M].长沙：湖南人民出版社，1985年，第397页。

方式是躯体的感受,经过触觉-视觉的衡量、积淀,进而凝聚成为点、线、面等基础性的形式要素。这一基础性的形式要素,由于与躯体-触觉在适宜性方面的融合,因而在某种程度上是一种人类躯体的自动式的反应,即形成形式自动。这一触觉-躯体形式的自动,无须人们调动意识去主动地把握,触觉意义上的形式是通过感知方式将意识内涵压缩至最低,在某些方面形成具有微意识意味的自动,之后通过视觉形式扩展开来。

如此的具有微意识的形式与现代心态暗合,或者说是现代心理的选择物,所形成的即是抽象简洁的现代风格。换言之,简洁的现代风格所体现出的正是触觉-视觉形式的潜在、无思和自动。在重抽象轻具象、重形式轻内容的现代艺术品中,人们侧重的不再是本体意味以及现实表象意味,而是具体、潜在的情感交流情景,即既有一定意识的信息,也有相当多的微意识的自动。偏重于视觉特性的复杂的线条和繁多的装饰,会使人不由自主地追踪其中的知觉内涵和意识内涵,这样会使人累上加累。在这样的形式中,人们基于生命本能地感觉到其中的某种适宜性,并且在不自觉的情况下潜在地满足了人们的心灵的需求,这样不至于在已经十分繁重的意识性的生存劳作中再叠加意识的重压。身体-视觉形式的无思和微意识特性,使人与人在触觉潜在自动的基础上达到某种共识,这一共识就是现代人的交流,即既有人体的适宜性的适度交流,又不过分刺激已经十分疲惫的大脑。物化了的艺术品就在具有微意识的适应性的基础上,沟通人与人之间的关系,从而使人们在少思无思状态下广泛地交流,在身体微意识之中得到一定的自由与满足。

后　记

　　《肤觉经验与审美意识》完成之后，我觉得不是很满意。《肤觉经验与审美意识》的立足点是现象学和潜在的形而上学，这样就忽略了传统形而上学，这一忽略会导致很多问题说不清。2014年国家社科基金项目"触觉美学研究"下来的时候，我一部分的工作已经转移到中国传统的形而上思想方面，于是在"触觉美学研究"中就将两个形而上学方向结合起来，一个是意识的超越与自上而下的返回，一个是潜在形而上学自下而上的支配。感觉问题十分复杂，审美触觉尤甚，它的复杂主要就在于这两种形而上学的交织，人们很难区分哪一方面的触觉处在哪一个形而上学方向、受哪一种力量支配。本书试图从两个方向回答这一复杂的感觉问题，但兼及两个形而上学方向，其中依然存在很多问题，到现在这个成果还不能令人满意，由于时间和其它的事情，只能暂时这样，其中观点、框架等是否适合，就期待大家的批评了。由于是《肤觉经验与审美意识》的继续，触觉研究资料又有限，这本书也只能用上一部书的某些文献；本书写作时结合文本配的部分图片，由于版权的问题只能取消，给读者带来不便，希望大家能够谅解。

该书自项目下达到结项到成书，得到了河南师范大学社科处、河南师范大学文学院、山东师范大学文学院诸位领导老师多方面的关心和支持。感谢李永贤、崔宗超、段勃、赵黎波、杨上上、张新豪、李占伟、窦伟、李新磊、刘育霞、刘安娜、韩舒等领导、同仁的多方关照和支持。我的博士导师杨守森老师为本书写了序言，写作期间曾得到曾繁仁老师、周均平老师、孙书文老师、王庆卫老师的关心和支持。杨晨雪、王赫岗、赵子畅三位同学为我校正了全书。新华出版社赵怀志主任在繁忙的工作中关注本书的立项和出版，编辑李宇老师细心审阅、提出不少建设性的意见，付出了大量的心血。在此对各位师友的厚爱和付出深表谢意！

作者

2023 年 2 月